21 世纪高等职业教育财经类规划教材
市场营销类

工业和信息化高职高专"十三五"
规划教材立项项目

市场调研：任务、案例与实战

Marketing Research

◎ 郑聪玲 编著

人民邮电出版社
北 京

图书在版编目（CIP）数据

市场调研：任务、案例与实战 / 郑聪玲 编著. --
北京：人民邮电出版社，2017.3（2022.2重印）
21世纪高等职业教育财经类规划教材. 市场营销类
ISBN 978-7-115-44711-1

Ⅰ. ①市… Ⅱ. ①郑… Ⅲ. ①市场调研－高等职业教
育－教材 Ⅳ. ①F713.52

中国版本图书馆CIP数据核字(2017)第013989号

内 容 提 要

本书以培养学生的市场调研能力为目标，以市场调研工作过程为导向，以典型营销、管理工作的情景为载体，按照市场调研工作过程分解成典型的工作任务。本书主要内容包括认识市场调研、明确市场调研问题、设计市场调研、组织和实施实地调查、处理市场调研数据、分析市场调研数据、撰写市场调研报告这 7 项任务，并将调查与分析的方法与技巧分散在各任务的具体操作中。每项任务由学习目标、任务引入、知识讲解、习题与实训、任务解析、相关知识图示这几个部分组成。通过 7 项任务的学习和训练，学生不仅能够掌握市场调研的知识、方法和技巧，而且能够掌握统计调查软件（以 SPSS 为主、Excel 为辅）的操作方法，从而能够胜任市场调研工作。

本书可作为高职高专院校、成人高校市场营销等经济管理类专业的教学用书，还可作为营销从业人员、经济管理人员及社会调查工作人员的参考用书。

♦ 编　著　郑聪玲
　　责任编辑　刘　琦
　　执行编辑　朱海昀
　　责任印制　焦志炜

♦ 人民邮电出版社出版发行　　北京市丰台区成寿寺路 11 号
　　邮编　100164　电子邮件　315@ptpress.com.cn
　　网址　http://www.ptpress.com.cn
　　固安县铭成印刷有限公司印刷

♦ 开本：787×1092　1/16
　　印张：12.75　　　　　　　　2017 年 3 月第 1 版
　　字数：309 千字　　　　　　2022 年 2 月河北第 5 次印刷

定价：36.00 元

读者服务热线：(010)81055256　印装质量热线：(010)81055316
反盗版热线：(010)81055315
广告经营许可证：京东市监广登字20170147号

前言

　　市场调研是市场营销人员、经济管理人员的典型工作任务，是经济管理领域高技能人才必须掌握的技能，也是高职高专经济管理类专业的一门重要的专业核心课程。

　　本书按照市场调研工作过程的主要步骤，分为7项任务，将调查与分析的方法与技巧分散在各任务的具体操作中。每项任务由学习目标、任务引入、知识讲解、习题与实训、任务解析、相关知识图示这几个部分组成。在任务引入部分，给出调查分析任务，即需要进行调查分析的典型营销、管理工作情景及相关要求。在知识讲解部分，介绍完整的市场调研工作过程，即市场调研选题、调研设计、实地调查、数据分析、报告撰写的方法和操作技巧，以及统计软件操作等知识。习题与实训部分包括单选题、多选题、判断题、综合应用题和操作题，训练的目的有两个：一是通过单选题、多选题和判断题检测学生对知识点的内化情况，巩固其学习效果；二是通过综合应用题和操作题使学生对调查分析方法和技能的掌握落实到扎实的训练与实战之中。任务解析部分诠释了如何运用所学知识完成企业的市场调研工作，帮助企业解决营销和管理中的实际问题。相关知识图示部分直观形象地勾勒出本部分的知识点，供学生回顾和复习使用。

　　本书是在"十二五"职业教育国家规划教材的基础上修订完成的。编者根据多年的教学经验，精心组织内容，设计课程练习和案例。书中以大量贴近实际的生动案例来诠释理论，并作为实践操作参考。学生可以透过众多的案例情景，体会市场调查与分析方法在复杂多变的营销和管理情景中的应用，从而提高运用市场调查与分析方法解决实际问题的能力。

　　通过全书7个任务的学习和训练，学生不仅能够掌握市场调查与分析的知识、方法和技巧，而且能够掌握统计调查软件的操作方法，达到经济管理从业人员完成市场调研工作任务的技能要求。

　　本书的参考学时为45～60学时，建议采用理论实践一体化教学模式，各任务的参考学时见下面的学时分配表。

学时分配表

任务	课程内容	学时
任务一	认识市场调研	4
任务二	明确市场调研问题	8～10
任务三	设计市场调研	16～18
任务四	组织和实施实地调查	4～8
任务五	处理市场调研数据	4
任务六	分析市场调研数据	4～8
任务七	撰写市场调研报告	5～8
课时总计		45～60

本书由浙江工商职业技术学院的郑聪玲编著。在本书撰写过程中，编者参考了大量的国内外专家学者的最新研究成果及相关文献，并得到了人民邮电出版社的大力支持，在这里一并表示衷心的感谢！

由于编者自身的学识水平和实践经验有限，书中难免有疏漏与不妥之处，敬请广大读者不吝赐教，提出宝贵的意见和建议，以便我们不断改进与提高。

编　者

2016 年 12 月

目 录

任务一
认识市场调研

学习目标

- **知识目标**
1. 理解市场调研的内涵和作用。
2. 认识市场调研与分析的工作过程。

- **能力目标**
1. 能正确理解市场调研的内涵。
2. 能正确理解市场调研在营销决策中的作用。
3. 能初步认识市场调研与分析的工作过程。

任务引入

如何系好营销的第一颗纽扣

怀揣梦想的企业每天在市场里上演着各自的营销行动，成少败多。战略定位、决策力、执行力、资源、环境等各种影响成功的要素将"成败之道"变得复杂。

营销是一场高风险的游戏。最大的风险来自于两个因素，即不知与不确定。因此，对于准备上演营销大戏并企图从市场里淘出金矿的企业来说，在策略阶段进行慎重研究是一项值得的投资。

2006 年春节刚过，联纵智达咨询集团迎来了第一位客户，英国维珍（Virgin）集团旗下维珍移动（Virgin Mobile）在中国的运营机构——上海动力维珍公司。维珍品牌正如其英文意思"处女"所表示的一样，从唱片、饮料、娱乐业到航空、移动，无限的品牌延伸策略创造了一系列的"产品第一"，其公司灵魂理查德•布兰森爵士更是英国家喻户晓的传奇人物，以"裸跑"广告片等大胆出位的大众传播成为维珍品牌核心价值（Brand Core Value）的代表，并与消费者建立了一种牢不可破的"浪漫关系"。

维珍移动（Virgin Mobile）是世界范围内迄今最为成功的虚拟移动运营商（MVNO—Mobile Virtual Network Operator），希望在中国的移动通信市场导入维珍品牌，之前已经进行了相当长时间的移动卡品牌与产品策略的研究，为了实现最终产品的顺利上市，委托联纵智达对上海市场手机卡的分销渠道及终端进行调研，以确定营销策略。

中国移动通信市场由于是两家垄断性运营商经营的行业，属于非充分竞争市场，在市场营销上似乎并没有太多的"噱头"。其产品——各类品牌（如全球通、神州行等）或品种（如大众卡套餐）的手机卡已进入每个家庭，移动营业厅与银行一样是大众经常光顾的地方之一，人们在那里完成办卡、缴费、打印话费单与发票、选购手机等一系列行为，市场的秩序并没有因哥哥（中国移动）与弟弟（中国联通）的兄弟之争发生如家电、日化等普通消费品市场里的品牌或企业的巨大沉浮。

联纵智达根据渠道价值链即"运营商——经销商——分销商——零售终端——用户"的完整价值转移链条，设计了细致周密的调研内容，并采用了专业的调研工具与方法。项目目标是完成310个手机卡零售终端问卷调查，27个渠道分销商和28个个体卡商深度访谈，110个目标消费者问卷调查，2场FG调研；在徐汇区、静安区、浦东新区手机零售终端进行地毯式普查，其调研样本涵盖上海市11个区，18个终端类型，移动和联通代理商、批发商，最后还要提出具有创新性、可行性策略建议。一个正常情况下需要"三家调研公司+一家咨询公司"在一个月里才能完成的作业，联纵智达20天内就完成了。

调研结果勾画了一幅上海手机卡市场的"完整营销图景"。上海动力维珍公司不仅清楚地看到手机卡的分销结构与各环节所担负的角色及重要性，而且还看到了每一环节分流手机卡的数量、价盘以及两大运营商的操盘手法，包括用户对于运营商品牌与产品的态度、选择关键因素等。

策略研究部分发挥了联纵智达的传统长项，从行业、地区、品牌、产品、价格体系、服务、渠道、推广、组织等多角度提出了系统的解决方案，策略既有坚实的数据支持，又进行了跨行业营销经验的创意组合设计，让人耳目一新。

联纵智达在成功完成了近乎不可能的项目之后发现，原来通过专业加经验的市场调研手段，可以将市场研究得如此透彻。在这样的市场研究面前，进行一项决策，尽管会因为战略目标与操作手法的不同而呈现不同的营销组合，但大家在沟通时会变得理性而轻松，因为市场的真实图景可以考量出每一项决策的成功概率、风险与预期收益。

如果说正确的策略是市场营销的第一颗纽扣，那么在进行一场营销大战之前，对战场做一次"全景式CT（透视）"就是系好这关键的第一颗纽扣的最好投资。

抢滩中国市场的跨国公司如此，那些在海外市场取得巨大成功的企业要实现其进军国内市场的"华丽转身"，是否也应该如此呢？

资料来源：联纵智达维珍项目组. 实战在中国. 内部资料，1996—2012。

请思考：

1. 上海动力维珍公司委托联纵智达进行市场调研的目的是什么？市场调研与营销决策之间有什么关系？

2. 联纵智达是怎样借助市场调研的工具与方法对上海手机卡市场进行研究的？

3. 具体分析联纵智达维珍项目组的市场调查与分析工作过程，并用流程图表示出来。

知识讲解

1.1　市场调研的内涵

市场调研又称市场营销调查、市场研究、营销调查，英文名为 Marketing Research。纵观大部分专家和学者的观点，市场调研主要有两层涵义：一是将市场调研作为一门科学，二是将市场调研作为整个市场营销领域中的一个元素。作为一门科学，市场调研是一系列市场调研方法的理论概括；作为整个市场营销工作的一部分，它把消费者、客户、公众和营销者通过信息联系起来。

1.1.1　市场调研是一门实用性科学

市场调研是 20 世纪初从美国逐步发展起来的一门实用性学科。它运用科学的概念与原理，研究企业或部门从事市场调研活动的方法、技术及操作性规范与标准程序，为企业或部门的营销管理决策提供有效的参考依据。

市场调研的这一定义包含了以下 3 个要点。

（1）市场调研的实用性，即市场调研的作用是支持营销管理人员的决策。

（2）市场调研的科学性，即运用科学的方法、技术及操作性规范与标准程序，系统地计划、收集、分析及解释其资料。

（3）市场调研的对象，是指广义的市场而不仅指商品市场和服务市场（即消费者），涵盖了从认识市场到制定营销决策的整个市场营运的各阶段。

市场调研广泛应用于社会、经济、文化、生活各个不同的领域，利用市场调研的不仅可以是企业、公司等盈利机构，还可以是党政机关、学校、医院、团体等的管理决策层或个人。市场调研的内容可以是具体的习惯或行为，如常见的媒介接触的习惯、对商品品牌的喜爱、购物的习惯和行为等；也可以是抽象的观念，如人们的理想、信念、价值观和人生观等，即民众的意见、观念、习惯、行为和态度等任何问题，都可纳入调查的范畴。

1.1.2　市场调研是整个市场营销领域中的一个元素

市场调研以信息为媒体把消费者、客户、公众和营销者联系到了一起，确定了解决问题所需的信息。它包括了设计收集信息的方法，分析收集到的数据及数据所包含的信息。这些信息不仅包含着以往的经验、现实的环境分析，还有对将来可能出现的情况的预测，可以帮助营销管理人员依据从数据中发现的结论及暗含的意义进行科学决策。这些信息被用来辨别、定义市场上的机会和可能出现的问题，制定、优化营销组合，并评估其营销活动的效果和控制其营销行为。而且，这些信息也可以帮助企业去理解市场营销是一种过程。

总之，市场调研可以帮助和指导一个组织开展营销活动。根据调查与分析结果，我们不仅可以发现现存的问题，而且还可以预测活动的远景。

1.2　市场调研的工作过程

我们已经了解了市场调研在帮助管理者制定营销决策过程中所起的作用。那么为了高质量地完成一项市场调研的工作任务，我们必须对整个市场调研的工作过程有一个全面的了解。尽管市场研究有多种不同的研究方法，但市场调研总的流程是一致的，图 1-1 展示了市场调研工作过程的 6 个阶段和 12 个具体步骤。这些步骤会为调研人员提供一个操作流程，调研人员可以据此来考虑每一步的内容和执行的顺序。本书的内容就是按照市场调研工作过程的 6 个阶段和这些环环相扣的步骤而展开的。

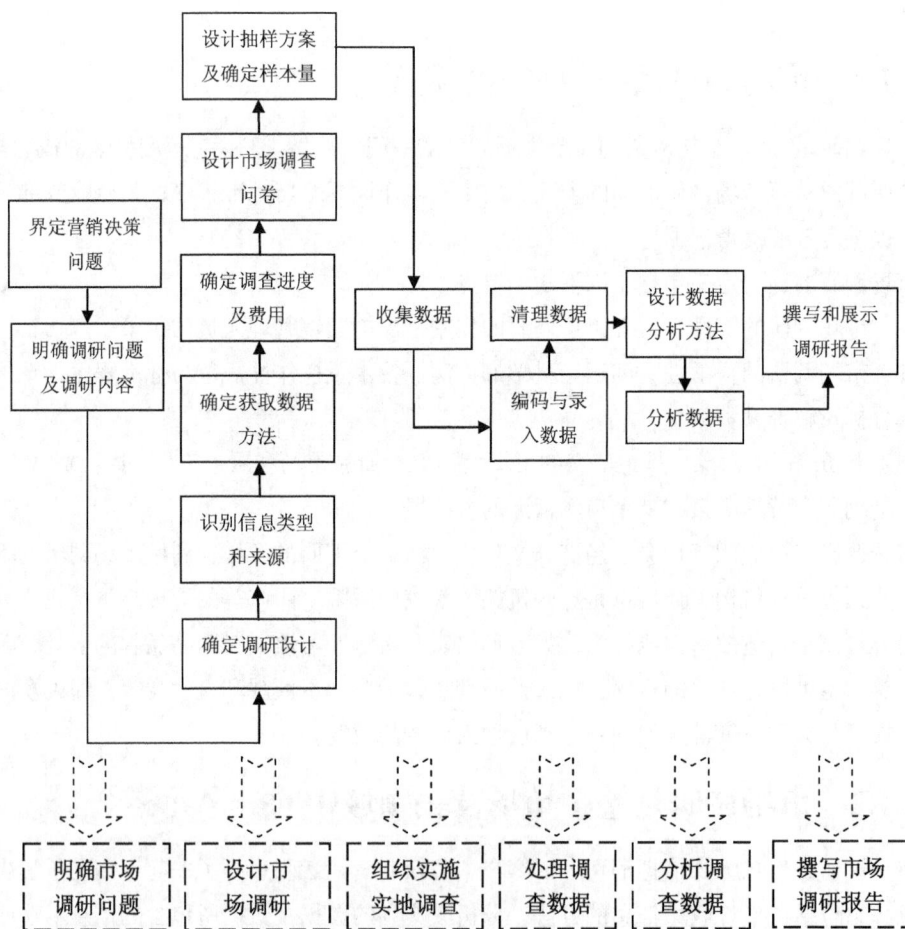

图 1-1　市场调研工作的基本流程

1.2.1　市场调研工作过程的 6 个阶段

1. 明确调研问题

明确调研问题包括界定需要解决的营销决策问题、明确市场调研问题、确定市场调研内容等步骤。

2．设计市场调研

设计市场调研包括选择调查设计的类型、明确调查目标、确定调查对象、选择市场调研的方法、确定调查进度及费用、设计市场调研问卷、设计抽样方案、确定样本量等主要步骤。

3．组织和实施市场调查

组织和实施市场调查包括挑选访问员、培训访问员、运作实施、复核验收等步骤。

4．处理市场调研数据

处理市场调研数据包括数据审核、数据的编码、数据录入、数据清理等步骤。

5．分析市场调研数据

分析市场调研数据包括设计数据分析的方法、数据分析等步骤。

6．撰写市场调研报告

撰写市场调研报告包括撰写报告的摘要、目录、正文及附录，以及制作汇报 PPT 等工作。

1.2.2　市场调研工作过程的 12 个步骤

1．界定需要解决的营销决策问题

当一个公司或部门在营销管理中发现了新问题或机会（即机会识别问题）时，营销管理者必须制定决策，但手头又没有充分的信息，便产生了对市场调研的需求。界定营销决策问题，是最重要的一步，因为如果不能清楚地知道企业面临的营销问题，所有其他工作都毫无意义。

2．明确市场调研问题及调研内容

这是市场调研非常重要的一个步骤。因为明确、严谨的问题界定是市场调研工作成功的一半。一般来说，市场调研按用途分为以下两大类。

（1）收集市场信息的市场调研，如定期从杂货店、便利店和超市获得商品销售数据等。通常营销部门层面的管理者使用这类信息制订计划和评估营销方案的实际效果。

（2）收集营销战略层面信息的市场调研，如市场细分、战略定位、新产品开发、市场预测和品牌价值分析等数据。这类市场调研的目的是帮助高层管理者制定战略规划。此阶段需要调查研究人员细致地了解企业市场调研需求，充分利用现有的二手资料并与丰富的专业调查经验相结合。

市场调研内容是由界定的市场调研问题而决定的。明确调研内容可以帮助我们获得解决营销问题的必要信息。调研内容阐述的是调研人员应当做的工作和需要提供的信息，这些信息用以解决营销问题。明确调研内容的一种有效方法是明确"解决这个问题需要什么信息"。

3．确定调研设计

市场调研问题虽然各不相同，但不同的调查问题在数据的收集方法和过程之间总有一些相似之处。按照数据的收集方法和过程不同，市场调研可分为 3 类：探测性调研、描述性调研和因果性调研。探测性调研方式通常用于对所要研究的问题知之甚少时；描述性调研主要用来描述营销变量，如消费者态度、倾向和行为，或者竞争者的数量和战略；而因果性调研能够将事件发生的原因与结果分开，如一些调研人员通过实验发现，在影响顾客态度偏好、产品可感知质量和可靠性等方面，彩色广告好于黑白广告，图片效果好于线性艺术，而且这些广告色彩与效果之间的关系会因产品品种的不同而发生变化。

究竟采用何种调研设计，主要取决于调研的目的和所处阶段。

4. 识别所需信息的类型及来源

市场调研的信息从根本上来说分为两类，即原始数据（或称一手数据）及二手数据。原始数据是为解决某一具体营销问题而收集的信息；而二手数据则是指现成的数据。二手数据可以从公开发表的数据资料中获得。相当于一手数据的收集，二手数据收集成本低，获得速度快，因此在市场调研中总是优先考虑是否有二手数据可以利用。例如，一家连锁超市可以使用每平方千米有多少人口和不同的市场区域有多少大型连锁超市等二手数据，对在哪里新建超市进行决策。然而，有时二手数据是不够用的，这时就要考虑收集一手数据。本书的内容会教你如何收集、分析和报告一手数据。

5. 确定获取数据方法

在识别出所需信息的类型之后，就需要明确数据获得的方法。如果市场研究所需的数据是二手数据，则只需要利用现有的数据资源；如果市场研究所需的数据是原始数据，则必须通过调查人员与受访者进行沟通或者通过观察，收集所需信息。原始数据收集的方法主要有 4 种：①人员访问，即使用纸与笔或电话进行的人与人之间的访问，如入户访问、拦截访问、电话调查、小组座谈会、深度访谈；②计算机辅助访问，如计算机辅助电话访问或者通过电子邮件进行在线调查；③受访者自己回答问题，如邮寄问卷调查；④观察法。在调查时可以选择上述其中一种方法，也可以将任何两种方法结合使用。

6. 确定调查进度与费用

指调研人员应对调查所需的时间及费用加以估计和安排。

7. 设计市场调查问卷

问卷或访问提纲是市场调研获得信息的重要工具。一般收集数据的工具有两种，一种为结构式问卷，即问卷的格式是确定的，所有问题都有具体的选项，回答者只需选出适合自己的选项即可；另一种为非结构式问卷，也称访谈提纲，问题是开放式的，被访者可以根据自己的实际情况给出相应的回答。调查问卷的设计对于调查课题能否成功至关重要。即使你已经很清楚地界定了营销决策问题，而且设计了合适的调研方案，但如果问错了问题，或者问句设计正确，但问句排列顺序不正确，也会导致调查结果毫无用处。不论是采用人员访问调查还是观察法收集数据，都需要使用标准化的表格（也称调查问卷）去记录有关消费者行为、态度等信息。认为设计问卷简单（只是写出一些问题）是一种极大的误解。我们应该精心设计问卷，以使被调查者能够提供给我们决策所需要的客观信息。

8. 设计抽样方案及确定样本量

设计抽样方案及确定样本量一般是针对定量研究来说的。一项定量研究的抽样设计必须把握以下 3 个问题：首先，要根据调查研究的问题确定研究总体；其次，规划怎样在抽样框中抽出需要的样本；最后，要明确调查研究需要的样本量，即这次调查中需要调查多少调查对象。市场调研中有不同的抽样方案，每一种抽样方案都有其自身的优缺点。因为抽样方案能够决定样本对于总体的代表性大小，所以抽样方案是非常重要的。

9. 收集数据

数据收集是非常重要的，因为无论你使用何种数据分析方法，都不可能"修正"错误的数据。

大部分现场实施访问是由经过培训的访问员进行，有时研究者也会进行一些难度较大、研究问题较深的访问。在访问过程中，由于访问员、研究者或受访对象的原因，经常出现非抽样误差，造成调查结果的准确性降低。产生这类误差的原因在于：访问前选错了样本单位，访问时所选的被调查者拒绝访问或者根本不在家，受访者故意给出错误的信息，访问员欺骗公司并填写虚假信息等。即使访问员诚实地完成了访问工作，也可能由于在调查表中记录错误的信息而在不经意间产生非抽样误差。任何调查都无法避免非抽样误差，但毫无疑问，一个好的营销调查人员必须注意到在数据收集过程中可能产生的误差，并采取行业可接受的控制办法来减少这些误差。例如，调研人员可以通过在访问过程中执行"效度"控制，来减少由于访问员欺骗或者受访者编造数据而形成非抽样误差的可能性。效度是指从所有的被调查者中随机抽取 10%（行业标准）重新进行调查，以确认这些人是否真的参与了本次调查。

10. 处理市场调查数据

实施现场调查所获得的数据为原始数据，需要运用数据分析软件进行分析，才能为营销决策提供依据。处理市场调查数据就是将原始的调查数据经过编码转换为计算机可以识别的语言，然后利用 SPSS 软件录入计算机形成数据库，为进一步的数据分析做好准备。它是介于数据搜集和数据分析之间的一个中间环节。

11. 分析市场调查数据

分析数据是采用适当的数据分析方法，从调查得来的大量信息中提取有用的信息，以找出调查对象的内在规律和形成调查结论的过程。

12. 撰写市场调研报告

市场调研与分析的最后一个步骤是在数据分析的基础上，撰写调研报告。调研报告是企业或组织获得调研结果的最主要形式，因而一个好的调研报告既要充分解决管理决策者在调研初期提出的需求，而且还应适当加入市场调研人员的专业判断。有时，调查研究人员不仅要向决策者提供书面报告，而且要提供关于调查研究过程中使用的调查方法和调查发现等方面的口头报告。口头展示时需要在书面报告的基础上进行内容提炼，并可以用图片辅助展示结果。

1.3　市场调研的作用

1.3.1　市场调研与市场营销的关系

市场调研是市场营销的一部分，每个营销决策制定者在开展营销活动之前，都需要充分掌握信息以更好地制定决策。为了充分认识市场调研的重要性及其在营销过程中的作用，我们需要重温一下市场营销的过程。企业的市场营销工作是一个过程，包括市场机会的分析、目标市场的调查与选定（在零售业称作商圈分析）、市场营销组合的实践、市场营销活动的监控与评价等。

市场机会分析是指通过收集有关国内外的政治法律、人口、经济、社会文化、科学技术、自然环境等的市场营销宏观环境数据来把握市场构造和宏观环境变化动向；通过需求预测和市场占有率分析来把握市场规模和产品的市场什么周期；通过分析市场占有率，按区域和流通渠道划分来预测销售状况。

目标市场的调查与选定是指通过消费者购买行为、购买动机和购买意愿等调查来选定目标顾客群；通过竞争者分析，根据自己企业的优劣势来确定产品的市场定位等，探讨企业的营销战略问题。

市场营销组合的实践，是指进行新产品测试和需求预测、价格研究、流通渠道分析、广告媒体和促销活动效果的分析等，探讨商品或服务从开发到销售的策略。

市场营销活动的监控与评价是指通过对市场占有率、不同区域的流通渠道与目标顾客的匹配程度（顾客满意度）、广告费用及广告效果等的分析，确认企业和机构的活动是否按目标进行。

不难看出，在整个企业的市场营销活动过程的每个阶段，市场调研都发挥着非常重要的作用。所以，市场调研活动应该在营销的每一个阶段都得到应用。

1.3.2 市场调研的主要作用

市场调研的主要作用可以概括为以下两个。

（1）市场调研是企业了解消费者需求的有力工具。

同步分析案例

福特汽车公司新车型设计调查

美国福特汽车公司开办了一个市场调查诊所，对自己的新车型设计进行检验。该诊所邀请客户在预定的路线上驾驶新汽车。同时，派一位受过训练的调查人员坐在驾驶人员的旁边，记录驾驶员对汽车的全部反应。驾驶结束后，给每一位参与者长达6页的调查问卷，询问参与者对汽车每一部分优缺点的评价。通过参与者提供的信息，福特汽车公司就可以了解到消费者对新车型的反应，然后进行适当的改进，使其更受目标消费者的欢迎。

分析：

正是福特重视市场调查，根据消费者对新车型的意见等信息，设计、生产产品，改进产品和服务，才使其开发的新车型受到欢迎。

（2）市场调查在企业的经营决策中起着至关重要的作用。

同步分析案例

"冷吃巧克力"的诞生

在世界大部分地区，夏季都是巧克力的销售淡季。澳大利亚夏季漫长，气候炎热，这对巧克力的销售当然不利。过去巧克力商发现，在夏季，巧克力的销售量通常要下降60%左右。是不是夏天人们不喜欢吃巧克力？玛氏公司针对上述情况专门组织了一次市场调查活动，经过详细、深入的调查发现问题不是出在夏天巧克力的滋味，而是人们觉得夏天巧克力会融化，吃起来黏黏糊糊的很麻烦，而且夏天巧克力很难保存。

于是，玛氏公司开始行动。他们首先让销售上把玛氏巧克力保存和摆放在冷柜里，然后举办一场大规模的公关活动，告诉公众有一种夏日品尝巧克力的方法：冷藏后再吃。在"冷吃"的口号下，一些消费者被邀请亲口尝一包冷藏的巧克力。同时，公司组织了一系列围绕着凉爽夏日游乐的玛氏巧克力宣传活动。第一个夏天，玛氏巧克力的销售量成百万单位地增加，以后每年夏天都是畅销货。

分析：

玛氏公司通过市场调查发现，导致巧克力夏季销售量下降的最主要原因是夏天巧克力会融化且很难保存，由此产生了"冷吃巧克力"的创意，并取得了营销的成功。

1.3.3 市场调研部门的角色

市场调研问题多为直接参与企业运营的经营者及部门负责人等（即市场营销管理者）与调研人员共同研究的事关企业全局的重要问题。

调研部门的角色是：不要只是应付其他部门的要求而始终被动地进行信息收集工作，而是要经常去发现事关企业全局的问题，为解决问题而积极提供有用的信息。调研部门究竟是为企业及组织规避风险和发现机会做贡献、作为整个组织的信息中枢发挥作用，还是成为一个闲职空位，这取决于调研部门及其成员的工作质量和见识。

值得注意的是，企业的高层也要充分认识到市场调研的重要性，经常检查自身企业调研部门的功能和所收集的信息的可靠性，同时让信息充分畅通，并在经营中有效地加以利用。

1.3.4 案例——宝洁公司的一次性尿布

宝洁公司产品开发人员用了一年的时间，力图研制出一种既好用又对婴儿的父母有吸引力的产品。产品的最初样品是在塑料裤衩里装上一块打了褶的吸水垫子。但 1958 年夏天现场试验结果，除了父母们的否定意见和婴儿身上的痱子以外，一无所获。于是又回到图纸阶段。

1959 年 3 月，宝洁公司重新设计了它的一次性尿布，并在实验室生产了 37000 个，样子与现在的产品相似，并将这些样品拿到纽约州去做现场试验。这一次，有 2/3 的试用者认为该产品胜过布尿布。然而，接踵而来的问题是如何降低成本和提高新产品质量。为此要进行的工序革新，比产品本身的开发难度更大。不过，到 1961 年 12 月，这个项目进入了能通过验收的生产工序和产品试销阶段。

公司选择地处美国最中部的城市皮奥里亚试销这个后来被定名为"娇娃"的产品。发现皮奥里亚的妈妈们喜欢用"娇娃"，但不喜欢 10 美分一片尿布的价格。因此，价格必须降下来。降多少呢？在 6 个地方进行的试销进一步表明，定价为 6 美分一片，就能使这类新产品畅销，使其销售量达到零售商的要求。宝洁公司的几位制造工程师找到了解决办法，用来进一步降低成本，并把生产能力提高到使公司能以该价格在全国销售娇娃尿布的水平。

娇娃尿布终于成功推出，直至今天仍然是宝洁公司的拳头产品之一。

这个案例充分证明了企业进行产品开发和市场营销活动必须真正理解和把握市场需求，而企业对市场真正需求的把握和确认则必须以科学且充分的市场调研为基础。一次性尿布虽然不是宝洁公司最先开发的产品，但该公司却通过详尽的市场调研认识到了该产品巨大的市场潜力和其他品牌的产品不能畅销的根本原因。于是根据调研得到的结果对该产品进行重新设计，使之符合市场要求，并设法降低成本和销售价格使之符合消费者的支付能力和期望价格，最终使一次性尿布成为具有方便、卫生和经济等诸多优点且满足市场需要的畅销产品。

习题与实训

一、单选题

1. 市场调研作为一门科学是 20 世纪初从（　　）逐步发展起来的。

  A. 美国   B. 英国   C. 日本   D. 中国

2. 市场调查的最终目的是为有关部门和企业进行有关（　　）提供科学的依据。

  A. 科学研究 B. 预测和决策 C. 员工管理 D. 财务决算

3. 某公司总经理从媒体报道中发现，该公司在市场销售中，其占有的份额在减少，他首先需要做的应该是（　　）。

  A. 增加投入，扩大生产   B. 改进技术，增加产品的技术含量

  C. 进行市场调查，了解份额减少的原因 D. 做好员工思想工作，搞好企业管理

4. 市场调研的对象是指（　　）。

  A. 广义的市场

  B. 商品市场和服务市场

  C. 企业、公司等营利机构

  D. 机关、学校、医院、团体等的管理决策层或个人

二、判断题

1. 市场调查是企业经营决策制定的前提条件。（　　）

2. "没有调查就没有发言权"说明了市场调查的重要意义。但有些人通过直觉进行的决策被证明也是正确的，所以，一些著名的企业家往往不通过调查，依据直觉也可做出科学的决策。（　　）

3. 限于经济实力等因素，小企业可以跟同行大企业分享市场调查资料，从而做出和大企业同样的决策，而不必自己组织市场调查。（　　）

4. 企业不存在问题的条件下就没有开展市场调查的必要性。（　　）

5. 市场调查和统计分别是两门独立的学科。（　　）

任务解析

  市场调研是一门为营销管理决策者提供其进行决策所需要的市场现状及其发展趋势等信息和资料的科学。学习完本任务后，你就能够理解市场调研所提供的数据在企业制定决策过程中所起的关键作用，也能够开展一项具体的市场调研活动。市场调研的基本思路是根据市场营销工作的实际需要，系统地、有计划地进行数据收集、分析及解释，分析的结论作为管理决策者解决营销中遇到的问题和捕捉市场发展的机遇的有效依据。本任务通过上海动力维珍公司为了开拓中国移动通信市场时的做法，帮助大家认识什么是市场调研、市场调研的真正作用以及市场调研是怎样帮助营销管理者决策的。

  上海动力维珍公司选择联纵智达的目的是，希望通过市场调研了解上海市场手机卡的分销渠道及终端情况，为维珍品牌顺利进入中国移动通信市场提供营销决策依据。因为联纵智达咨询集

团不仅具有专业的市场调研能力，还具有跨行业营销经验的创意组合能力，因此，上海动力维珍公司在选择合作伙伴时，选中了联纵智达而不是同样从事数据搜集的调研公司。

联纵智达也不负众望，不管是在调研前的计划准备阶段，还是在调研开始后的数据搜集、分析和营销策划阶段，维珍调研项目的结果都让维珍这个世界 500 强的优秀客户感到满意和惊喜。

首先，联纵智达通过探测性的市场调研了解了中国移动通信市场的竞争格局和市场秩序，认为该市场属于非充分竞争市场，虽然两大巨头展开了激烈的竞争，但通讯市场的秩序没有被打破，消费者对通讯产品的消费过程仍然有序。因此，联纵智达根据渠道价值链即"运营商——经销商——分销商——零售终端——用户"的完整价值转移链条，设计了细致周密的调研内容，并采用了专业的调研工具与方法，搜集了大量丰富的第一手数据资料，调研结果勾画了一幅上海手机卡市场的"完整营销图景"，使维珍不仅清楚地看到手机卡的分销结构与各环节所担负的角色及重要性，而且还看到了每一环节分流手机卡的数量、价盘以及两大运营商的操盘手法，包括用户对于运营商品牌与产品的态度、选择关键因素等。

接着，联纵智达发挥其传统长项，从行业、地区、品牌、产品、价格体系、服务、渠道、推广、组织等多角度进行了跨行业营销经验的创意组合设计，为维珍提出了系统的解决方案。

从联纵智达的做法我们还可以看出以下几点。

（1）市场调研可以帮助决策者搜集到大量丰富的市场调查资料，得出令人信服的结论，这些可以为管理者做出科学的决策提供有效依据。但是，如何才能做出科学的决策，还需要专业市场营销的经验和知识。因此，专业的市场调研只有与专业的市场营销相结合，才能发挥其应有的作用。

（2）联纵智达维珍项目组的市场调研的工作过程，可以用流程图表示为：

设计市场调研→组织和实施市场调研→分析调研数据→得出调研结果→制定营销战略和策略

相关知识图示

任务一知识图示如图 1-2 所示。

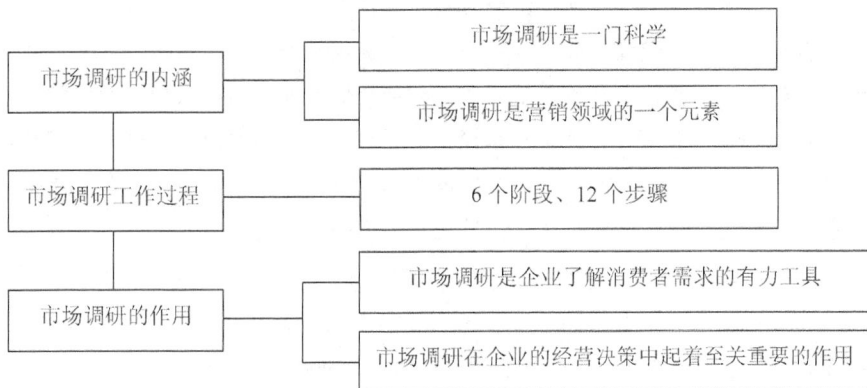

图 1-2 任务一知识图示

学习目标

- **知识目标**
1. 了解营销决策问题和市场调研问题之间的区别。
2. 理解正确界定营销决策问题的重要性。
3. 掌握明确市场调研问题的工作过程。

- **能力目标**
1. 能正确界定营销决策问题。
2. 能正确确定市场调研问题和市场调研内容。

任务引入

可口可乐公司的一次错误决策

1. 决策的背景

20 世纪 70 年代中期以前，可口可乐公司是美国饮料市场上的一号霸主，可口可乐占据了美国 80%的饮料市场份额，年销量增长速度高达 10%。然而好景不长，20 世纪 70 年代中后期，百事可乐的迅速崛起令可口可乐公司不得不着手应对这个饮料业"后起之秀"的挑战。

1975 年全美饮料市场份额中，可口可乐领先百事可乐 7 个百分点；1984 年，市场份额中可口可乐领先百事可乐仅 3 个百分点，市场地位的逐渐均衡让可口可乐公司心惊胆战起来。

百事可乐公司的战略意图十分明显，通过大量动感而时尚的广告冲击可口可乐的市场。

首先，百事可乐公司推出以饮料市场最大的消费群体"年轻人"为目标消费群体的"百事新一代"广告系列。由于该广告系列适宜青少年口味，以心理的冒险、青春、理想、激情、紧张等为题材，于是赢得了青少年的钟爱；同时，百事可乐也使自身拥有了"年轻人的饮料"的品牌形象。

随后，百事可乐又推出一款非常大胆而富创意的"口味测试"广告。在被测试者毫不知情的情形下，请他们对两种不带任何标志的可乐口味进行品尝。由于百事可乐口感稍甜、柔和，因此，百事可乐公司此番现场直播广告中的结果令百事可乐公司非常满意：80%以上的人回答是百事可乐口感优于可口可乐。这个名为"百事挑战"的直播广告令可口可乐一下子无力应对，市场上百事可乐的销量再一次激增。

2. 市场营销调研

为了着手应战并且寻找可口可乐发展不如百事可乐的原因，可口可乐公司推出了一项代号为"堪萨斯工程"的市场调研活动。

1982 年，可口可乐广泛地深入到 10 个主要城市中，进行了大约 2000 次访问。调研结果表明，顾客愿意尝试新口味的可乐。这一结果使可口可乐公司的决策者们得出了一个错误的结论：长达 99 年的可口可乐配方已不再适合今天消费者的需要了。于是他们开始着手开发新口味可乐。经过 4 年的研发，可口可乐公司向世人展示了比老可乐口感更柔和、口味更甜、泡沫更少的新可口可乐样品。

在新可乐推向市场之初，可口可乐公司又不惜血本进行了口味测试。可口可乐公司斥资 400 万美元，在 13 个城市中，约 19.1 万被邀请者参加了对无标签的新、老可口可乐进行口味测试的活动。结果 60% 的消费者认为新可乐比原来的好，52% 的人认为新可乐比百事可乐好。新可乐的受欢迎程度一下子打消了可口可乐领导者原有的顾虑。于是，新可乐推向市场只是个时间问题。

在推向生产线时，新的生产线必然要因不同瓶装的变化而进行调整，于是，可口可乐各地的瓶装商因为加大成本而拒绝新可乐。然而可口可乐公司为了争取市场，不惜又一次投入巨资帮助瓶装商们重新改装生产线。

在新可乐上市之初，可口可乐又造了一番广告声势。1985 年 4 月 23 日，在纽约城的林肯中心举办了盛大的记者招待会，共有 200 多家报纸、杂志和电视记者出席，依靠传媒的巨大力量，可口可乐公司的这一举措引起了轰动效应，终于使可口可乐公司进入了变革"时代"。

3. 灾难性后果

起初，新可乐销路不错，有 1.5 亿人试用了新可乐。然而，新可口可乐配方并不是每个人都能接受的，而不被接受的原因往往并非因为口味原因，而这种"变化"受到了原可口可乐消费者的排挤。

开始，可口可乐公司已为可能性的抵制活动做好了应对准备，但不料顾客的愤怒情绪犹如火山爆发般难以驾驭。顾客之所以愤怒是认为 99 年秘不示人的可口可乐配方代表了一种传统的美国精神，而热爱传统配方的可口可乐就是美国精神的体现，放弃传统配方的可口可乐意味着一种背叛。在西雅图，一群忠诚于传统可乐的人组成"美国老可乐饮者"组织，准备发起全国范围内的"抵制新可乐运动"。在洛杉矶，有的顾客威胁说："如果推出新可乐，将再也不买可口可乐。"即使是新可乐推广策划经理的父亲，也开始批评起这项活动。而当时，传统口味的可口可乐则由于像人们预期的那样，产量会减少，奇货可居，价格竟在不断上涨。每天，可口可乐公司都会收到来自愤怒的消费者的成袋信件和 1500 多个电话。为数众多的批评，使可口可乐公司迫于压力不得不开通 83 部热线电话，雇请大批公关人员来温言安抚愤怒的顾客。

面临如此巨大的批评压力，公司决策者们不得不稍作动摇。在其后又一次推出的顾客意向调查中，30% 的人说喜欢新口味可口可乐，而 60% 的人明确拒绝新口味可口可乐。因此，可口可乐公司又恢复了传统配方的可口可乐的生产，同时也保留了新可口可乐的生产线和生产能力。

在不到 3 个月的时间内，即 1985 年 4—7 月，尽管公司曾花费了 400 万美元，之前进行了长达 2 年的调查，但最终还是彻底失败了！百事可乐公司美国业务部总裁罗杰·恩里科说："可口可乐公司推出'新可乐'是个灾难性的错误。"

资料来源：佚名，《新可口可乐的错误决策》，http://www.shangxueba.com/ask/6255227.html。

请思考：

为什么可口可乐公司推出"新可乐"会遭遇失败呢？

知识讲解

2.1 两类营销问题

当营销管理决策人员决定实施市场调查后，第一步就是明确营销问题，确定调研选题。营销问题包括营销决策问题和市场调研问题这两个虽不相同但密切联系的层面。

2.1.1 营销决策问题

营销决策问题是决策者需要做什么的问题，它关心决策者可以采取什么行动，以行动为导向。

2.1.2 市场调研问题

市场调研问题是为了回答营销决策问题，企业需要什么信息以及如何获得有效信息的问题，它关心回答管理决策问题的信息依据以及获取途径，以信息为导向。

在这一部分需要特别注意的是，站在市场调研者的立场上，我们关心的是需要做一次什么调研，即调研选题是什么。因此，仅仅理解了营销决策问题和市场调研问题的内涵还不够，最终确定市场调研问题才是目的。界定了营销决策问题之后，还必须实现从营销决策问题向市场调研问题的转化。

同步分析案例

某市的步行商业街调查

几年前，在市区内建设步行商业街是城市再开发的热点，这些街道是通过禁止车辆进入特定区域而形成的，目标就是要创造能把观光客吸引到购物街的购物环境，并使该地区的零售业重现活力。

对于这样一个问题，作为管理者的市商业协会认为开发步行街可以增强城市的活力。为了获得更多的支持，他们做了一项调查，调查中要求购物者按照各种因素对拟作为步行商业街的地段进行评级，其中包括商品质量、选择、价格，停车以及流动性。但专业的调研人员认为这些方面还不足以确定是否应该建设步行街，应该进行更加广泛的调查，还应该询问购物者的购物意愿。由于协会早已认定建设步行商业街是必要的，做此次调研活动只是为了支持他们的决策而已，固有的思维方式阻碍其去进一步思考可能会产生的问题。

调研的结果出来了，购物者在商品质量、选择和价格方面给了商业步行街很好的评级，但在停车和流动性方面给了最差的评级。

最终步行街建成了，却没有产生应有的效益。

分析：

主要原因是营销决策人员与市场调研人员对问题的理解存在差异。事实上，作为管理者的市商业协会已经做出了在市区内建设步行商业街的决策，做市场调研的目的就是为了给他们的决策提供更多支持。调研人员认为首先应该进行更加广泛的调查，其次应该询问购物者的购物意愿，最后才能确定是否应该建设步行街，即调研应该在决策之前进行，调研为决策提供有效依据，只有在广泛的调研基础上才能做出科学的决策。

2.2 明确市场调研问题的工作步骤

明确市场调研问题是市场调研工作的第一步，调研问题确定的正确与否直接关系到市场调研工作的成败。因此，为了做好调研选题，我们将明确市场调研问题的工作分解为识别问题征兆、界定营销决策问题、搜集背景信息、明确市场调研问题、明确市场调研内容 5 个步骤，如图 2-1 所示。明确市场调研问题的工作步骤能够帮助你更好地理解如何界定营销决策问题，如何将营销决策问题转化为市场调研问题。

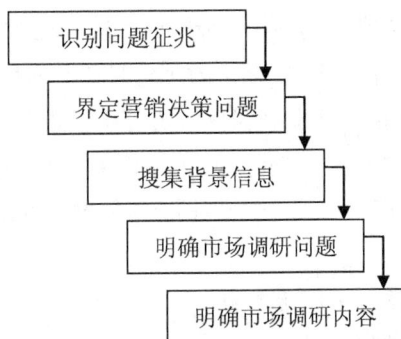

图 2-1 明确市场调研问题的工作步骤

2.2.1 识别问题征兆

任何一个公司或部门要执行市场调研，几乎都是因为发现了新问题或新的市场机会，而新问题或市场机会的出现都是有征兆的。征兆是指用于测定营销完成情况及其原因的主要监视器所反映出的改变。如果实际发生的结果（即实际绩效）小于可能发生的结果，就存在市场机会，如市场上存在着未满足的消费需求或者潜在的消费兴趣。如果实际发生的结果小于期望发生的结果（即预期目标），就出现了营销问题。问题征兆主要如下。

（1）销售量（额）下降、市场份额降低、利润下降、销售订单减少、顾客忠诚度下降或投诉增加、竞争者增加或竞争者营销策略调整。

（2）新产品不被市场上的消费者所认可、销售局面难以打开。

（3）企业缺乏知名度，产品在市场上的竞争力弱等。

同步分析案例

2012 年 3 月以来，某品牌汽车的市场占有率急剧下降，这成为困扰公司的一个大问题。为此，该公司要求调查人员通过分析研究来查找汽车市场占有率下降的原因并据此确定调查目标。请你列出汽车市场占有率下降的几种可能原因。

分析提示：

汽车市场占有率下降的可能原因有以下几方面。

① 目前市场上出现了新的竞争对手。

② 该品牌汽车的竞争对手的市场营销策略有所改变。

③ 该品牌汽车的使用对象的购买意向发生了变化。

④ 技术的进步、个人收入的变化等诸多因素对汽车消费者的购买行为产生了影响。

⑤ 该品牌汽车的市场定位不符合汽车消费者的需求。

2.2.2 界定营销决策问题

当我们查找和分析了问题征兆之后，就要尽可能地明确界定问题或机会的本质。

营销决策问题是指企业的营销管理工作中面临的问题或出现的市场机会。如营销经理会面临这样一些问题："我们应该改变现行的影响策略吗？"如果是，那么"如何改变？"，又如某电器公司的一次营销决策问题是："在蒸汽熨斗行业，是否还有尚未意识到的市场机会和问题？"再如该公司的另一次营销决策主题是："应该把即将推出的无绳电熨斗的单价定为多少最合适？"

在实际的营销工作中，有时所遇到的营销决策问题内容比较宽泛，那么应该首先确定营销决策问题的范围和方向，然后把问题做进一步细化。如国内某著名企业为了推广新产品，准备做一次市场调研。因"公司该如何推广新产品？"这个营销决策问题内容比较宽泛，可以将其细化为以下几个营销决策问题。

① 这种产品在市场上是不是有很大的需求空间？

② 哪种方案是最佳的产品设计方案？

③ 怎样给产品进行恰当的定价？

④ 公司的竞争对手有哪些？这些竞争对手的实力如何？

⑤ 需要开展哪些促销活动？相关费用是多少？

⑥ 这种产品的生命周期有多长？

2.2.3 搜集背景信息

背景信息是指为了准确把握营销管理人员所面临的决策问题及其起因所需要的信息。搜集背景信息的途径主要包括：与管理决策人员沟通、咨询专家、分析二手数据和探测性的定性调研等。背景信息的收集，不仅可以帮助我们把握问题的起因和解决问题的线索，有时候甚至能够帮助我们找到初步的答案，如二手数据分析。

（1）与营销管理人员沟通是为了全面掌握企业的营销战略、产品特征和能够满足消费者需要的营销策略组合。同决策者讨论的根本任务是深化调研人员对营销决策问题根源的了解和认识，企业营销管理决策者应注意要让调查者得到与管理决策问题有关的全部信息。

（2）专家调查即对权威人士进行调查。对行业专家、专门问题的研究者进行访谈可以使调研人员对营销决策问题有完全不同的新视角，专家访谈也可能修正决策者或调研人员的某些观点。需要注意的是，专家调查的对象并不是仅限于业内专业人士或学者，也可以包括有经验的用户，以及对该问题有浓厚兴趣的普通人。例如，沃尔沃汽车公司认为过去的汽车都是为男性设计的，于是访问了 100 位女性，了解她们想要什么样的汽车。公司发现女性想要的汽车和现有汽车之间有一些重要的差异，于是利用这些信息设计了新的汽车。

（3）分析二手数据是明确营销问题的一个前提性步骤，只有二手数据无法解决手头的问题或获取二手数据的成本高于搜集原始数据时，才考虑搜集一手数据。

（4）定性调研属于探测性调研，是通过观察人们的言行来收集、分析以及解释数据，观察和陈述都采用定性或不确定的模式。目的是对一小部分消费者进行深入研究，以便获得丰富深入的调查结果。通常用于描述现象而非预测现象。

定性调研以小样本为基础，具体的调查方式也是灵活多样的，如焦点小组访谈法（或称座谈会）、深度访谈法、观察法等。在某些营销决策问题上，影响问题的因素较为隐蔽、不易被清楚表达或不愿清楚表达，调研人员可能还需要使用定性研究方法如焦点小组访谈法、深度访谈法、观察法，以得到关于营销决策问题的一些相关因素和不同理解。

小知识

定性调研与定量调研的区别

定性调研指从定性的角度，以小样本为基础，对所研究的对象进行科学抽象、理论分析、概念认识等，而不对研究对象进行量的测定。

定量调研主要是对一定量的有代表性的样本，进行封闭式问卷访问，然后对调查获得的数据进行计算机的录入、整理和分析，并撰写报告的方法。

同步分析案例

Nicke lodeon 公司的小组访谈

Nicke lodeon 公司是一家电视公司，该公司已经注意到了新的人口生育高峰，这对电视观众意味着什么呢？

通过一系列的试探性调研的结果显示，长期以来，根植于人们头脑中的一些观点是不正确的，即所谓在电视节目中女性形象只受女孩喜欢而不受男孩欢迎，而事实并非如此。

随着试探性调研的深入，营销调研人员继续能够识别出一些关键问题和与这些问题相关的主要因素，这些就构成了调研的主题。该公司最终将调研问题界定为：一项以女孩为主角的活泼的娱乐栏目是否能同时受到男孩和女孩的喜欢？调研结果是肯定的。

于是，公司推出了名为"Alex Macle 秘密世界"的栏目，栏目的主角是女性，但是最终结果显示，这个节目近 53% 的观众是男性。

问题：Nicke lodeon 公司如何成功地推出了"Alex Macle 秘密世界"栏目？

分析提示：

Nicke lodeon 公司在开始正式实施市场调研之前，先通过探测性调研的方法搜集背景信息，得到的信息如下：即在电视节目中女性形象可能也受到男孩欢迎。并以此为根据，将调研问题确定为：一项以女孩为主角的活泼的娱乐栏目是否能同时受到男孩和女孩的喜欢？接着，该公司正式展开了这项调研，并得到了肯定的调研结果，最终成功地推出了"Alex Macle 秘密世界"栏目。

同步参考案例

焦点小组访谈会（座谈会）讨论提纲

访谈会时间：　　　年　月　日

访谈会主题：

1. 参与者自我介绍。

2. 请您仔细回想自己购买房子的过程。

　　a. 叙述该过程中某些较好的方面。

　　b. 叙述该过程中某些糟糕的例子。

　　c. 能讲述自己在购房过程中所犯的错误吗？

3. 让我们谈谈有关房地产代理商的话题。

　　a. 从您自己的观点来看，房地产代理商在帮助客户购买新房的过程中应该提供哪些服务？

　　b. 如果他们提供了这些服务，您对代理商的印象如何？

4. 谈谈您是如何为您的新房子申请贷款的？

　　a. 叙述您在申请住房抵押贷款时的一些经历。

　　b. 您认为，代理商应该如何改进获取抵押贷款的程序？

5. 现在让我们谈谈，您对住房抵押贷款这一金融产品的一些新想法。

给每个参与者发一份有关该新产品构想的书面材料。在参与者阅读之时，主持人可利用这段时间与客户或者管理者交换意见。任何需要进一步探究的领域或问题都应该在这个时候讨论，举例如下：

　　a. 您对所阅读的材料有什么问题吗？

　　b. 您对这一构想有什么想法？

　　c. 与当前实行的各种获取住房抵押贷款的方法相比较，该构想有哪些明显的长处？

　　d. 您会通过这种方式来申请住房抵押贷款吗？它对您的决策会产生哪些影响？

2.2.4　明确市场调研问题

市场调研问题是指本次调研的主题。因产生营销决策问题的可能原因有多个，所以通常针对一个营销决策问题可以列出很多个调研问题。如营销决策问题是：公司是否应该推出一款新产品？可能的调研问题有：顾客需求与购买意向状况；竞争产品分析；产品概念测试。由于资源的限制，不可能对所有可能的问题都进行调研，调研人员必须根据产生影响决策问题的最可能的原因，根据各个调研问题对决策的用途、成本和技术上的可行性等因素进行取舍，抓住重点，将有限的资源用在最能够产生效益的地方。

以提高某产品在全国重点城市中的占有率为例，营销决策问题：如何提高产品的市场占有率？可能的调研问题：产品满意度情况；分销情况；价格情况；产品认知情况；产品知名度及美誉度情况。假设营销管理者和调研人员都认为分销商销售不力影响了产品的市场占有率，那么调研问题就可以确定为：全国重点城市某产品分销情况如何？其调研目的是为制定更有效的分销渠道策略提供依据。

又如，前例中的营销决策问题：应该把即将推出的无绳电熨斗单价定为多少最合适？那么，可以将调研问题确定为：消费者能够接受的价位是多少？

2.2.5 明确市场调研内容

调研内容是调研人员对其所需搜集的信息的具体陈述。营销决策者根据这些信息能够正确制定决策。

调查内容是非常具体的，它准确地告诉调研人员应该搜集什么样的信息来解决营销问题。

一般来说，当调研问题确定的时候，调研内容也就随之确定了。调研问题与调研内容的关系实例如表 2-1 所示。

表 2-1 调研问题与调研内容关系举例

营销决策问题	市场调研问题	市场调研内容
制定有效的营销策略	如何进行市场细分	1. 市场有哪些主要客户群 2. 主要客户群的规模、特点与需求是什么 3. 每个客户群的关键购买因素是什么
为新产品设计包装	几个备选包装设计的有效性测试	1. 消费者对新包装的接受程度 2. 消费者对新包装的喜欢程度以及喜欢和不喜欢的方面 3. 在几种包装设计中，消费者的偏好
为节假日设计有效的促销活动	促销活动对消费者的影响评估	1. 消费者对促销活动的看法 2. 不同促销活动对消费者购买行为的影响及原因 3. 消费者喜欢的促销活动类型和促销礼品
为一家咖啡店确定市场定位	消费者偏好什么样的咖啡店	1. 消费者的消费水平 2. 顾客光顾咖啡厅的主要原因 3. 顾客偏爱的咖啡店类型 4. 顾客喜欢的产品 5. 顾客可以接受的价位 6. 顾客需要的服务 7. 顾客可能光顾的时间

同步分析案例

某公司要调查"天天健口服液"的广告效果，请你帮该公司拟定具体的调研内容。

分析提示：

"天天健口服液"的广告效果的具体调研内容如下。

① "天天健口服液"的知名度、产品在口服液市场的排名情况。

② 消费者知晓"天天健口服液"品牌的主要信息来源和信息渠道。

③ 了解消费者对"天天健口服液"广告的评价。

④ 了解所调查地区的消费者的消费心理和消费特点。

⑤ 了解消费者对"天天健口服液"产品的口感、包装、容量的期望点。

⑥ 了解所调查地区的消费者的特征，包括其职业、年龄、文化教育程度、经济收入等及上述特征所造成的消费者偏好的变化。

2.2.6　案例——×牌一次性尿布市场调研问题的确定过程

×牌的一次性尿布市场份额去年下降了（即问题征兆），为此，公司经理心急如焚。那么如何提高×牌的一次性尿布的市场份额（即营销决策问题）？公司经理决定，第一步先要做一次市场调研，搞清楚"市场份额问题"，然后再采取必要手段提高市场份额。

从营销学的理论来看，导致一家企业市场份额下降的可能原因主要有 7 个，如图 2-2 所示。

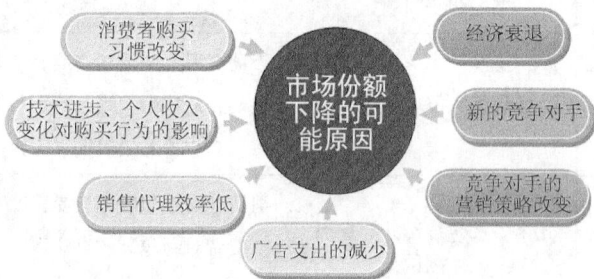

图 2-2　公司市场份额下降的可能原因

公司采用探测性调研从一些用户及代理商处收集资料，得到的信息（即搜集的背景信息）如下：×牌是一种价格经济的尿布，起初是为了与低成本的品牌竞争，而现在有小孩的家庭比这个品牌刚上市时更有钱，并愿意花更多的钱在高质量的婴儿用品上，这是公司市场份额下降的可能原因。

经过上述分析，公司将其市场调研的问题确定为：消费者需要什么价格档次的产品？

2.2.7　案例——一家烤制食品公司的市场调研问题

一家烤制食品公司发现本公司生产的一种利润丰厚而且在市场上非常畅销的饼干，在东北地区出现了销售额大幅度下滑的情况。为此，公司及时做出反应，提出了以下问题：

东北地区此种饼干销售额的下滑，是否预示将出现全国性的销售额下滑？还是仅局限于东北地区？这种现象是暂时的，还是会长期地继续下去？　　　　　　　　　　　　（问题范围、趋势）

这次销售额的下降，是否是因大批的、具有不同口味的外地人口涌入东北地区造成的？

（最可能的原因分析）

如果确实是由于大批外来人口进入东北地区而引起这种饼干销售额的下降，那么这些外来人口的不断扩散，会不会带来销售额的继续下降？　　　　（最可能的原因可能引发的趋势）

公司的竞争对手是否已经显示出任何将利用这种新的市场形势的迹象？

如果调查的结果表明，消费者的口味改变是引起销售额下降的关键原因，那么公司将采取什么措施，是调整公司产品的制作方案，还是采取别的其他措施？　　　　（营销决策问题）

如果公司销售额的下降，不是由于消费者的口味改变而引起，那么是什么其他原因造成的？

（其他可能的原因分析）

根据目前的售后利润而言，公司应该花费多少时间和财力来调查处理这个问题？

（确定市场调研问题时考虑的因素）

2.3　市场调研选题的范围及评价

2.3.1　市场调研选题的范围

市场调研作为营销决策的基础，其业务范围很广。根据企业中市场调研的业务范围，市场调研的选题主要涉及以下几个方面。

（1）行业与市场调研：行业与竞争者分析（供应总量、市场份额、主要品牌、品牌忠诚度等）、市场分析（市场特点调研、市场需求规模与结构的衡量、销售分析）、市场趋势预测（相关因素排列、发展轨迹分析、未来环境变化等）、兼并与多元化调研。

（2）购买行为调研：消费者分布及特征调研、市场细分调研、品牌认知与偏好调研、购买欲望与行为调研、购买者满意度与忠诚度调研。其中市场细分调研着重搜集关于产品的属性及其重要程度、品牌的知名度及受欢迎程度、产品使用方式、调研对象对产品的态度及购买欲望等信息。

（3）产品调研：概念构思与测试、品牌命名与测试、试销市场测试（新产品的市场接受情况及需求量调研）、现有产品市场测评、包装设计调研、竞争产品调研。

（4）定价调研：需求分析（包括市场潜力、销售潜力、销售预测等）、价格分析、价格弹性分析、竞争者价格分析、成本分析。

（5）分销调研：选址调研、渠道绩效调研、渠道覆盖面调研（主要流通环节、中间商类型、中间商品质、交易条件等）。

（6）促销调研：媒体测试、文案测试、广告效果测评、竞争性广告调研、公共形象调研、销售人员薪酬与绩效调研、促销效果测评。

2.3.2　调研选题的评价

一个好的调研选题一般都应满足以下 3 个要求。

（1）选题具有现实意义。根据企业营销管理的实际需要进行选题，调研结果可以为企业的营销决策提供科学依据。

（2）选题具有时效性。根据企业的营销管理现状进行的选题，调研的目的是解决企业的现实问题。

（3）选题具有科学性。严格按照明确市场调研问题的工作步骤，经过深思熟虑后进行的选题。

习题与实训

一、单选题

1. 营销决策问题是（　　）关心的问题，它以行动为导向。

　　A. 决策者　　　　B. 调研者　　　　C. 管理者　　　　D. 消费者

2. 市场调研问题是（　　）关心的问题，它以信息为导向。

　　A. 决策者　　　　B. 调研者　　　　C. 管理者　　　　D. 消费者

3. 为明确市场调研问题，需要搜集背景信息。下列背景调查中属于企业自身条件的是（　　）。

　　A. 决策者目标　　B. 顾客年龄　　　C. 法律环境　　　D. 政治环境

4. 市场调研的首要步骤是（　　）。

　　A. 确定市场调研对象　　　　　　　　B. 明确市场调研问题

　　C. 确定市场调研方法　　　　　　　　D. 确定市场调研内容

5. 确定营销决策问题与市场调研问题的先后顺序是（　　）。

　　A. 先界定营销决策问题，后确定调研问题

　　B. 先明确调研问题，再界定决策问题

　　C. 二者同时确定

　　D. 没有先后顺序

二、多选题

1. 识别问题征兆的目的是（　　）。

　　A. 发现新问题　　　　　　　　　　　B. 提高企业效益

　　C. 发现新的市场机会　　　　　　　　D. 寻找潜在的消费兴趣

　　E. 发现未满足的消费需求

2. 明确市场调研问题时，搜集背景信息的途径有（　　）。

　　A. 二手数据　　　　　　　　　　　　B. 探测性的定性调研

　　C. 咨询专家　　　　　　　　　　　　D. 向企业负责人调查

　　E. 实地调查

3. 以下属于定性调研方法的有（　　）。

　　A. 二手数据搜集　　　　　　　　　　B. 焦点小组访谈法

　　C. 深度访谈法　　　　　　　　　　　D. 问卷调查法

　　E. 观察法

4. 你在购买笔记本电脑前，可能进行（　　）市场调查活动。

　　A. 上网查询相关信息　　　　　　　　B. 电话咨询厂家

　　C. 请教同学或朋友　　　　　　　　　D. 去商场看样品

E．以上都正确

5．评判一个调研选题好坏的标准是（　　　　）。

A．选题是否具有现实意义　　　　　　B．选题是否具有时效性

C．选题是否容易做　　　　　　　　　　D．选题是否具有科学性

E．以上都正确

三、判断题

1．市场调查工作的第一步应该是明确向谁做调查。 　　　　　　　　　（　　　）

2．市场调查的原则包括时效性、准确性、全面性和科学性。 　　　　　（　　　）

3．一般来说，市场调查的过程可分为制订调查计划阶段、调查实施阶段、调查总结阶段。

（　　　）

4．在市场经济条件下，为准确、及时、全面地取得市场信息，尤其应注意多种调查方式的结合运用。 　　　　　　　　　　　　　　　　　　　　　　　　　　　（　　　）

5．影响调查数据质量高低的因素是多方面的，但调查方案是否科学、可行对最后的调查数据质量只有间接的影响。 　　　　　　　　　　　　　　　　　　　　（　　　）

四、综合应用题

1．一家烟草公司准备推出一种新产品，香烟名为 Premier，其尼古丁含量几乎比其他所有品牌香烟的尼古丁含量都低，当然其定价也大大高于其他品牌的香烟，销售目标定位在老烟民。在 Premier 的销售过程中，需要对其使用方法做详细的说明。与普通香烟的广告宣传相比，Premier 定位于提供更多的书面宣传材料，而不是太多的煽情宣传。显然，烟草的书面宣传，最多只能称自己的香烟是"更为清洁"的产品而绝不能称为"更为健康"，宣传品影响力比较平淡，新意不够。结果，Premier 在推出之后，销售额惨不忍睹。

请分析，在前期的营销调研过程中，可能出现了哪些问题，才会导致新产品的失败？

2．美国通用汽车公司1997年完成了一项对"汽车后排顾客"，即5岁到15岁之间孩子的调研，调研发现，父母经常让他们的孩子在购买什么样汽车的中扮演重要角色。得到这个信息后，营销经理推出了两项活动：1997年年末，通用汽车公司在一份面向8岁到14岁男孩的杂志《儿童体育画报》的内封上刊登广告，广告宣传的产品是 chevy venture 小型面包车，一种面向年轻家庭的车。此外通用汽车公司还在大型购物中心展示这种车，车内放置录像机播放迪士尼电影。

请分析，通用汽车公司进行此次营销调研的目的是什么？获得了哪些重要信息？

3．一家鞋业制造公司想推出一种面向年轻人的时尚运动鞋。为了这次新产品的推出，该公司准备做一次营销调研。

假设你是这家公司的营销经理，请你确定一下调查活动的问题。

五、操作题

1．学校后勤服务公司为了解在校大学生住宿的现状、需求及对学校住宿服务的改进建议，拟组织一次以大学生为参与者的焦点小组访谈，请各小组组织讨论，形成访谈提纲，并选出主持人主持这次座谈会，然后将调查结果提交。

要求：

（1）确定座谈会的目的是了解大学生对住宿服务的基本态度和看法。要赢得大学生满意，首

先要了解大学生。

（2）对参与者的基本要求是熟悉学校大学生服务的宗旨，热情于学校后勤服务的建设，能主动提出中肯建议。

（3）座谈会过程如下。

① 主持人解释调查目的和主要问题，描述参与者的个人情况。

② 调查发现、结果与相关建议。

2. 分小组组织一次焦点小组访谈，主要目的是确定以小组（4 人）为单位的调研选题。当然也可以结合采用二手数据分析、观察法和深度访谈（深度访谈对象可以是企业管理决策人员、经销商代表、销售员等）等方法。

焦点小组访谈有助于我们充分了解关于消费者态度方面的信息，从而为企业进一步的定量调查提供指导方向。

要求：

（1）设计讨论提纲。讨论提纲是关于座谈会中将要涉及的话题的概要。通常设计一份详细的讨论提纲，可以保证座谈会的参与者按既定目标有序进行。 例如，一份提纲可以从讨论外出吃饭的态度和感受开始，然后转向讨论快餐，最后以讨论某一连锁快餐集团的食品和装修风格结束。

（2）确定调研选题。写出问题征兆、营销决策问题、选题背景、原因分析、市场调研问题和调研内容。

任务解析

在进行一项市场调研时，首先要明确本次调研需要解决的问题，只有明确市场调研问题才能为调研任务的完成指明方向。否则，调研研究的结果将不能为解决营销管理决策问题提供科学依据。正因为如此，正确地界定营销决策问题和明确市场调研问题是市场调研过程中最重要的一步。本任务试图通过可口可乐公司的一次错误决策来说明界定营销决策问题的重要性。

在 20 世纪 80 年代，可口可乐公司犯了一个巨大的错误，导致推出的新的可乐产品将原有的可口可乐产品挤出了市场。

20 世纪 70 年代中期以前，可口可乐的市场份额已经达 80%，而到了 20 世纪 80 年代初期，其市场份额却下滑至 24%。为此，可口可乐公司把精力集中在如何与竞争对手百事可乐公司争夺市场份额上。

百事可乐公司已经成功地实施了一项名为"百事挑战"的宣传活动。在该活动中，消费者参加可口可乐与百事可乐的口味盲测，被试者选择百事可乐的次数多于可口可乐。百事可乐的甜度大于可口可乐。

尽管可口可乐已经取得了较大的市场份额，并且拥有一定的品牌知名度，但是公司的管理者认为问题在于可口可乐的口味没有主要竞争对手百事可乐的口味好。于是，他们进行了 4 年的研发，终于找到了一种可以与竞争对手对抗的新饮料——甜味可乐。

公司似乎已经解决了"口味测试问题"，于是管理者抛弃了传统产品，推广新的甜味可乐。令人惊讶的是，销售量骤然下降，成千上万的迷恋传统饮料的消费者对这种新产品表示抗议。

为什么会这样呢？

许多营销专家认为，原因在于可口可乐公司没有正确地界定营销问题，他们想的只是击败竞争对手。可口可乐公司界定的营销问题是"公司如何在口味测试方面击败竞争对手"，而不是思考"公司如何比竞争对手获得更高的市场份额"。由于错误地界定了营销决策问题，导致了公司营销决策的失误。公司已经在非甜味的传统饮料上获得了可观的市场份额，当公司停止生产这种传统饮料时，也失去了这部分顾客。

数月内，可口可乐的管理者认识到了自己的错误，重新推出名为"经典可乐"的传统可乐，同时也保留新的具有甜味的可乐。由于没有正确地界定营销问题，该公司不仅接受了一次代价昂贵的教训，而且浪费了大量时间和数千万美元。

相关知识图示

任务二知识图示如图 2-3 所示。

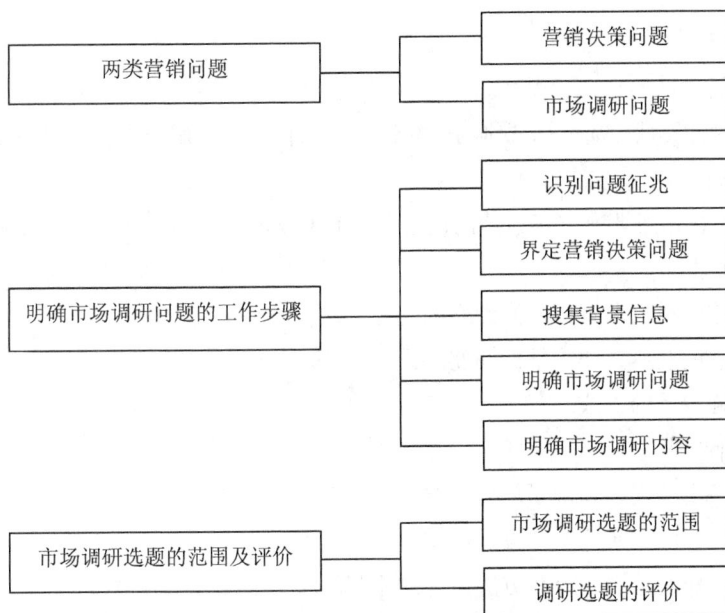

图 2-3　任务二知识图示

任务三
设计市场调研

学习目标

- **知识目标**

1. 了解调研设计的含义和类型。

2. 理解探测性调研、描述性调研与因果性调研的作用及使用条件，掌握探测性调研、描述性调研与因果性调研的主要方法。

3. 理解并掌握市场调研方案包括的内容，了解市场调研方案的基本格式要求，了解市场调研方案的总体评价标准。

4. 了解常用的量表形式，掌握量表的选择方法。

5. 了解问卷的基本结构，掌握问卷的设计方法。

6. 掌握抽样设计的方法。

- **能力目标**

1. 能根据特定的问题和调研内容的要求选择最适合的调研设计。

2. 能根据选择的调研选题和设计类型设计市场调研方案。

3. 能根据调研对象、内容和方法设计调研问卷。

4. 能根据调研对象设计抽样方案。

任务引入

肯德基的神秘顾客调查制度

有时候，市场调查人员认为大规模的调查结果并不适用。肯德基北京总部公司每年都会通过电话联系一些肯德基的忠实顾客，通过征求其意见挑选出一批肯德基的神秘顾客，进而对全国各地的肯德基进行秘密的调查访问。为了了解肯德基的历史背景、内部管理以及每位员工在上班过程中该做和不该做的事情，每位神秘顾客都要经过正规的培训。通过培训后，每位神秘顾客会被分配到全国各地的肯德基进行秘密调查。

神秘顾客主要是对餐厅的美观整洁的环境、真诚友善的接待、准确无误的供餐、优良维护的设施、高质稳定的产品、快速迅捷的服务6个方面进行打分。

当顾客来到餐厅后，首先可以通过观察的方法对餐厅的环境（灯光、卫生、室内的温度以及服务员的接待态度等）进行观察，接着还可以通过对来该餐厅的其他就餐顾客进行询问来了解餐厅所提供的产品质量。

肯德基通过采用神秘顾客的秘密调查方法，来了解顾客对其就餐环境、服务员的接待态度、收银员的供餐准确度以及提供的产品质量等方面的满意度，及时发现并解决问题，从而大大提高了服务质量。

请思考：

1. 案例第一行中的"大规模的调查"指的是哪种调查方法？为什么该公司使用了"神秘顾客观察"而不是"大规模调查"的方法？

2. 本案例中肯德基北京总部公司选择了 3 种调查设计中的哪种？

知识讲解

3.1　选择最合适的调研设计

在明确了市场调研问题之后，接着就应针对这一问题进行调研设计，并在此基础上开始市场调研的资料搜集工作。调研设计是指构成调研计划的一系列先期决策，这些决策旨在确定搜集和分析解决营销管理问题所需信息的方法和步骤。调研人员要根据特定的问题和调研内容的要求选择最适合的调研设计。

3.1.1　调研设计的类型和常用方法

市场调研是用来帮助解决特定营销问题的，调研目的不同，需要的调查设计类型也不同。调查设计类型可分为探测性调研、描述性调研和因果性调研 3 类。

1. 探测性调研

探测性调研是指当研究的问题或范围不明确，为了发现问题，了解市场情况所作的试探性调研。探测性调研是一种非结构化和非正式的调研。非结构化是指在进行探测性调研之前并没有设计固定的一系列程序。非正式意味着探测性调研没有正式的调研内容、调研问卷与抽样方案。

探测性调研一般在调研开始时进行，其目的是获得背景信息，用以确定调研问题和调研内容，或者为描述性调研、因果性调研设计做准备。

例如，一家家具连锁店的老板在对销售人员进行探测性访谈后，得知其顾客经常询问商店是否销售办公家具，于是他决定就销售办公家具的可行性进行一次调研。再如，测定银行形象的探测性调研显示银行的顾客可分为 3 类：个体顾客、企业顾客以及同业顾客。这些信息表明了应该针对哪类顾客群进行银行形象测定，有助于阐明有关银行形象测定的问题。

探测性调研的常用方法有二手数据分析、相似案例分析、定性调研、投射技术等。

（1）二手数据分析是指从现有的出版物和调研资料中搜寻并解释与调研内容有关的信息的过程。二手数据是为其他目的而收集的资料。在公司内部、图书馆和互联网中可以找到很多二手数据，其信息来源于公司日常交易过程收集的信息所组成的数据库、书籍、学术期刊、日报、行业杂志、特别报道、公告、时事通讯等。二手数据的分析通常是探测性调研的"核心"，这是因为二手数据有比较容易找到、获得速度快、成本相对低廉等优点。

（2）相似案例分析是指检查以前的情况中与现有问题有某种相似性的可用信息。通常，大多数调研问题都与以前的一些情况有相似之处。即使调研问题涉及一种全新的产品，调研人员也往往能从过去的经验中找到相似之处。例如，在电话交换机已发明但尚未投入市场之际，许多公司都试图预测电话交换机的接受率。很多公司以电视机或录像机等电子产品的接受率作为参考。

（3）定性调研是从性质上进行研究的一种方法，是在一群小规模、精心挑选的样本个体上的市场调研，目的是洞察消费者的行为和动机。

定性调研主要包括深度访谈、焦点小组访谈和观察法等。

① 深度访谈是一次只有一名受访者参加的无结构式的访谈，由访谈员与被访者围绕一个主题或范围进行比较自由的交谈。它的主要作用在于通过深入细致的访谈，获得丰富生动的定性资料。深度访谈不像焦点小组访谈那样常用，一般用于动机调查。最适宜于研究较隐秘、较敏感或个人之间观点差异大的问题。例如，用于调查感性、情绪化产品（如香水、巧克力、鲜花等）的消费问题。

深度访谈可以在受访者家里进行，也可以在一个集中的访谈地点实施，如在购物中心实施拦截访问，就可以对一些受访者进行相对短时间的深入采访。

同步操作案例

深度访问问卷的设计要点

深度访谈是一种直接面对个人的访问，即在访问过程中，由掌握高级访谈技巧的调查员对访问对象进行的面对面的深入访谈。深度访谈的问卷结构与一般访问的问卷结构有一定的区别。深度访谈一般不依据问卷表而只围绕调查的主题进行交谈，对问题的答案一般不加以限制。

深度访谈工作要点有以下几点。

第一，访问前要对调查的主要目标和所要了解的主要内容有一个十分明确的认识。

第二，访问前要对被访者的各方面情况，如年龄、性别、职业、文化程度、兴趣爱好等，有一个详细的了解。

第三，正式访问前要进行预约。见面和结束访问时，一定要向被访者表示某种歉意和感谢。

第四，访问时开场白一定要说好。

第五，在进入正题之前，应先建立轻松、融洽的访问关系。

第六，交谈时，专访员要专心听并认真记录。

第七，专访员应掌握一定的追问技巧，如重复提问、重复被访者的回答、利用停顿或沉默、利用客观的或中性的评价、适当鼓励被访者等。

第八，掌握正确的记录方法。

---

② 焦点小组访谈是把几个人召集在一起，在主持人引导下进行非结构化的自由讨论，以搜集与调研问题有关的基本需求、态度等深层次信息。这是一种从有限的访谈样本中获得信息的有效方法，所获得的信息往往能够促进创意的产生。例如，房地产代理商使用此法了解消费者的购房过程及对购房服务的看法，以便提供更好的购房服务。广告策划人员使用此法了解消费者在描述

一项产品时使用的词汇，用来改变产品或服务的宣传，营销人员使用此法来揭示消费者对产品或服务的需求、动机、观念和态度等。

③ 观察法是调查人员通过观察而不是沟通获得信息的方法。因为人们的记忆存在缺失，所以观察法需要使用一些记录工具，如摄像机、录音机、手写笔记或其他有形记录方式。观察法的优点是取得资料比较真实可靠、准确性高。缺点是费时、费力、费钱，使用范围有一定的局限性，例如，涉及隐私的一些问题不宜使用。

按观察者的不同，观察法可以分为机械观察法和肉眼观察法两种。

a. 机械观察法是借助于仪器（如摄像机、录音机等）进行观察的方法。例如，电视收视率调查等。机械观察法的缺点是费用昂贵。

b. 肉眼观察法是调研人员亲自观察的方法。例如，交通流量调查、行动路线和轨迹调查、商业布局实地考察等。肉眼观察法的缺点是容易受到观察者主观评价的影响。

按观察者是否参与被观察对象的活动，观察法可以分为参与观察法和非参与观察法两种。

a. 参与观察法就是观察者参与到被观察者的环境中去，成为被观察对象所在的群体中的一名成员，并参与日常活动的一种观察。

b. 非参与观察法指观察者以局外人的身份，从侧面对观察对象进行观察。

按观察者是否直接观察被调查者的行为，观察法可以分为直接观察法、档案记录和实物追踪3种。

a. 直接观察法，是指观察被调查者正在发生的行为。例如，某公司使用此法了解人们的早餐习惯。百货商店使用此法记录顾客人数并观察客流情况，以设计商店布局，确定每个部门和货架摆放位置，进行商品陈列。

b. 档案记录，是间接观察法的一种。档案记录是二手数据资料，如可用于解决当前问题的有关历史记录。它们包含大量重要的信息，千万不可忽视。例如，根据收银机的扫描数据可以了解价格变化、促销活动以及产品包装尺寸变化对市场的影响。

c. 实物追踪，是对影响事件发生的有形数据进行分析的一种间接观察法。如软包装饮料公司可以通过清点垃圾来评估易拉罐对郊区的影响。

（4）"投射技术"一词从心理学领域借鉴而来，它要求参与者把自己投射于某种环境中，然后回答与该情况有关的一些特殊问题，从而探寻消费者购买产品或服务的潜在动机。

句子完成测验就是投射技术的一种应用。该测验给被试者一个不完整的句子，让被试者补全句子并把自己当成句子中虚构的人物置身于该情境中。漫画测试也是投射技术的一种应用。测试者提供一幅漫画，漫画中人物的头上有空白处用来填写人物的语言，要求被试者填写其中的会话内容。投射技术的价值在于：通过讨论"他人"遇到的问题，被试者可以流露出自己的真实感受，直接提问则往往不会获得真实信息。

2. 描述性调研

描述性调研是指对所研究市场现象的客观实际情况如实地加以描述和反映的市场调查。描述性调研是一种正式调查，客观如实地描述顾客是谁、他们会购买什么品牌的产品以及购买多少数量、何时购物、如何找到我们的产品等变量，是对有关谁（Who）、什么（What）、哪里（Where）、何时（When）、为什么（Why）、如何（Way）等答案的描述。这6个变量称为消费者购买行为研究的"6W"。

描述性调研的作用主要有两个：①当我们想让调查的结论适用于更大的范围时，描述性调研是比较理想的选择；②如果描述性调研的样本有代表性，其结论就可用于预测一些我们感兴趣的变量。例如，可以使用描述性调研设计来预测某区域市场销售额。

描述性调研的常用方法基于分类标准的不同，可以做如下分类。

（1）按调查的组织形式，可以分为常规调查和专门调查。

① 常规调查是按照国家统一规定通过定期报表、连续不断、自下而上地逐级提供统计资料的一种调查方式。常规调查绝大部分是定期统计报表，也有非定期统计报表，是我国统计调查的基本组织形式。这种调查方式在我国已经成为一种调查制度，如工业统计调查制度、农业统计调查制度等。

统计报表大多是经常性的，它反映的是社会、经济、科技等发展状况的基本指标，它们在一定时期内是相对稳定的。统计报表是国家了解国民经济发展情况，如农业、工业、交通、基础设施建设、商业、对外贸易、劳动工资、物资、财政、金融等方面的基本情况，制定和检查国民经济和社会发展计划、经济和产业政策的重要工具，同时也是基层企事业单位、行业主管部门和各级政府部门进行经营和管理的重要依据。

② 专门调查是指为了研究社会经济现象的某种情况或某项问题而专门组织的调查。如残疾人状况调查、某种商品的质量调查等。

专门调查大多是一次性调查，主要包括普查、抽样调查、重点调查和典型调查4种调查组织形式。这些调查方式灵活多样、适应性强，不仅可以弥补统计报表制度的不足，而且可以随着社会、经济、科技的不断发展，针对现实中不断出现的新情况和新问题，采取对应的调查方式，满足实际工作需要。例如，为了解全国的人口状况而进行的人口普查，为调查城镇居民目前的消费水平而进行的抽样调查等。

显而易见，常规调查是我国官方统计部门搜集统计资料的调查组织形式，而非官方的微观企业组织市场调研的形式主要是专门调查。

（2）按数据的搜集方法，可以分为观察法和访问调查法。

① 观察法在探测性调研方法里已诠释过。

② 访问调查法是以被调查者的回答为基础，向被调查者询问各种各样的涉及他们行为、意向、动机、态度、感知以及生活方式等问题。

访问调查法主要包括深度访谈、焦点小组访谈和问卷调查法等。其中深度访谈和焦点小组访谈在探测性调研方法里已诠释过，这里仅就问卷调查法加以说明。

问卷调查法也称书面调查法或称填表法，是用书面形式间接搜集研究材料的一种调查手段。其优点是可以突破时空限制，对众多被调查者同时进行调查；可以对调查结果进行定量研究；匿名性；节省人力、时间和财力等。缺点是只能获取书面的社会信息，很难深入了解到生动、具体的社会情况；被调查者可能因得不到详细的指导和说明，随便应付了事；被调查者可能因从众心理驱使，按照社会主流意识填答，不能保证答案的真实性；回复率和有效率比较低等。

最近几十年来，公众参与问卷调查的意愿急剧下降，以及计算机和通信技术的进步，使得市场调查数据的搜集方法发生了重大变化。根据在定量调查中操控主体的不同，主要有调查人员操控调查、计算机操控调查和受访者自我操控调查3种搜集信息的方式。

调查人员操控访问调查主要有以下几种方式。

a. 入户访问调查。访问员在受访者家中进行访问调查。可事先用电话进行预约。当调查人员认为受访者安全舒适的家庭环境是影响数据收集质量的重要因素时，入户访问会很有用。例如，某公司开发出一种能够保持安全洁净的新型台式烤箱，公司想知道消费者能够正确利用其保持洁净的功能，这时就需要在受访者的家庭厨房里进行调查。

b. 购物中心拦截访问调查。访问员在购物中心拦截顾客并邀请其加入调查。访问可在购物中心或者调查公司设在购物中心的访问地点进行。近几年来，入户访问调查由于成本较高而较少使用，而拦截访问调查尤其是购物中心拦截访问调查因操作简便和效率高变得越来越常用。需要注意的是，大多数购物中心只能吸引到附近的、相对较小区域的顾客。如果调查区域比较大，就需要采用一种叫作配额抽样的特殊抽样方法，以解决样本代表性不足的问题。

c. 办公室访问调查。访问员与业务主管或者业务经理预约，在受访者的工作场所进行访问。与入户访问调查有相同的优缺点。

d. 中心地区电话访问调查。访问员在数据收集公司办公室的隔间或工作区通过电话访问每位受访者。通常督导能够"监听"访问过程，以便检查访问是否正确进行。

进行面对面的访问往往是由于受访者需要实际看到实体产品、广告或包装样品，或者访问员必须观察受访者以确保访问正确实施，或者需要核实受访者及其反应。然而，如果没有必要亲自接触，电话访问是一个不错的选择。电话调查除了成本低廉、访问时间短外，其最大的优点是有可能获得质量非常高的样本。若调查人员采用随机拨号的方法和恰当的回复措施，电话访问调查将得到比实施其他调查方法更好的样本。电话访问调查适用于对一些简明扼要、数量有限的问题进行调查。

计算机操控访问调查主要有以下几种方式。

a. 计算机辅助电话访问调查。基于中心地区电话访问，问题显示在计算机屏幕上，由访问员将问题读出，并将受访者的答案直接输入计算机。计算机辅助电话访问调查正逐渐被在线访问调查和固定样本组访问调查所替代。

b. 完全计算机化访问调查。编好程序后利用计算机实施提问。在这种系统中，计算机拨打电话号码并播放一段录音介绍访问情况，受访者与计算机进行互动并用键盘、触屏或其他方式输入自己的回答。这是一种新兴的数据搜集方法，前景令人振奋。

c. 在线及其他基于网络的调查。受访者填写网上的问卷，或者通过其他网络方式（如接收电子邮件附件或在线下载）来获得问卷。在互联网日益普及的今天，在线网络调查因访问速度快、操作简便，成本低廉，适用于所有标准问卷形式的访问且展示形式灵活（可展示图表、影像等），可进行在线数据分析等优点，而日益受到调查人员的喜爱，是一种发展最快的数据搜集方法。网上调查的不足之处在于调查对象的局限性，网络调查的对象只能是已联网的用户或者经常上网的网民，调查的回答率难以控制。

受访者自我操控调查主要有以下几种方式。

a. 小组自我操控调查。要求受访者以小组的形式而不是个人的形式接受问卷调查，这样更方便且能获得规模经济。

b. 留置问卷调查。问卷留给受访者自行填答。一段时间后，调查人员回来收集已完成的问卷，或者由受访者将问卷寄回。此种调查方法特别适合必须进行访问但访问数量有限的本地市场调查。

留置问卷可以在人们的工作地点、连锁酒店的客房、商店等地点分发，要求顾客在第二天、结账时、下次购物时送回。

　　c. 邮寄问卷调查。问卷邮寄到预期的受访者那里，由受访者进行填答并寄回。

　　需要注意的是，在邮寄调查之前，首先需要至少宽泛地确认调查对象。因此，第一步就是获取一个正确的邮寄名单。邮寄名单可以通过电话簿、顾客名录、协会成员名单、专业的调查公司获得，或者从出售出版物订阅名单和商业邮寄名单的公司处买。不论来源于何处，邮寄名单都应该是最新的，并与目标总体密切相关，从而能够接触到目标受访者中的特定群体。此种调查方法曾经一度流行，但现在很少使用。

　　（3）按对样本是否进行连续性调查，可以分为专项调查和固定样本组调查。

　　① 专项调查又称为横向调查，是仅在一个时间点上对总体进行的调查。它相当于总体的快照。横向调查在市场调查中十分流行，人们对横向调查的运用超过了纵向调查（动态）和因果性调查。例如，许多公司用"故事板"测量其广告创意。故事板可以是描述广告创意主要场景的图片，也可以是广告文案。调查公司通常让消费者阅读故事板中的某个广告，然后回答几个问题，来测定他们的兴趣和对广告信息的理解，最典型的是测量消费者看完故事板后对某产品的购买意向，以此预测广告效果。如果横向数据是基于相当大的样本容量得到的，则它可以代表一定的总体，我们可把它看作抽样调查。

　　② 固定样本组调查又称为纵向调查，是指在一段时间内重复地对某一总体的同一个样本进行调查。纵向调查包含多次测定，因此通常被称为对总体的"重复拍摄"。尽管横向调查非常流行，仍有 50%的市场调研公司会采用纵向调查。固定样本组代表了愿意接受定期调查的样本单位。维系一个具有代表性的固定样本组是一项重要的任务。很多公司按照目标市场细分的结果建立固定样本组，如养狗的人、儿童（6～14 岁）。

　　通常，许多公司喜欢使用固定样本组连续地提供信息，因为公司能从连续的数据中洞察到消费者购买行为或态度等变化的信息。

　　【例 3-1】某调研公司的调研人员使用日志或扫描仪记录固定样本组成员的购买行为，以显示他们是如何随着时间的推移从一个品牌转向另一个品牌。请看表 3-1，该表的信息不仅反映了市场份额随时间的变化情况，而且还提供了品牌忠诚度和品牌转换的有价值的信息。在时间段 1 购买品牌 A 的调查对象只有 50%（100/200）在时间段 2 仍然购买 A。相应的重复购买品牌 B 与 C 的比例分别是 33.3%（100/300）与 55%（275/500）。因此，在这一时段，C 的品牌忠诚度最高，而 B 的品牌忠诚度最低。

表 3-1　　　　　　　　　　不同时期购买不同品牌家庭数的变化　　　　　　　　　　单位：人

调查时间段 1 购买的品牌	调查时间段 2 购买的品牌			
	A 品牌	B 品牌	C 品牌	合计
A 品牌	100	50	50	200
B 品牌	25	100	175	300
C 品牌	75	150	275	500
合计	200	300	500	1000

（4）按调查对象所包括的范围，可以分为全面调查和非全面调查。

① 全面调查是指对构成调查对象的所有单位逐一地、无一遗漏地进行调查，包括全面统计报表和普查。例如，经济普查的对象是中华人民共和国境内从事第二、第三产业活动的全部法人单位、产业活动单位和个体经营户；再如，全国人口普查就要对全面人口无一例外地进行调查登记；又如，若要了解全国的固定资产投资情况，就需要对全国所有部门、单位的全部固定资产投资项目进行调查登记。

全面调查能够取得调查对象全面、系统的调查资料，但由于调查单位多，组织工作量大，所以人、财、物、时间消耗大，因此在不影响统计调查目的实现的条件下，常常采用非全面调查。

② 非全面调查又称抽样调查，是指仅对调查对象中一部分单位进行调查。其包括非全面统计报表、抽样调查、重点调查和典型调查等。例如，要了解宁波市小学生的视力情况，不需要对宁波市所有小学生逐一进行调查，只需要对其中一部分小学生进行调查即可；再如，通过对国内宝钢、鞍钢、邯钢等几个大型钢铁企业的生产情况进行调查，就可以掌握全国钢铁企业生产的基本情况。

非全面调查由于涉及的调查单位较少，调查方式灵活、简便、及时，可以节省大量的人、财、物和时间成本。在某些情况下，合理使用非全面调查还能得到比全面调查更为深入、细致的资料。非全面调查的调查范围没有全面调查广泛，往往需要与全面调查结合使用。

显而易见，由于市场调查的范围广泛，所以绝大多数的市场调查均需采用非全面调查中的抽样调查。而且，由于调查的目标总体经常是无限总体，或虽然是有限总体但单位数目非常巨大，所以必须用到抽样调查的方法。

3. 因果性调研

因果性调研是指为了研究市场现象与影响因素之间客观存在的联系而进行的市场调研。它是一种正式的调研，需要精心设计调研的过程。

因果性调研主要用来说明引起消费者购买行为改变的主要市场因素是什么的问题，这可以帮助我们进行决策。例如，什么引起了消费者满意度的改变，什么将帮助公司获得市场份额，什么将导致销售额的增加。又如，在一项广告决策中，调研人员需要确认黄页广告中的彩色和黑白广告以及不同的广告画质水平是如何影响消费者对广告本身、广告设计以及质量的认知态度的。调查结果显示，彩色的高清晰度广告会获得消费者的喜爱，但是这种喜欢程度会因广告产品类别的不同而存在差异。

需要注意的是，引起消费者购买行为的因素可能有很多，这使得了解因果关系非常困难。即便如此，公司只是部分地理解了因果关系，也将在市场上获得很高的回报。

因果性调研的方法主要是实验法，因果关系可以通过实验来确定。

实验法是指在可控制其他外生变量（或因素）所造成影响的同时，操纵某一自变量（特定因素），以观察它对因变量（营销结果）的影响。

自变量是指那些调研人员能够对其有所控制，并希望加以处理的变量。自变量可以包括广告支出水平、广告诉求点的类型（如幽默、严肃等）、陈列位置、销售人员的付酬方式、产品的价格以及类型等。

因变量是指那些我们很少能对其有所控制，或者不能直接控制，但又对其有着强烈兴趣的变量，如销售额、市场份额、顾客满意度水平等。营销人员能够在一定程度上在自变量和因变量之间建立一个关系，并通过操纵一些自变量来改变因变量。

外生变量是指那些对因变量有一些影响，但不是自变量的变量。例如，假设一个连锁超市就苹果的摆放位置（自变量）对销售额（因变量）的影响做实验，因为天气、广告、时令等都可能导致苹果销售额的增加，这些就是外生变量。

实验法成功的关键是设计实验环境以控制外生变量，从而可以将因变量的变化归因于自变量的变化，这就需要进行实验设计。

因果性调研常用的实验方法有无对比组实验、有对比组的事后实验和有对比组的事前事后实验3种。

（1）无对比组实验：调研人员仅设置实验组，通过实验对比自变量前后投入的不同，来观察目标变量观测值之间的差异，说明实验的结果，如图3-1所示。

【例3-2】从127家销售商店中选择8家商店，组成实验组，就啤酒产品包装的改变对销售量的影响进行对比实验。在实验前30天连续记录各店每日的销售量，记得日平均销售量 $Y_1=354$（瓶）。实验开始后，8家商店同时开始销售新包装的产品，也是连续记录30天每家商店的日销售量，计算出日平均销售量 $Y_2=402$（瓶）。这样得出包装设计改变后的实验结果：平均每天多销售402-354=48瓶，对比率为402/354=113.56%。

分析：

应该注意的是，市场现象可能受许多因素的影响，48瓶的销售增量，不一定是改变包装引起的，可能只是天气炎热引起的。因此，单一实验组前后对比实验，只有在实验者能有效排除非实验变量（本例为天气）的影响，或者非实验变量的影响可忽略不计的情况下，实验结果才能充分成立。

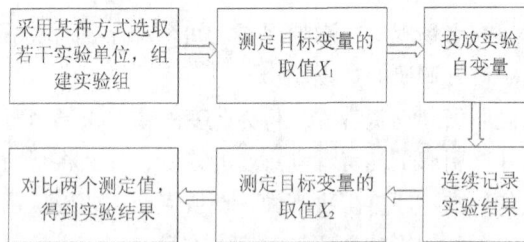

图3-1 无对比组实验过程设计图

（2）有对比组的事后实验：调研人员在设置实验组的同时设置了对比组，在赋予实验组自变量的同时，控制实验自变量对对比组的所有可能影响。最后测定实验组和对比组的目标变量观察值并加以比较，得出实验结果，有对比组的事后实验过程设计如图3-2所示。

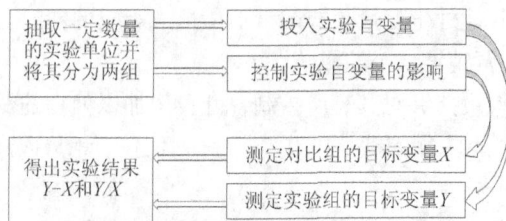

图3-2 有对比组的事后实验过程设计图

【**例 3-3**】经过一段时间的研究开发，某公司生产出一种新产品。为了验证新产品的替代效果，公司决定通过实验方法来完成。从所有的经销商中抽取 6 家，并对等地分为实验组和对比组。实验组自实验开始就销售新产品，同时不销售原产品；对比组则只销售原产品直到实验结束。实验开始后连续 15 天逐日记录每家经销商的销售量。实验结束后，实验组的日平均销售量为：Y=457（件）。对比组的日平均销售量为：X=405（件）。实验绝对效果 $Y-X$=457-405=52（件），实验相对效果 Y/X=457/405=112.84%。

分析：

在其他因素不变的情况下，销售量增加就可以看成完全是新产品替代老产品的影响造成的。但是，市场受多种因素影响，在市场实验期间，消费者的偏好及竞争者的策略都可能有所改变，从而影响实验的结果。而这种方法无法反映实验前后非实验变量对实验对象的影响。

（3）有对比组的事前事后实验：以上两种方法，都无法排除实验环境变量对实验目标变量的影响。要消除实验环境的影响，就要确定它对实验效果的影响程度究竟有多大，再将它从实验效果中扣除。有对比组的事前事后实验过程设计如图 3-3 所示。

【**例 3-4**】与【例 3-2】相同，实验时间为 30 天，从 127 家销售商店中分别抽取 16 家组成实验组和对比组。确定实验开始时间后，收集此前 30 天各家实验单位的销售量资料，计算出实验组与对比组的日平均销售量为 Y_1=354（瓶），X_1=248（瓶）。在实验结束后再计算出实验期间两组平均销售量为 Y_2=402（瓶），X_2=254（瓶）。

分析：

在实验组的前后目标变量值的差异中有实验自变量和实验环境两种影响。由于实验环境在实验组所产生的影响等同于对比组中的影响，所以真正的所有自变量影响效果为 $Y_2-Y_1-(X_2-X_1)$=（402-354）-（254-248）=42 瓶。

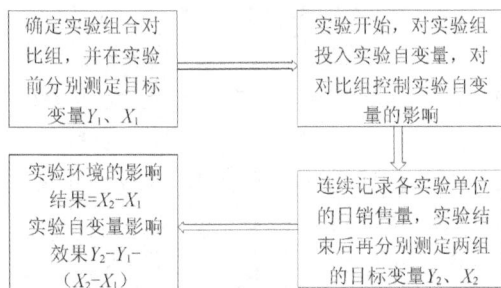

图 3-3 有对比组的事前事后实验过程设计图

由此可见，实验组与控制组前后对比实验是一种更贴近现实的调查方法。

3.1.2 调研设计类型的选择

1. 选择调研设计类型时应考虑的因素

对于调研设计类型的选择取决于调研目的与我们对于营销管理问题的了解程度。具体选择请参考表 3-2。

适合的调研设计	对营销管理问题的了解程度	调查目的
探测性调研	对于情况知之甚少	获得背景信息
描述性调研	对情况有初步的了解	测量所关注的变量
因果性调研	对问题有全面的了解	测量两个或多个变量之间的关系

表 3-2　　　　　　　　　选择调研设计类型时应考虑的因素

需要注意的是，探测性调研也可以在描述性调研或者因果性调研之后。例如，如果描述性（或因果性）调查所得到的结果让经理们很难解释，探索性调查可以提供更多的见解来帮助理解这些结果。

2. 调研设计的评价

每个市场调研问题都是独一无二的，每个问题都涉及其独特的顾客群、地区适应性和其他背景变量，因此，我们必须把每项调研都看成是一个全新的独立项目，并基于这个唯一的问题和调研内容谨慎地选择最适合的调查设计。

一个好的调研设计一般都应满足以下 3 个要求。

① 调研设计与调研目的相一致，是为了达到特定的调研目的所做的最适合的设计。

② 调研设计考虑了调研人员对于营销管理问题的了解程度。了解程度不同，调研设计也应该不同。

③ 调研设计与被调查者和区域的特点相吻合。调研对象不同，其调研设计也应该不同。

3.1.3　习题与实训

一、单选题

1. 为了探索有关现象或市场变量之间的因果关系而需要做的调查设计称为（　　　）。
   A. 探测性调查　　　B. 描述性调查　　　C. 因果性调查　　　D. 预测性调查

2. "神秘顾客法"是一套规范的亲身经历的观察方法，主要用来检验（　　　）。
   A. 价格问题　　　B. 信息质量　　　C. 服务质量　　　D. 产品质量

3. 研究企业亏损问题，选择一些亏损企业的厂长、经理进行面访，这属于（　　　）。
   A. 个别采访　　　B. 居民入户调查　　　C. 小组座谈法　　　D. 观察法

4. 为了分析观察某些市场变量之间是否存在着因果关系以及自变量的变动对因变量的影响程度，应当选择的市场调查方法是（　　　）。
   A. 观察法　　　B. 实验法　　　C. 询问法　　　D. 问卷调查法

5. 下列（　　　）是最简便的一种实验调查法的实验设计。
   A. 单一实验组前后对比实验　　　　　B. 实验组与对照组对比实验
   C. 实验组与对照组前后对比实验　　　D. 双实验组前后对比实验

6. 如果市场调研人员对所要解决的问题尚无足够的了解，不能有效推进调研项目的进展，就有必要开展（　　　）。
   A. 探测性调查　　　B. 描述性调查　　　C. 因果性调查　　　D. 预测性调查

二、多选题

1. 根据市场调查的目的不同，市场调查设计可分为（　　　）。
   A. 探测性调查　　　B. 描述性调查　　　C. 因果性调查
   D. 预测性调查　　　E. 以上都不是

2. 下面属于实地调查法的是（　　　）。

　　A. 访问调查法　　　B. 问卷调查法　　　C. 观察调查法

　　D. 实验调查法　　　E. 文案调查法

3. 实验调查法是一种（　　　）。

　　A. 直接调查方法　　B. 间接调查方法　　C. 比较复杂的调查方法

　　D. 比较简单的调查方法　　　　　　　　　E. 二手资料调查方法

4. 你在购买笔记本电脑前，可能进行（　　　）市场调查活动。

　　A. 上网查询相关信息　　　　　　　　B. 电话咨询厂家

　　C. 请教同学或朋友　　　　　　　　　D. 去商场看样品

　　E. 以上都正确

5. 无对比组实验的实验效果充分成立的前提是（　　　）。

　　A. 实验者能有效排除非实验变量的影响

　　B. 有充分把握认为实验变量的影响很小

　　C. 实验者能有效排除实验变量的影响

　　D. 有充分把握认为非实验变量的影响很小

　　E. 以上均正确

三、判断题

1. 实地调查法是间接调查法。　　　　　　　　　　　　　　　　　　　　　（　　　）

2. 入户访问准确性较强。　　　　　　　　　　　　　　　　　　　　　　　（　　　）

3. 对于一些热点问题或突发性问题的快速调查一般采用邮寄问卷调查法。　　（　　　）

4. 到商场观察消费者对某种新产品的反应，属于非参与观察。　　　　　　　（　　　）

5. 通过某产品广告前和广告后销售量的比较，分析广告对销售量的影响，应采用实验法进行
调查。　　　　　　　　　　　　　　　　　　　　　　　　　　　　　　　　　（　　　）

四、综合应用题

1. "小甜饼"公司计划投入一条新的甜饼生产线，因而想估算市场容量。这种甜饼有巧克力
与菠萝的混合口味，定位在高端市场。

　　讨论可能采用的描述性调查的"6W"。

2. 佑康食品集团将 A 品牌推向市场用来与五丰冷食的 B 品牌冰淇淋进行竞争。便利店是冰
淇淋销售的主要渠道，通常各品牌都会向便利店提供冷藏柜，以便销售，因此便利店的冰淇淋竞
争非常激烈。如果佑康拟考虑使用一种特殊但符合标准的冰柜，这种冰柜可以使 A 品牌进入消费
者的视线，而且比 B 品牌更新奇。

　　设计一个实验以确定这种特殊的冰柜能否使便利店中 A 品牌的销售额有所增加。

五、操作题

1. 你所在的大学正在考虑让一个公寓经营公司在校园里建造一套组合公寓。为了节省资金，
这个公司提出每 4 个房间配有一个公用厨房。厨房里配有烤箱、灶具、微波炉、污水槽、实物准
备区、垃圾处理器，每个房间配有可以上锁的小型冰箱。因为每个房间住 2 名学生，所以 8 名学
生共用一个厨房。学校想知道学生们对这一想法的反应和改进建议。要求：①请你选择最适合的
调查设计。②假若你自愿组织一个以学生为参与者的焦点小组访谈，以确定学生们对这一想法的
反应和改进建议。假设你是主持人，准备一下组织讨论的提纲。

2. 根据 2.4 操作题中确定的市场调研选题和明确的调研内容，选择最适合的调研设计。

3.2 设计市场调研方案

设计市场调研方案是对调研工作各个方面和全部过程的通盘考虑，包括整个调研工作过程的全部内容。对于市场调研工作的各个方面，在设计调研方案时指的是对市场调研方案的横向设计，是市场调研所要涉及的各个组成项目。例如，对某市商业企业竞争能力进行调研，就应将该市所有商业企业的经营品种及其质量、价格、信誉等方面，作为相互区别又有密切联系的调研项目进行整体考虑，避免调研内容上出现重复和遗漏。对于市场调研的各个阶段，在设计调研方案时指的是对市场调研方案纵向方面的设计，即调研资料的搜集、整理和分析等。市场调研方案是否科学、可行，是整个调查成败的关键。

3.2.1 市场调研方案的内容

市场调研方案主要包括以下几项内容。

1. 调研背景

阐述营销管理人员所面临的决策问题，引出调研的必要性。

> **同步参考案例**
>
> **《西安杨森采乐市场调查策划书》的调研背景**
>
> 近年来，宝洁公司凭借其强大的品牌运作能力以及资金实力，在洗发水市场牢牢地坐稳了第一把交椅。但随着竞争加剧，局势慢慢起了变化，联合利华强势跟进，夏士莲、力士等多个洗发水品牌从宝洁手中夺走了不少消费者。花王旗下品牌奥妮和舒蕾占据了中端，而底端的一块则归属了拉芳、亮庄、蒂花之秀、好迪等后起之秀。至此，中国洗发水行业呈现了一个典型的金字塔型品牌格局。通过市场细分，西安杨森于 2002 年推出了采乐，在药品和洗发水两个行业找到了一个交叉点。为了提高其在全国重点城市中的市场占有率，并为其今后的营销发展计划提供科学的依据，六人行市场调研公司将在全国范围内的重点城市进行一次专项市场营销调研。

> **同步参考案例**
>
> **《天天健口服液广告效果调查》前言**
>
> 天天健公司是我国饮料市场五巨头之一，2000 年以前它很少做广告宣传，但 2003 年公司年度广告投入量达到 800 万元，主要是投在电视广告片、各种形式的售点 POP 广告、印刷品广告及少量的灯箱广告等。为了有针对性地开展 2004 年度的产品宣传推介工作，促进产品品牌形象的传播和产品销售量的进一步提高，以便在竞争激烈的保健品市场中立于不败之地，公司拟进行一次广告效果调查，以供决策层参考。

2. 调研目的

明确调研目的是调研设计的首要问题，只有确定了调研目的，才能确定调研的范围、内容和方法，否则就会列入一些无关紧要的调研项目，而漏掉一些重要的调研项目，无法满足调研的要求。明确调研目的是明确特定的调研问题所要解决的营销决策问题，即为何要调研，调研结果有什么用处，能给企业带来哪些决策价值、经济效益和社会效益等。

调研目的一般表述形式为：市场调研问题+营销决策问题。

同步参考案例

《西安杨森采乐市场调研策划书》的调研目标

本次市场研究工作的主要目标如下。

（1）分析采乐洗发水前期的营销计划（包括其销售渠道、媒体投放、产品终端和产品情况），以及消费者的产品期望，明晰其自身的优势和劣势，以及面临的机会和威胁。

（2）了解消费者对于去屑洗发药的认知，探察对于去屑洗发药的接受程度。

（3）了解产品的知名度和美誉度，以确定今后营销宣传的重点。

同步参考案例

《天天健口服液广告效果调查》的目标

分析现有的各种广告媒介的宣传效果，了解现行的广告作品的知名度和顾客认同度，了解重点销售区域华南和华东地区市场的消费特征和消费习惯，为天天健口服液2004年度的广告作业计划提供客观的事实依据，并据此提供相应的建设性意见。

同步分析案例

大型购物中心的市场调研目标

某家公司制造产品多年，过去一直受政策保护，经营十分顺利，营业额节节上升，收益率尚佳。近年来，由于市场国际化、消费者消费习性多元化，该公司在既有产业的市场竞争上节节败退。加之现存经营包袱颇重，经营上的压力节节攀升，该公司除积极地进行总体经营体制改善，以提高市场竞争力之外，更积极寻求企业经营多元化，为企业发展寻找新契机。

该公司在众多计划中几经选择之后，将"土地有效开发利用"列为优先计划。可是土地有效开发的途径很多，诸如土地出售、兴建大楼出售、发展游乐产业、兴建大型购物中心等。

该公司在某大都会附近拥有的大量土地已列入都市计划，现在该公司最高经营层决定在该土地上建造大型购物中心：一则配合未来消费者购习性多元化；二则营业行为可产生可观现金流量，增加该公司营运周转能力；三则继续保持土地所有权，以得土地增值之利。在做最后经营决定之前，该公司决定进行一次"大型购物中心之市场调查"，以帮助最高决策当局作最后决策。

因此，大型购物中心的市场调查目标重点在于以下两方面。

（1）通过消费者调查，认识理想大型购物中心的形态。

（2）调查产品重点及服务重点，以便产生服务业经营差异化效果。

问题：

（1）你认为上述调查确定的目标是否合理？

（2）确定调查目标时重点是什么？

分析提示：

案例中企业确定的调查目标是通过多次讨论后做出的选择，符合市场竞争需要，比较合理。企业在确定调查目标时，应该明确在调查中要解决哪些问题，通过调查要取得什么样的资料，取得这些资料有什么用途等问题。

3. 调研对象和调研单位

确定调研对象和调研单位，主要是为了解决向谁调研和由谁来具体提供资料的问题。调研对象也称为总体，是根据一定的目的和要求所确定的调查研究事物的全体。调研对象是对整个研究具有重大意义的群体，它们之所以有重要的地位，是因为我们可以从它们身上收集到对研究有关键用途的信息。调研单位也称为总体单位，是指构成调研对象的每一个事物或基本单位。原始的调研数据资料最初就是从各个调研单位取得的。例如，要了解肯德基顾客的满意度，那么肯德基的所有顾客是调研对象，其中每一位顾客就是调研单位。调研对象可以是消费者、品牌、商店、广告等。

确定调研对象和调研单位时，应该注意：

由于市场现象具有复杂多变的特点，因此，在许多情况下，调研对象也是比较复杂的，必须以科学的理论为指导，严格规定调研对象的涵义，并指出它与其他有关现象的界限，以免造成调研登记时由于界限不清而发生的差错。例如，以城市职工为调研对象，就应明确职工的涵义，划清城市职工与非城市职工、职工与居民等概念的界限。再如，某虫害防治公司想了解潜在客户如何对付白蚁、蚂蚁、蜘蛛和家中的其他害虫，这时调研对象定义为"在公司所服务地区的都市家庭中对害虫防治负主要责任的家长"；如果该公司将调研对象定义为"可能接受我们服务的所有人"，那么调研对象将包括工厂、研究机构、商业用户，当然也包括家庭。如果大酒店等大型企业也被包括在调研对象之中，那么调研结果就不可能仅仅代表家庭用户的意向了。

📖同步参考案例

《西安杨森采乐市场调研策划书》的调研对象和调研单位

此次调研主要是针对对采乐有使用经验的人，主要在全国的重点城市做调查。基于以上原则，我们采用如下标准甄选目标被访者。

（1）20～45周岁的城市居民。

（2）本人及亲属不在相应的单位工作（如市场调查公司、广告公司，以及洗发水行业等）。

（3）在过去的6个月内未接受或参加过任何形式的相关市场营销调查。

📖同步参考案例

《天天健口服液广告效果调查》的调研对象和调研单位

所有华南和华东地区的30岁以上的天天健口服液的消费群体都是该次调查研究中的调研对象，而被抽样的11个城市的4400名消费者则是本次调查的调研单位。

4. 调研内容

调研内容（或调研项目）就是指为解决营销决策问题所需要的信息，即向被调查者调查什么。调研项目是指调研中所要登记的调研单位的属性或特征。例如肯德基的产品质量、口感、服务、就餐环境、价格等。在确定调研项目时，除要考虑调研目的和调研对象的特点外，还要注意以下几个问题。

（1）确定的调研项目应当既是调研任务所需，又是能够取得答案的。凡是调研目的需要又可以取得的调研项目要充分满足，否则不应列入。

（2）调研项目的表达必须明确，使答案具有确定的表示形式，如数字式、是否式或文字式等。否则，会使被调研者产生不同理解而提供不同的答案，造成汇总时的困难。

（3）确定调研项目应尽可能做到项目之间相互关联，使取得的资料相互对照，以便了解现象发生变化的原因、条件和后果，便于检查答案的准确性。

（4）调研项目的含义要明确、肯定，必要时可附以调研项目解释。

同步参考案例

《西安杨森采乐市场调研策划书》的调研内容

根据上述研究目的，我们确定本次调研的内容主要包括：

（1）消费者对于采乐洗发药的使用情况——是否用过，满意度，以及产品的哪方面更加吸引消费者。

（2）采乐在前期营销计划的情况了解——怎样知道采乐的，通过什么渠道购买到采乐的，是否有没有买到过采乐的情况，使用过后的感觉，以及产品可以改进的地方。

（3）消费者对于去屑洗发药的认知和接受程度。

（4）消费者对于采乐的了解程度——是否知道，以及是否使用过。

（5）消费者对于采乐的印象的评价。

（6）消费者的背景资料，包括消费者的年龄、性别、收入、职业。

同步参考案例

《天天健口服液广告效果调查》的调研内容

（1）天天健口服液的知名度，以及该产品在提高免疫力口服液市场的排名情况。

（2）消费者知晓天天健口服液品牌的主要信息来源和信息渠道。

（3）了解顾客对天天健广告口号的喜好程度。

（4）了解公司的售点POP广告在顾客心目中的评价。

（5）了解华南、华东地区消费者的特征，包括职业、年龄、文化教育程度、经济收入等特征，以及上述特征对消费者偏好的影响。

（6）上述地区顾客的消费心理（从众、求异、攀比、求实）和消费特点。

（7）了解消费者对天天健口服液产品的口感、包装、容量的期望。

5. 调研提纲和调查表

将调研项目科学地分类、排列，构成调研提纲或调查表，可以方便调研登记和汇总。调查表一般由表头、表体和表脚 3 个部分组成。

表头包括调查表的名称、调研单位（或填报单位）的名称、性质和隶属关系等。表头上填写的内容一般不作统计分析之用，但它是核实和复查调研单位的依据。

表体包括调研项目、栏号和计量单位等，它是调查表的主要部分。

表脚包括调研者或填报人的签名和调研日期等，其目的是为了明确责任，一旦发现问题，便于查寻。

调查表拟定后，为便于正确填表、统一规格，还要附填表说明。其内容包括调查表中各个项目的解释、有关计算方法，以及填表时应注意的事项等，填表说明应力求准确、简明扼要、通俗易懂。

6. 调研地点

在调研方案中，还要明确规定调研地点。调研地点与调研单位通常是一致的，但也有不一致的情况，当不一致时，尤其有必要规定调研地点。例如，人口普查规定调查登记常住人口，即人口的常住地点，若登记时不在常住地点，或登记不在本地常住的流动人口，均须明确规定处理办法，以免调研资料出现遗漏和重复。

7. 调研方式和方法

在调研方案中，还要规定采用什么方式和方法取得调研资料。搜集调研资料的方式有普查、重点调研、典型调研、抽样调研等，具体调研方法有报告法（官方调研的主要方法）、调研法、观察法和实验法等。在调研时，采用何种方式、方法不是固定和统一的，而要取决于调研对象和调研任务。在市场经济条件下，为准确、及时、全面地取得市场信息，尤其应注意多种调研方式的结合运用。

常用的调研组织形式或方式如下。

（1）统计报表：统计报表是依据国家相关法律的规定，按照国家统一规定的表式、统一规定的指标项目、统一规定的报送时间和报送程序，自下而上定期提供基本统计资料的一种调研方式。我国大多数统计报表要求调研对象全部单位填报，属于全面调研范畴，所以又称全面统计报表。它是国家政府官方统计机构搜集统计数据的主要组织形式，主要是为国家各级政府或企业进行日常的经济或经营管理决策提供决策依据。

（2）普查：普查是为了某种特定的目的而专门组织的非连续性全面调查。其主要用来调查属于一定时点上的现象总量，搜集那些不能够或者不适宜用定期全面报表搜集的统计数据资料，特别是有关重要的国情国力的基本统计数据，为国家政府制定规划、方针政策提供依据。如人口普查、经济普查、农业普查等。

（3）抽样调查：抽样调查是按随机原则从调研对象所包括的全部单位中选取一部分单位作为样本进行调查，再根据样本调研结果来推断总体数量特征的一种非全面调查。抽样调查是非全面调查中最完善、最有科学根据的方式方法。

抽样调查具有经济、快速、准确、灵活等优点，使其成为统计调研方法的主体，在社会经济领域和科学试验中发挥多方面的作用。抽样调查最适合于不能或很难进行全面调研，而又需要全面数据的情况，在能进行全面调研的情况下也有独到的作用。

（4）重点调查：重点调查是指在调研对象所包括的全部单位中选择一部分重点单位进行调查，

以了解总体的基本情况的一种非全面调研。

重点调查的关键是选择好重点单位。所谓重点单位，是从标志量的方面而言的，尽管这些单位在全部单位中只是一小部分，但这些单位的某一主要标志量占总体单位标志总量的绝大比重。通过对这部分重点单位的调查，可以从数量上说明总体在该标志总量方面的基本情况。例如，鞍钢、上钢、武钢、太钢、宝钢等几个钢铁企业，虽然在全国钢铁企业中只是少数，但它们的产量却占很大比重。重点调研单位一般管理水平较高，统计基础工作较好，资料容易取得且质量较高，所以对这些重点企业进行调研，比全面调研要省时省力，且更能及时地了解总体的基本情况。

（5）典型调查：典型调查是根据调研的目的与要求，在对所研究的现象总体进行初步分析的基础上，有意识地选择若干具有代表性的典型单位进行深入细致地调查和研究，借以认识事物的内在联系和发展变化规律的一种非全面调查。所谓典型单位，是指那些能充分、集中地体现调研对象某些本质属性或特征的最有代表性的单位。与其他非全面调研相比较，典型调研单位的确定更多地取决于调研者主观的判断与决策。

典型调查具有以下两个突出的作用。①研究尚未充分发展、处于萌芽状态的新生事物或某种倾向性的社会问题。通过对典型单位深入细致的调研，可以及时发现新情况、新问题，探测事物发展变化的趋势，形成科学的预见。②分析事物的不同类型，研究它们之间的差别和相互关系。例如，通过调研可以区别先进事物与落后事物，分别总结它们的经验教训，进一步进行对策研究，促进事物的转化与发展。

典型调查主要用于定性研究，但在总体内部差别不大，或分类后各类型内部差别不大的情况下，典型单位的代表性很显著，可用典型调查资料来补充和验证全面调查的数字。

综上所述，不同的调研方式各有其特点和作用，我们可以根据自己的调研任务与要求灵活选用。在实际工作中，并非单用一种方式方法，而是多种方式方法的结合运用。比如，现在人口普查的一个显著特点是各国逐步采取全面调查与抽样调查相结合的方法。

同步参考案例

《西安杨森采乐市场调研策划书》的调研方式和方法

本项目的调研方式和方法如下。

1. 调查方式。采用抽样调查的方式。具体的抽样方法如下：在北京、哈尔滨、上海、广州、长沙、成都、西安7个城市中各选择400人作为调查对象，在每个城市的电话簿中随机选择400个号码，打电话核实受访者。在不断淘汰受访者的情况下，多次随机选择，直到选够400人为止。

2. 调查方法。采用结构性问卷进行入户调查。

同步参考案例

《天天健口服液广告效果调查》的调研方式和方法

本次调查拟在华南、华东两个重点市场开展，调查的范围将深入到上述地区的中心城市和有代表性的市县。调查对象将锁定为30岁以上的中老年消费群体。考虑到本次调查工作涉及面广，因此拟采用多级抽样的方法，即在上述两个区域按月销量的大小分层，从市场调查的效果考虑，主要在天天健口服液的重点销售地区进行，即上海市和广东、江苏、浙江等省的重点城市，并拟定每个城市抽取的样本数为 400 人，按年龄层次和性别比例分配名额。年龄层分段：30～40 岁，41～50 岁，51～60 岁，61 岁以上；各层比例采用近似 1∶1，性别比亦用 1∶1，总样本数为 4400 人。

调查的实施要求各地的访问员对所抽中的 400 个样本实行面对面的街头访问。

8. 调研质量控制

具体说明在实地调研和数据录入过程中的调研质量控制。

同步参考案例

《西安杨森采乐市场调研策划书》的调研质量控制

1. 质量控制与复核

第一，本次访问复核率为 30%，其中 15%电话复核，15%实地复核；

第二，对访问员将实行一票否决权，即发现一份问卷作弊，该访问员的所有问卷作废；

第三，为确保科学高效地完成调研工作，我们将成立专门的项目小组为客户服务。

2. 数据录入与处理

参与此项目数据录入及编码的所有人员将参与问卷的制作与调查培训；在录入过程中需抽取 10%的样本进行录入复核，以保证录入质量；数据处理采用 SPSS 软件进行。

9. 时间安排及组织计划

时间安排包括调研时间和调研工作期限。

调研时间是指调查数据所属的时间。如果是时期现象，就要明确规定反映的是调研对象从何时起到何时止的情况。如果是时点现象，就要明确规定统一的标准调查时点。

调研期限是规定调研工作的开始时间和结束时间。为了提高信息资料的时效性，在可能的情况下，调研期限应适当缩短。

组织计划是指为确保实施调研的具体工作计划。其主要是指调研的组织领导、调研机构的设置、人员的选择和培训、工作步骤、质量保证、时间安排及其善后处理等。其中人员安排要具体到人。

总之，调研的组织计划要做到定时、定员、定责。

同步参考案例

《西安杨森采乐市场调研策划书》的时间安排及人员配备（见表3-3）

表 3-3　　　　　　　　　　　　　时间安排及人员配备

时间	工作内容	参与单位和小组	主要负责人及成员
第 1～3 周	方案与问卷设计		
第 4 周	问卷试访		
第 5 周	调研实施		
第 6～7 周	数据处理		
第 8 周	报告撰写与发布		

注意：调研时间一般应具体到年、月、日。

10. 调研数据的整理与分析

方案中应包括拟采用的整理数据与分析数据的方法等。目前，采用实地调研方法收集的原始数据的处理工作一般由计算机进行，这在设计中也应予以考虑，包括采用何种操作程序以保证必要的运算速度、计算精度及特殊目的。

随着经济管理理论的发展和计算机的运用，越来越多的现代统计分析手段可供我们在分析时选择，如统计表、统计图、描述统计、回归分析、相关分析、聚类分析等。每种分析技术都有其自身的特点和适用性，因此，应根据调研的要求，选择最佳的分析方法并在方案中加以规定。

11. 结果提交

其主要包括报告书的形式和份数，以及报告书的基本内容、报告书中图表量的大小等。

12. 经费预算

市场调研费用的多少应根据调研的目的、调研的范围和调研的难易程度而定。通常，市场调研中实地调研阶段的费用一般占整个调研经费预算的 40% 左右，而实地调研前期的计划准备阶段与后期分析报告阶段的费用则分别占预算经费的 20% 和 40% 左右。

调研活动经费一般包括：①调研方案设计费与策划费；②抽样设计费；③问卷设计费（包括测试费）；④问卷印刷、装订费；⑤实地调研费用；⑥数据录入费；⑦数据分析费；⑧调研报告撰写费；⑨资料费、复印费等办公费用；⑩管理费、税金等。

同步参考案例

《西安杨森采乐市场调研策划书》的经费预算

调研费用预算约为（6.7 万元），其用途分别如表 3-4 所示。

表 3-4　　　　　　　　　　　经费预算

序号	经费项目	金额（万元）
1	问卷设计、问卷印刷	2
2	调查与复核费用	1
3	数据处理（编码、录入、分析）	1.5
4	地区市场调查公司代理费用	1.4
5	差旅及其他杂费	0.8
合计	—	6.7

3.2.2　市场调研方案的格式

市场调研方案的形式有很多，大多数的调研方案阐述市场调研过程的所有步骤，包括：

第一，前言部分。简明扼要地介绍整个调研课题出台的背景、原因。

第二，调研课题的目的和意义所在。较前言部分稍微详细点，应指出课题出台的背景、想研究的问题和可能的几种备用决策，指明该课题的调研结果能给企业带来的决策价值、经济效益、社会效益，以及在理论上的价值。

第三，调研的内容和范围界定。明确界定此次调研的对象和范围。

第四，调研将采用的方式和方法。指明所采用的研究方法的主要特征等。

第五，调研进度安排和有关经费预算。计划应设计得有一定的弹性和余地。

第六，附件部分。包括小组成员专长和分工情况，以及相关细节和说明等。

在实践操作中，有以下几点需要注意。

（1）在一份完整的市场调研方案报告中，设计市场调研方案包括的几个方面的内容均应涉及，不能有遗漏，否则方案就是不完整的。

（2）市场调研方案报告的具体格式可以灵活一些，几个方面内容的适当合并或某方面内容进一步细分是可以的。总之，应根据具体的案例背景加以灵活处理。

（3）市场调研方案的书面报告是非常重要的一项工作，一般来说，调研方案的起草和撰写应由小组负责人来完成。

3.2.3　调研方案的总体评价

一个好的调研方案一般都应满足以下 3 个要求。

（1）方案设计是否体现调研的目的和要求。这是评价调研方案优劣最基本的一条。

（2）方案设计是否科学、完整和适用。从理论与方法上讲，调研方案应是科学、完整的；从可行性上讲，调研方案应是适用的。

（3）方案设计能否使调研质量有所提高。虽然影响调研数据质量高低的因素是多方面的，但调研方案是否科学、可行，对最终的调研数据质量有着直接的影响。

3.2.4　习题与实训

一、单选题

1. 对调查方案的编写格式一般应包括几个部分，但下述不是必要内容的是（　　）。
   A. 调查问卷　　　　　　　　　　　B. 调查的目的和意义
   C. 调查的方式和方法　　　　　　　D. 调查的内容和范围

2. （　　）是指在调查中要解决哪些问题，通过调查要取得什么样的资料，以及取得这些资料有什么用途的问题。
   A. 调查目标　　　B. 调查对象　　　C. 调查单位　　　D. 调查项目

3. 在市场调查方案中调查工作从开始到结束的时间指的是（　　）。
   A. 调查时间　　　B. 调查期限　　　C. 调查周期　　　D. 调查阶段

4. 市场调研工作中，以下（　　）是现场实施阶段。
   A. 收集资料阶段　　B. 研究阶段　　　C. 总结阶段　　　D. 可行性评估阶段

5. 市场调研是一个经过策划、组织的，包括调研策划、收集整理和分析资料、撰写调研报告等工作环节、步骤、活动的市场调研过程，这说明了市场调研的（　　）。
   A. 目的性　　　　B. 非唯一性　　　C. 社会性　　　D. 系统性

二、多选题

1. 在设计市场调查方案时，调查背景应包括以下（　　）信息？
   A. 企业营销现状　　　　　　　　　B. 营销决策问题和市场调查问题
   C. 本次调查的必要性　　　　　　　D. 通过本次调查取得什么样的资料

E. 本次调查要解决哪些问题

2. 在设计市场调查方案时，调查目标应包括以下（　　）信息？

    A. 企业营销现状   B. 营销决策问题和市场调查问题

    C. 本次调查的必要性   D. 通过本次调查取得什么样的资料

    E. 本次调查要解决哪些问题

3. 在设计市场调查方案时，确定调查内容时应注意以下问题（　　）。

    A. 是为达到调查目的所必需的   B. 含义明确和具体

    C. 是能够向调查对象取得确切资料的   D. 符合调查对象的特点

    E. 容易取得的

4. 在设计市场调查方案时，确定调查对象和调查单位时应注意以下问题（　　）。

    A. 以科学的理论为指导   B. 根据调查目的来界定

    C. 根据调查范围来确定   D. 含义明确和具体

    E. 根据调查方式来选择调查单位

5. 在市场调查中，采用的主要调查方式有（　　）。

    A. 普查   B. 重点调查   C. 典型调查

    D. 抽样调查   E. 问卷调查

三、判断题

1. 市场形势和营销环境的变化迅速，要求市场调研必须符合及时性原则。 （　　）

2. 市场调研的前期准备中最重要的是确定市场调研的目的。 （　　）

3. 市场调研一般没有时间要求。 （　　）

4. 一般情况下，计划准备阶段的时间约占全部调研时间的 1/3 到 1/2。 （　　）

5. 市场调研是市场营销工作的一个组成部分。 （　　）

四、综合应用题

某调研方案的选题是调研一个城市居民的消费结构，其设计的调研内容是居民消费结构或职工消费结构。请对这个市场调研方案进行可行性分析。

五、操作题

1. 某公司需要对永林蓝豹金刚地板进行一次消费者行为调研，请为该公司设计市场调研方式方法。

2. 根据 2.4 操作题中确定的市场调研选题、明确的调研内容，以及 3.1.3 操作题中所选择的调研设计类型，设计一份初步的市场调研方案。

3.3　设计市场调研问卷

在营销工作中，营销管理者为了决策的需要，经常会对一些事物感兴趣，如消费者的特征、购买行为以及品牌偏好、对产品的意见等，这些就是调研方案中设计的调研内容。此时我们必须实际测量市场营销调研中涉及的概念，如"顾客忠诚""顾客满意""销售潜力""市场需求""品牌价值"和"品牌资产"等。如何测量这些概念是非常重要的。通常不是使用一个指标来测量这些概念，而是需要从多个维度用多个指标（或称操作性概念）对其进行测量。调研人员测量概念的方法会影响其对这些概念的解释，概念的测量结果会对营销战略和战术的制定产生影响。例如，品牌忠诚可以定义为经常购买某品牌，也可以定义为个人对于某品牌的偏好。对"经常购买某品牌"的测量是一种行为测量，可能会受到成本、便利性和可获得性的影响。对"品牌偏好"的测量则是一种态度测量，可能会受到感知的品牌资产和品牌自尊的影响。消费者"最偏好的"品牌并不一定是这个消费者实际购买的品牌。问卷是调研人员用来搜集数据的工具，它通过精心设计的格式来展现调研人员期望被调查者回答的问题。因此，问卷的设计包括两阶段的工作：第一是通过选择量表来对概念进行测量；第二是形成问卷。

3.3.1 测量的概念及分类

测量是指调研人员对调研单位的某些属性或特征的数量或强度的度量，问卷是通过测量来收集信息的。测量可分为以下两类。

1. 对客观属性的测量

客观属性是可观察的有形特征，即物理特征，如年龄、收入、购买的数量、上次光顾的商店等。一般来说，客观属性的回答选项是可以预知的，如性别特征的回答选项就是"男性"和"女性"，因此对客观属性的测量过程比较简单。

2. 对主观属性的测量

主观属性是不能够直接观察的无形特征，它存在于人们的头脑之中，如人们的态度、喜好等。在这种情况下，调研人员必须开发出评分量表的回答形式，从而让被调查者能够清楚区分回答选项的不同。例如：我购物时总是货比三家？评分量表的回答形式可开发为："□非常不同意""□不同意""□不一定""□同意""□非常同意"。

3.3.2 量表的概念、种类及选择

1. 量表的概念

测量过程是通过量表来实现的。量表是由反映某一概念的所有测量指标和备选答案构成的调查表。

例如，"对 A 产品的评价"就是一个概念，为了评价 A 产品，可以用"产品价格""产品质量""使用性能""包装"4 个测量指标从 4 个维度考察，对每一个指标再设计"好""较好""中等""较差""差"5 个备选答案。这样就构成了 A 产品评价量表（见表 3-5）。

表 3-5　　　　　　　　　　　　A 产品评价量表

指标	好	较好	中等	较差	差
产品质量					
产品价格					
使用性能					
包装					

2. 量表的种类

无论是对客观属性的测量，还是对主观属性的测量都需要使用量表，量表可分为以下4种。

（1）类别量表：又称名称量表或命名量表，指的是根据事物的某种属性，对事物进行分类的量表。

例如，您上次购买的品牌是？

　　长虹　　康佳　　TCL　　海信　　创维　　其他

（2）顺序量表：是只把事物按某种标准排一个顺序的量表。

例如，请在下列数字后依次给出您最喜欢的洗发水品牌、第二喜欢的品牌、第三喜欢的品牌……

　　1. _____　2. _____　3. _____　4. _____　5. _____

（3）等距量表：是一种有相等单位但没有绝对零点的量表，因此它只能做加减运算，不能做乘除运算。

例如，基于您的体验，您对顺丰速运公司隔夜快递服务的满意度如何？

　　根本不满意　　略微不满意　　没有意见　　很满意　　非常满意

（4）比率量表：是指既有绝对零点又有相等单位的测量量表，因此它不仅可以做加减运算以测量对象之间的差别，还可以做乘除运算来确定它们之间的比例。例如，一定时期的购买数量、消费金额等。

3. 量表的选择

实际工作中，选择何种量表非常重要。量表的选择需要考虑以下几个因素。

（1）所需的信息量：量表水平越低，包含的信息量越少。从类别量表→顺序量表→等距量表→比率量表，量表水平由低到高。其中，类别量表只能反映最低程度的信息，而比率量表则包含最多的信息，如要反映调查对象之间有多大差异如消费金额差异等信息，需要用比率量表。

（2）选择的统计分析方法：使用何种量表决定了统计分析方法的选择。低水平量表与低水平分析方法相对应，比如百分比分析；高水平量表允许采用较复杂的统计方法，比如相关分析。

（3）调研对象的特征或被调查者的回答能力：选择何种量表由要测量的调研对象特征或被调查者的回答能力来决定。

例如，您对我们公司的产品满意吗？　　1. 满意　　2. 不满意

上面这种采用类别量表的回答形式显然不合适，可修改为以下面这种等距量表的回答形式。

例如，请您用10分制对我们公司产品的满意度进行打分

　　很不满意　1　2　3　4　5　6　7　8　9　10　很满意

表3-6列出了在市场调研中部分常用概念的量表，供调研人员在选择量表时快速参考。

表3-6　　　　　　　　　　　部分常用概念的量表

概念	量表答案选项
认知或占有	"是—否"，或从选项列表中选出。 例如：你拥有下列哪一种厨房器具？（选出所有使用选项）
品牌/商店形象	使用一系列两级形容词构建语义差别量表（4～7点） 例如：价格高　—　—　—　—　—　—　—　价格低

概念	量表答案选项
人口统计	标准认可统计问题（性别、年龄、收入等） 例如：你的性别是：＿＿＿＿ 男 ＿＿＿＿ 女 　　　你的年龄段是： ＿＿＿＿20 岁及以下 ＿＿＿＿21～30 岁 ＿＿＿＿31～40 岁 ＿＿＿＿41～50 岁 ＿＿＿＿50 岁及以上
使用频率	一段时间内（如上个月）的使用频率，可用选项描述（没有、偶尔、不经常、经常、频繁、非常频繁）或用数字表示。 例如：你叫西餐外卖的频率是多少？
重要性	用选项描述（不重要、有点重要、重要、很重要、非常重要）或用数字 1～5 排序。 例如：干洗店的当天可取服务对你来说有多重要？
购买意向	用选项描述（不喜欢、有点喜欢、喜欢、很喜欢、非常喜欢）或用百分比表示可能性。 例如：下次购买饼干时，你购买无脂饼干的可能性有多大？
生活方式/意见	包含一系列关于生活方式的陈述的李克特量表（非常不同意—非常同意，5 个等级） 例如：请给出你对以下陈述同意或不同意的程度。 　　1. 我的行程表很满。 　　2. 我的工作量很大。
表现或态度	用选项描述（差、一般、好、很好、优秀）或用 5 级常用量表或-3～+3 中心量表表示。 例如：请指出海曙好味当餐馆在以下几个方面的表现如何？ 　　1. 菜品很丰富。 　　2. 价格合理。 　　3. 地理位置很方便（就你来说）。
记忆或认可	"是—否"，或选出列表中的选项。 例如：上个月你在哪里听到或看到农夫山泉的广告？（选出列表选项）
满意度	用选项描述（不满意、有点满意、满意、很满意、非常满意）或用满意度 10 点量表表示（1=非常不满意，10=非常满意） 例如：请您用 10 分制对×××公司的满意度进行打分（1 分表示很不满意，10 分表示很满意） 　　很不满意　1　2　3　4　5　6　7　8　9　10　很满意 注意：如果被调查者表示既没有不满意也没有满意，则应该用对称量表（不满意、有点满意、没有意见、很满意、非常满意）。 例如：基于你的体验，你对顺丰速运公司隔夜快递服务的满意度如何？ 　　根本不满意　略微不满意　没有意见　很满意　非常满意

3.3.3　问卷的概念及功能

　　问卷也称为调查表，是调研人员根据调研目的和要求设计的，由一系列问题、可能附带的备选答案及其他辅助内容所组成的，向被调查者收集资料的工具。问卷系统地记载了调研内容。

由于问卷调查通常是靠被调查者通过问卷间接地向调查者提供资料，所以，作为调研者与被调查者之间中介物的调研问卷，其设计是否科学合理，将直接影响问卷的回收率，影响资料的真实性、实用性。因此，在市场调研中，应对问卷设计给予足够的重视。

3.3.4 问卷的优点及特点

1. 问卷的优点

（1）调查范围广。只要能在同一时段，以相同的方式将问卷发放给被调查者，问卷调查就可以在任何范围内进行。

（2）调查内容深入、细致。调查问卷以提问的方式了解被调查者情况，因此，问卷设计的问题涉及的调查项目可以多一些。

（3）调查过程可控性较强。被调查者可以在调查工作人员的指导下完成问卷问题的回答，也可以通过问卷的书面提示，减少或避免因误解而发生的作答错误。

2. 问卷的特点

（1）标准性。调查内容是由统一的问题、统一的备选答案、统一的回答形式组成的，对所有的被调查者适用同一种调查问卷。这样可以避免因不同调查人员的随意提问而导致获得的资料杂乱无章，有利于统计处理和定量分析。

（2）匿名性。调查问卷一般不要求被调查者在问卷上签名。这样能免除被调查者在回答问题时的顾虑，易获得其真实回答。

（3）通俗性。由于被调查群体中人员的水平参差不齐，因此，问卷的表述尽可能做到通俗易懂。

3.3.5 问卷的分类

1. 基于问题答案的结构可分为结构式问卷、无结构式问卷和半结构式问卷

（1）结构式问卷又称为标准式问卷、封闭式问卷。问卷中的所有问题均为封闭式问题。

（2）无结构式问卷又称为开放式问卷。问卷中的所有问题均为开放式问题。无结构式问卷适用于较小规模的深层访谈调查。

（3）半结构式问卷又称为半封闭式问卷。其介于以上两者之间。问卷中的问题分为封闭式问题和开放式问题两部分。

2. 基于问卷的填写方式可分为自填式问卷和访问式问卷

（1）自填式问卷是由被调查者自己填写的问卷。自填式问卷，按照问卷传递方式的不同，可分为报刊问卷、邮政问卷、送发问卷和网上访问问卷。

（2）访问式问卷是由调研者按照事先设计好的问卷或问卷提纲向被调查者提问，然后根据被调查者的回答进行填写的问卷。访问式问卷，按照与被调查者交谈方式的不同，可分为面访式问卷和电话访问式问卷。

一般而言，访问式问卷要求简便，最好采用单项、多项或是非选择题进行设计；而自填式问卷由于可以借助视觉功能，在问题的设置上可以更加详尽、全面。

3.3.6 问卷的结构

问卷的基本结构包括标题、封面信、填写说明、编码、问题和选项、结束语、作业记载等几部分内容。其中问题和选项是问卷的核心部分，是每一份问卷必不可少的内容，而其他部分则可以根据需要进行取舍。从结构来看，一份完整的调研问卷通常包括标题、开头部分、甄别部分、主体部分、背景部分、作业记载、编码 7 部分内容。

1. 问卷的标题

问卷的标题的作用是概括说明调查研究的主题，使被调查者对所要回答什么方面的问题有一个大致的了解。所确定的标题应简明扼要，易于引起回答者的兴趣。

一般而言，标题有正副标题式、设问式、直接陈述式等形式，内容可以包括时间、地点、范围、内容等。

例如，正副标题式：我与广告——公众广告意识调查

设问式：福州市本土大型零售企业何处去?

直接陈述式：大学生消费状况调查

2. 开头部分

开头部分一般包括问卷编号、封面信、填写说明等内容。

（1）问卷编号。

使用问卷编号的目的是便于对问卷进行分类归档，同时也便于电子计算机处理。需要指出的是，有些内容比较简单的调研问卷可以省略这一部分。

（2）封面信。

封面信又称为问候语，其主要目的是对调研的主办单位、调研目的、调研的意义及内容进行必要的说明，进而消除被调查者的顾虑，争取他们的积极合作。同时对调研对象的支持与合作表示感谢。

同步参考案例

《公众医疗保险意识调查》封面信

××女士/小姐/先生

您好！我是六人行市场调查公司访问员，我们正在进行一项有关公众医疗保险意识方面的调查，目的是想了解人们对医疗保险的看法和意见，以便更好地促进医疗保险事业的发展。您的回答无所谓对错，只要真实地反映了您的情况和看法，就达到了这次调查的目的。希望您能积极参与，我们对您的回答是完全保密的。调查要耽搁您一些时间，请您谅解。

谢谢您的支持与合作！

××市场调查公司（章）

×年×月×日

（3）填写说明。

填写说明的主要目的是对问卷填写和回收的要求进行必要的说明，包括填写须知、交卷时间、

地点及其他事项说明等。填写说明一定要详细清楚，格式位置要醒目。填写说明的主要内容是卷头指导语和卷中指导语。

① 卷头指导语属于整份问卷的"填写说明"。

例如，请在每一个问题后适合你自己情况的答案序号上划圈，或在"____"处填上适当的内容。

注：无特殊说明的情况下，一律只选一项！

② 卷中指导语一般针对某个具体问题做特别说明。

例如，您心中理想的出国留学或就业地（可多选）。

3. 甄别部分

甄别部分的内容也是以问题的形式出现的，主要目的是为了甄别到合适的被调查者。

同步参考案例

S1. 请问您或您的家庭成员有没有在下列行业工作的呢？

  1. 广告、公关机构……………………………… 终止访问

  2. 市场研究、咨询、调查机构………………… 终止访问

  3. 电视、广播、报纸等媒介机构……………… 终止访问

  4. 轿车制造………………………………………… 终止访问

  5. 轿车批发、零售……………………………… 终止访问

  6. 以上皆无……………………………………… 继续访问

S2. 请问您的年龄是：

  1. 20 岁以下……终止访问

  2. 20～30 岁……继续访问

  3. 30～40 岁……继续访问

  4. 40～50 岁……继续访问

  5. 50 岁以上……终止访问

---

4. 主体部分

问卷主体内容所搜集的信息是调研者真正想要了解的基本内容，是问卷中最重要的部分。这部分内容设计的好坏直接影响整个调研的价值。在实际调研中，主体问卷列入哪些问题，列入多少问题，应根据调研目的、调研要求而定，并非多多益善。

在这一部分，调查者依据调研主题设计调研内容，将所要调研的内容具体化为一个个问题和备选答案，要求被调查者回答。主体内容主要包括以下几个方面：①对人们的行为进行调查，包括对被调查者本人行为进行了解或通过被调查者了解他人的行为。②对人们的行为结果进行调查。③对人们的态度、意见、感觉、偏好等进行调查。

5. 背景部分

背景部分包括被调查者的情况。这是指被调查者的一些主要特征，例如，在消费者调查中，被调查者的情况包括消费者的性别、年龄、民族、家庭人口、婚姻状况、文化程度，以及职业、工作单位、收入（个人和家庭）、生活费用、所在地区等。通过以上这些项目，调查者便于对调查

资料进行统计分组、分析。

6. 作业记载

问卷的最后附上以下内容。

（1）调查人员的姓名、工作单位及访问日期、时间等。这些项目主要为明确责任和方便查询而设计。

（2）如有必要，还可以写上被调查者的姓名、工作单位或家庭住址、电话等，以便于审核和进一步追踪调查。但对于一些涉及被调查者隐私的问卷，这些被调查者项目则不宜列入。

7. 编码

编码一般应用于大规模的问卷调查中。因为在大规模问卷调查中，调查资料的统计汇总工作十分繁重，借助于编码技术和计算机，则可大大简化这一工作。

编码是将调查问卷中的调查项目以及备选答案给予统一设计的代码。编码既可以在问卷设计的同时就设计好，也可以等调查工作完成以后再进行。前者称为预编码，后者称为后编码。在实际调查中，常采用预编码。

3.3.7 问卷设计的技术

设计问卷是指用恰当的提问措辞、合适的问答形式和合理的顺序编制问卷，以使被调查者能够清楚无偏差地理解所提出的问题。这些问句要测量态度、信念、行为和人口统计特征等，并从被调查者那里得到真实可靠的回答。

1. 问题的类型

（1）问题根据具体内容的不同，可分为甄别性问题、客观性问题、主观性问题和背景性问题。

① 甄别性问题，是被调查者条件的甄别部分，是有关被调查者环境与经历的问题。

② 客观性问题，即事实性问题，是指已经发生和正在发生的各种事实和行为，是有关行为习惯方面的问题。

例如，请问您最近一个月是否有网购的经历？

1. 有

2. 没有

③ 主观性问题，即意见性问题，是指人们的思想、感情、愿望等一切主观状况方面的问题，是有关态度或者看法方面的问题。

例如，您认为下面哪种销售手段更能影响您网上购物？

1. 免费送货

2. 货到付款

3. 三包服务

4. 商品打折

5. 其他

④ 背景性问题，主要是指被调查者个人的基本情况，它们是对问卷进行分析、研究的重要依据。

某问卷含有如下 3 个问题。

1. 你家订了几份报纸？

2. 你认为选择职业最重要的标准是什么？

3. 年龄、性别、文化程度、年收入、职业

请思考：

1. 请判断以上各问题属于哪类问题？

2. 3 类问题在问卷中的排列顺序上应注意什么？

市场调查要了解消费者的具体细节

对于一些大公司来说，知道顾客买什么、在哪里买、为什么买、什么时候买等情况，是有效营销的奠基石。

可口可乐公司通过市场调查发现，人们在每杯水中平均放 2.3 块冰块；每年看到 69 个该公司的商业广告；喜欢售点饮料机放出的饮料温度是 35 摄氏度；100 万人在早餐中喝可乐等。

某一跨国快餐公司了解到，美国的消费者重视快餐店停车位的多少；日本的消费者关心的是快餐店的用餐时间；中国香港地区的消费者则更留意快餐店卫生间的面积；中国内地的消费者更喜欢快餐店的环境和座位的舒适程度。这些都是吸引消费者、满足消费者的基础信息。

请思考：

1. 在对消费者的调查中，调查问卷的主体部分主要应包括哪些内容？

2. 在上述主体问卷所包含的问题中哪些是客观性问题？哪些是主观性问题？

分析提示：

"对消费者的调查"主要应包括以下几个方面内容。

第一，目标顾客有哪些。包括喜欢购买（消费）该产品的消费者是谁？有多少？（这一部分问题可以放在背景部分）

第二，购买行为特点。包括购买什么、购买多少、何时购买、何地购买、采用何种方式购买、购买的频率以及购买何种品牌等。

第三，购买动机。包括质量保证、价格便宜、安全可靠、服务周到、品牌信誉、新潮时尚、艺术欣赏、陶冶心情、环境舒适等。

第四，获得购买信息的渠道。包括产品广告、商业促销、媒体宣传、熟人介绍、个人体验等。

（2）问题根据提问方式的不同，可分为常规性问题、假设性问题和困窘性问题。

① 常规性问题，是可以向被调查者直接提问的问题。

② 假设性问题，即先假定一种情况，询问被调查者采取怎样的行动。例如，如果××牌洗衣粉降价 1 元，您是否愿意使用它？

③ 困窘性问题，是指被调查者不愿在调查员面前作答的某些问题。例如，涉及隐私、一般不为社会道德所接纳的行为、态度或有碍声誉的问题。

困窘性问题可采用以下两种提问法。

a. 间接提问法

例如，直接提问"您考试作弊吗？"会引起其心理防卫而拒绝回答。故采用间接提问："许多同学在考试中都多多少少作弊，您知道都有什么原因促使他们作弊吗？"

再如，直接提问"您有痔疮吗？"被调查者会由于个人隐私而拒绝回答。可采用间接提问："现在许多人都有痔疮方面的问题，请问您有这方面的困扰吗？"

又如，直接问用户的年龄、收入、住址，但没有给出一个恰当的理由。可采用区间式问答形式变为间接提问："请问您的年龄？   1. 21～30 岁   2. 31～40 岁   3. 41～50 岁"

b. 卡片整理法

第一步：提出两个与困窘性问题有关，但完全对立的问题。

例如，（1）您是吸毒者，是吗？   是 否

（2）您不是吸毒者，是吗？   是 否

第二步：设计随机化装置。

例如，密闭容器，装有红黄两种颜色的球，除颜色外，两种球完全一致。

第三步：调查员并不知道任何一个被调查者已回答了哪个问题，但却知道回答困窘性问题人数的比率。

例如，使被调查者从容器中随机抽取 1 球，不向任何人显示。抽到红球回答（1），抽到黄球回答（2）。除被调查者外没有人知道回答的是哪一题，这样就保护了隐私。

2. 问题的筛选

在问卷中提问什么，不提问什么，必须经过认真的思考和选择。问题的筛选一般需考虑以下几点。

（1）必须筛选出对某种市场调研目的最必要的问题。

问卷中应该包含哪些主要问题取决于所要收集的信息，这要求在问卷设计的过程中，首先要把握调研的目的和要求，问题的多少以够用为度。问题过于简单，就无法满足市场调研的需要。但过于烦琐，不仅浪费人、财、物，还直接影响问卷的回收率和有效率。

（2）筛出的问题必须符合市场现象在一定时间、地点、条件下的客观实际表现。

问题不论是落后于还是超前于市场现象的表现，都因不符合客观实际，而不能取得理想的调研效果。

例如，20 世纪 60 年代～70 年代初   以自行车、手表、缝纫机为代表商品

20 世纪 70 年代～80 年代   以电视机、电冰箱、录像机等为代表商品

20 世纪 90 年代   以住房、空调、家庭汽车为代表商品

21 世纪   消费者已有更高层次的商品满足需求

（3）问题的筛选必须符合被调查者回答问题的能力和愿望。

为了使被调查者充分合作，以获得准确有效的信息，问卷设计应当充分考虑调研对象的特点，绝不能将被调查者根本不可能知道、不愿回答的问题，以及难度大大超出被调查者理解和回答能

力的问题等选入问卷之中。

例如，对大学生适合的问题也许不适合家庭主妇；对老用户适合的问题也不一定适合新用户或潜在用户。

注意：要兼顾必要与可能！

3. 问题的形式

基于形式的不同，问题可分为开放式问题和封闭式问题两种。

（1）开放式问题。开放式问题不提供事先设计好的答案供调研对象选择，而是让调研对象用自己的语言自由回答。开放式问题特别适合于那些答案复杂、数量较多或者各种可能答案尚属未知的情形。

开放式问题分为开放式文字题和开放式数值题。

① 开放式文字题，是由被调查者用文字自由回答的问题。例如，您对网上购物有何建议？

开放式文字题使调研对象能够用自己的语言自由地表达任何观点，可以提供对某一现象、行为、态度的丰富认识，因此在探测性调研中非常有用。

它的主要缺点有：填写、编码和录入比较费事；所获答案受调研对象表达能力的影响很大；不适合自填式问卷，因为调研对象往往不愿意花费力气将自己的观点写完整，有时甚至跳过去。

② 开放式数值题。这类题目要求被调查者自己填入数值，或者打分。例如，请问您每年旅行的具体次数？

它的主要优点有：调研对象能够详细地描述数据，便于调研人员根据不同标准对调研对象进行分类，为进一步的研究提供详细的数据支持。

开放式数值题不需要编码，只需录入被调查者实际填入的数值即可。但是，在进行市场调研数据整理时，需要首先对被调查者进行统计分组，在统计分组的基础上才能汇总编制统计表。

开放式问题的回答方法主要有以下 3 种。

① 自由回答法，即由被调查者自由回答。

② 回忆法。这是用于被调查者诸如品牌名、企业名、广告等印象强烈程度的一种问题设计方法。

例如，请列出最近您在电视广告上看到的手机品牌。

请说出您所知道的洗衣粉品牌。

您知道宁波有哪些房地产公司？

③ 再确认法，是通过给被调查者提供与调查对象相关的某种线索来刺激其回忆确认。回忆程度可分为"知道、听说过、不知道"或 "见过、好像见过、没见过"，刺激材料可以是文字、图画或照片等。其目的是了解整体产品的各个部分给消费者的印象、产品的知名度、广告创意及媒体选择的成败等。

例如，请问您知道这个品牌吗？如果回答知道，可以继续追问： 您是通过什么渠道知道的？还有其他要说的吗？直到调查对象不能确认为止。

（2）封闭式问题。封闭式问题是既设计好问题，也设计好可选答案（应包括所有可能的答案）的问答形式。

这类问题由于答案标准化，不仅回答方便，而且易于进行各种统计处理和分析，尤其适合自填式问卷。但是，封闭式问题所提供的备选答案受设计者的知识水平、思维定式的影响和限制，采用这类问题无法发现鲜为人知或意想不到的看法。设计有效选项的工作量较大，可能需要开展探测性调研来确定适当的答案选项。

基于答案设计方法的不同，封闭式问题主要有以下几种问答形式。

① 单项选择题。单项选择题的答案是唯一的。其优点是答案分类明确，缺点是排斥了其他可能存在的答案。

例如，您购买方便面最主要的原因是什么？

　　　1. 方便　　2. 好吃　　3. 便宜　　4. 营养　　5. 无替代品　　6. 其他

② 多项选择题。多项选择题的答案是多项的。其优点是可以较多地了解被调查者的态度，但统计工作可能比较复杂。

例如，您购买方便面的原因主要有哪些？

　　　1. 方便　　2. 好吃　　3. 便宜　　4. 营养　　5. 无替代品　　6. 其他

③ 是非题。是非题的答案简明清晰，但只适用于不需要反映被调查者态度的问题。

例如，您是否购买过方便面？

　　　1. 是　　　2. 否

④ 混合式选择题。它是将封闭式问题与开放式问题结合起来设计提问的一种形式。

例如，您选择该宽带的关键原因是（可多选）

　　　1. 资费便宜　　2. 网速快　　3. 宿舍只有该类宽带

　　　4. 使用便利　　5. 信号稳定　　6. 其他（请注明）_____

　　　7. 拒答/不知道

⑤ 排序式选择题。排序式选择题要求被调查者把列出的各个选项按其重要性或时间性标准的顺序排列出来。

例如，在 2015 年如果对移动、电信和联通的促销力度按从大到小顺序进行排名，您觉得：

　　　第一位是：□移动　　□电信　　□联通

　　　第二位是：□移动　　　□电信　　□联通，您这样排名的原因是：_____

⑥ 区间式选择题。区间式选择题的各个选项只列出大概的区间范围，由被调查者进行选择。

例如，请问您的年龄？

　　　1. 20 岁以下　　2. 21～30 岁　　3. 31～40 岁

　　　4. 41～50 岁　　5. 51～60 岁　　6. 61 岁以上

⑦ 相倚问答题。相倚问答题是只适用于一部分调研对象的问题，某个调研对象是否要回答这个问题，要视他对该问题前面的某一问题（称为过滤问题）的回答结果而定。

相倚问题的格式有两种，即框格式和说明式。

第一种，框格式。它是指用框格将后续性问题框起来并用箭头和连线将其与非后续性问题连接起来的形式。

例如，您的孩子上的是重点高中吗？

□是
□否

若是，请回答：
是根据成绩录取的吗？
1. 是
2. 否

若否，请回答：
交"赞助费"了吗？
1. 是
2. 否

第二种，说明式。它是指在选项后注明，若该选项被选中，应转向回答哪些问题的格式。

例如，您参加上届人民代表的选举了吗？

1. 参加了（请回答第 9～13 题）

2. 没参加（请跳过第 9～13 题，直接从第 14 题开始回答）

这种格式没有框格式醒目，但应用较为普遍，特别是在后续问题较多、无法用框框框起来时，更适合使用这种格式。

⑧ 矩阵式或表格式。当询问若干个有相同答案形式的问题时，可以将这些问题集中在一起构成一个问题的表达方式。

例如，您所居住的地区购物情况怎样？（请在各行列适合您的格中打√）

	很方便	比较方便	一般	不太方便	很不方便
购粮					
购副食					
购日用品					
购服装					
饮食服务					
买蔬菜					
其他					

需要特别注意的是，封闭式问题的答案设计应遵循以下两条原则。

① 穷尽性，是指设定的备选答案应包括所有可能的情况，避免答案不全的现象。

例如，您购买方便面最重要的原因是什么？

1. 方便　　2. 好吃　　3. 便宜　　4. 营养　　5. 无替代品

② 互斥性，即互不包容性，是指答案与答案之间不能相互重叠、相互包含或交叉。

例如，您的职业是什么？

     1. 工人   2. 农民   3. 教师   4. 司机   5. 售货员   6. 服务人员

4. 问题的语言措辞

确定问题的措词是一项非常关键和困难的工作，如果用词不当，调研对象可能拒绝回答或由于对问题的理解错误而给出有严重偏差甚至是有误导的结果。

具体来说，在选择问题的措词时，要遵循以下原则。

（1）使用意义明确的措词。避免过于模糊、笼统和容易引起歧义的词汇。特别是在描述时间、价格、频率、数量等情形时，对"所有""经常""任何""任何人""最好""最""曾经""每一个""从不""最差"等形容词和副词要拿捏得当。

例如，"请问您总是来我们店健身吗？"。显然，这里的"总是"意味着每一次都一样，没有例外，可以改为："请问您经常来我们店健身吗？"

又如，"请问您曾经来过我们店健身吗？"显然，这里的"曾经"一词是很模糊的，回答者不知"曾经"是指一周、一个月、一个季度还是一年，可以改问："您上月共来我们店健身几次？"再如，"您最近一段时间使用什么品牌的化妆品？"显然，这里的"一段时间"一词也是很模糊的，可以改问："您最近一个月使用什么品牌的化妆品？"

再者，对于年龄、家庭人口、经济收入等调查项目，通常会产生歧义的理解。因为年龄有虚岁、实岁之分，家庭人口有常住人口和生活费开支在一起的人口，收入是仅指工资，还是包括奖金、补贴、其他收入、实物发放折款收入在内，如果调研者对此没有很明确的界定，调研结果也很难达到预期要求。

（2）问句要考虑到时间性。要将问句的时间跨度设定在被调查者可以清晰回忆的限度内。

例如，"您去年家庭的生活费支出是多少？其中用于食品、衣服方面的支出分别为多少？"时间过久的问题易使人遗忘，可以改问："您家上月生活费支出是多少？"

（3）问句要简短。问句设计时应当剔除繁杂的和不必要的措辞。简短的问句有助于被调查者了解问句的核心含义并减少对提问的误解。一般来说，问句最好不要超过 20 个字。

（4）尽可能使用简单句。简单句之所以受欢迎，是因为它只有一个主语和谓语。句子简单，减少了被调查者记忆和思考的工作量，从而减少了出错的可能性。同时也使得问句的答案容易设计。

例如，"您为何不看电影而看电视？"这个问题包含了"您为何不看电影？""您为何要看电视？"和"什么原因使您改看电视？"

再如，"您觉得这种新款轿车的加速性能和制动性能怎么样？"这个问题可以拆分为"您觉得这种新款轿车的加速性能怎么样？"和"您觉得这种新款轿车的制动性能怎么样？"两个问句，这样不仅简化了问题，也便于问句答案的设计。

（5）问句要具体，避免提一般性的问题。

例如，"您对某百货商场的印象如何？"这样的问题很难达到预期效果，可具体提问："您认为百货商场商品品种是否齐全、营业时间是否恰当、服务态度怎样？"等。

又如，"您觉得这种电视机的画面质量怎么样？"显然，被调查者因不熟悉"画面质量"的评判标准而难以作答，可以改问："您认为这种电视机的画面是否清晰？"

（6）保持中立的立场，尽量避免提有倾向性和诱导性的问题。不要将自己的意志强加于被调查者身上，尽量避免使用褒义词、贬义词。

例如，"有专家指出，进食过多的烧烤食品更容易患癌症。请问您经常吃烧烤吗？""麦当劳、肯德基等快餐食品大多是垃圾食品。您说是吗？"这样的问题将容易使被调查者因引导性提问得出肯定性的结论或因反感此种问法简单得出结论，这样不能反映消费者对商品的真实态度和看法。

（7）避免提出具有断定性的问题。

例如，"您一天抽多少支烟？"这种问题即为断定性问题，被调查者如果根本不抽烟，就会造成无法回答。正确的处理办法是此问题前可加一条"过滤"性问题，即："您抽烟吗？"如果被调查者回答"是"，可继续提问，否则就可终止提问。

（8）避免否定形式的提问。

例如，"您觉得这种产品的新包装不美观吗？"应改为："您觉得这种产品的新包装美观吗？"

（9）要避免问题与答案不一致。

例如，您经常看哪个栏目的电视节目？

　　　　□经济生活　□电视红娘　□电视商场　□经常看　□偶尔看　□根本不看

显然，经常看、偶尔看、根本不看3个选项属于答非所问，其设计与问题不一致。

（10）问卷的问句设计要有艺术性，避免对被调查者产生刺激而使其不能很好地合作。如下面两组问句。

A：您至今未买计算机的原因是什么？

　　1. 买不起　　2. 没有用　　3. 不懂　　　4. 软件少

B：您至今未购买计算机的主要原因是什么？

　　1. 价格高　　2. 用途较少　3. 对性能不了解　4. 其他

显然，B组问句更有艺术性，能使被调查者愉快地合作；而A组问句较易引起调查对象的反感，使其不愿合作，从而可能导致调查结果不准确。

5. 问题的顺序

问卷不是由问题随意排列构成的。问题的排列要遵循一定的规则，使问题之间具有一定的逻辑联系，并保证问题的自然过渡。问题的排序通常遵照以下原则：按照问卷的格式、问题的类型、难易程度、逻辑性及被调查者的思维习惯进行排列。其具体做法是由浅入深、由易到难、从简到繁；同类组合，由一般到特殊，先大后小，先封闭后开放。

问题顺序的设计应遵循的主要原则如下。

（1）按照问题的难易程度，由易到难。先以最简单的问题吸引被调查者，使其产生兴趣或放下戒备心和敌意。然后再设计复杂的、敏感性的或者被调查者不愿意回答的问题。

例如，容易回答的行为性问题放在前面，较难回答的态度性问题放在中间，敏感性问题如动机性、涉及隐私等问题放在后面，关于个人情况的事实性问题放在末尾。

（2）一般应先总体性问题，后特定性问题。因为如果特定性问题在前，则会影响到后面总体性问题的回答。

例如，先手机总体问题，后某款手机问题。

又如，可以问调研对象选择某款手机的主要原因，然后让其对手机不同属性的重要性进行评价。

有时也可能从特定的问题开始，以泛指的问题结束，以便调研对象在考虑各种相关因素后再给出一般性结论。

例如，可以问用户对产品及其售后服务各个方面的满意程度，然后再问总体满意度。

（3）先封闭式问题，后开放式问题。开放式问题需要被调查者手写，费时费力，若安排在最前面，容易使被调查者放弃。

（4）按逻辑关系排序。调研者要考虑被调查者的思考习惯和思维逻辑，将问题按时间顺序、性质或类别来排列。同时，中间的过渡和衔接要连贯和自然。

例如，与同一主题相关的所有问题应当放在一起，避免大幅度的跳跃。

6. 问卷的版面设计

问卷的版面设计，对于吸引调研对象的注意和引起其重视有显著影响，这对于自填式问卷（送发式问卷、邮寄式问卷、报刊式问卷和网上访问式问卷）尤为重要。一份好的问卷应该层次清楚，有一定的逻辑性，使人看起来舒服。

（1）版面设计时应考虑的因素。

进行问卷版面设计时主要应考虑的因素有：颜色、纸张、单面或双面排版、字体、字号、行间距、页边距、装订线位置、纵向或横向装订、封面装帧等。

（2）版面设计的基本要求。

问卷的版面设计没有固定的格式，但总体要求有两个：一，方便被调查者的阅读和填写；二，符合被调查群体的审美标准和习惯。

设计时具体应注意以下几个问题。

① 排版应相对宽松，不应显得拥挤。

② 每一道问题应该在一张单独的页面上，不要将问题和答案选项分开。

③ 颜色应不影响问卷的答复率。

④ 问卷应该以易于阅读和答复的方式编制，字体应该大而且清晰，阅读问卷不应造成过度疲劳。

⑤ 问卷应该用质量好的纸张印刷，看起来美观、专业，这样会使被调查者认为这个项目很重要，愿意认真配合。这对于高端消费者和大公司的调研尤为重要。

⑥ 较长的问卷应该采用小册子的形式，而不是简单地将多页问卷钉在一起，这样不仅美观，还易于携带、填写、回收和汇总。

7. 问卷预先测试和修订

问卷测试是一个非常主要的环节，因为即使非常精心设计的问卷，也会存在这样或那样的问题，如错误解释、不连贯的地方，封闭式问题的选项不全，被调查者对问卷的不良反应等，所以调查者必须经过实地测试，在纠正错误，完善设计，为封闭式问题寻找额外的选项以及考虑被调查者的一般反应之后，才能进入正式调查的阶段。

预先测试也应当以最终调查的相同形式进行，如果调查是入户调查，预先测试也应当采取入户的方式。

问卷测试主要有以下几个途径。

（1）请专业人士进行"挑刺"。

内容包括：问句是否必要，问答形式是否适当，措词是否得当，排列顺序是否合理，字词句有无错误等。

（2）请潜在的被调查者进行试填（一般不少于 15 人）。试填测试应采取人员访谈形式进行，试填过程中应做好记录并征求试填者的有关建议。

内容包括：检查回答说明是否清楚，问句能否被充分理解，回答所需时间是否符合预期（一般来说，问卷填答时间不超过 30 分钟），问卷外观、内容是否激励被调查者合作等。

（3）如果第一次问卷测试的效果不理想，导致问卷产生较大的改动，还应在问卷修改后选择一个不同的调查样本执行另一次测试性调查。

在预先测试完成后，任何需要改变的地方都应当切实修改。问卷测试完成后，就可以定稿了。

3.3.8　调研问卷的总体评价

一份高质量的调研问卷一般都应满足以下两个要求。

（1）体现调研内容和要求。这是评价调查问卷优劣最基本的一条。

（2）符合问卷设计的基本要求。问卷设计的基本要求如下。

① 主题明确。问题的目的应明确，重点突出，没有可有可无的问题。

② 问题数量合适。设计的问题数量不能过多，也不能过少，要适当。数量过少、过于简略，都无法完全提供所需要的信息；数量过多、过于烦琐，不仅会大大增加工作量和调查成本，而且会降低回答质量，降低问卷的回复率和有效率，也不利于正确说明调研所要说明的问题。

③ 结构合理、逻辑性强。问题的排列应有一定的逻辑顺序，符合被调查者的思维程序。一般是由易而难、先简后繁。

④ 通俗易懂。问卷应使被调查者一目了然，并愿意如实回答。问卷中语气要亲切，符合被调查者的理解能力和认识能力，避免使用专业术语。敏感性问题在设计时应注意技巧，使问卷具有合理性和可答性，避免主观性和暗示性，以免答案失真。

⑤ 便于数据的校验和整理。通过问卷所收集的数据，应该便于检查校对和整理加工。

3.3.9　习题与实训

一、单选题

1. 下列不属于调查问卷组成部分的是（　　）。

　　A. 问候语　　　　B. 问题　　　　C. 表格　　　　D. 编码

2. 下列关于问题设计应注意的事项正确的是（　　）。

　　A. 避免否定形式提问　　　　　　B. 尽量使用专业性术语

　　C. 敏感性问题直接提问　　　　　D. 一项提问可以询问许多内容

3. 下列属于问卷主体部分的是（　　）。

　　A. 标题　　　　B. 问候语　　　　C. 甄别问题　　　　D. 问题和答案

4. 所谓问题答案设计的（　　）是指所排列出的答案应包含问题的全部表现，不能有遗漏。

　　A. 顺序性原则　　　B. 穷尽性原则　　　C. 连贯性原则　　　D. 时效性原则

5. 问卷中有一部分起着对填表的要求、方法、注意事项等总的说明的作用，这部分是

（　　　）。

  A. 问卷标题 B. 说明词 C. 问题和答案 D. 填写说明

 6. "您认为在今后人民币的升值幅度将（　　　）。"

  A. 加快   B. 趋缓

  以上问题属于（　　　）。

  A. 开放式问题 B. 多项选择式问题 C. 是非式问题 D. 比较式问题

 7. 下列问题设计方法资料整理的难度最大的是（　　　）。

  A. 是非式问题法   B. 多项选择式问题法

  C. 排序式选择题法   D. 开放式问题法

 8. 所谓答案设计中的（　　　）是指同一问题的若干个答案之间关系是互相排斥的，不能有重叠、交叉、包含等情况。

  A. 顺序性原则 B. 互斥性原则 C. 连贯性原则 D. 时效性原则

二、多选题

 1. 开放式问题法的优点有（　　　）。

  A. 可以搜集到更多的信息   B. 可以搜集到调查者意想不到的信息

  C. 调查结束后，资料的统计分析较容易 D. 容易编码

  E. 能通过进一步的追问，使调查对象明确、完整地阐述自己的观点

 2. 下列属于开放式问题的回答方法的有（　　　）。

  A. 自由回答法   B. 回忆法

  C. 再确认法   D. 多项选择法

  E. 以上全部正确

 3. 封闭式问卷的优点包括（　　　）。

  A. 答案标准化   B. 可事先编码

  C. 问题较清楚   D. 答题简单

  E. 提高问卷的回收率

 4. 问卷的基本结构可分为（　　　）。

  A. 开头部分   B. 甄别部分

  C. 主体部分   D. 背景部分

  E. 作业记载

 5. 问题基于具体内容的不同，可分为（　　　）。

  A. 自由回答题   B. 甄别性问题

  C. 客观性问题   D. 主观性问题

  E. 背景性问题

 6. 在问卷设计实践中，往往要求设计者注意以下几个方面（　　　）。

  A. 用词必须清楚、简洁   B. 用词应避免对调查者的诱导

  C. 应考虑到被调查者回答问题的能力 D. 避免提断定性问题

  E. 避免否定式提问

7. 问卷设计的步骤有（　　　）。
   A. 准备阶段　　　　　　　　　　B. 初步设计阶段
   C. 试答和修改阶段　　　　　　　D. 付印阶段
   E. 实施阶段

8. 问卷中答案设计应注意的事项有（　　　）。
   A. 答案要穷尽　　　　　　　　　B. 答案要互斥
   C. 多选题的答案不易过多　　　　D. 选项的排列要科学
   E. 以上都正确

9. 对于困窘性问题的设计可以采用（　　　）的方法。
   A. 间接提问法　　　　　　　　　B. 访问法
   C. 说明性语言　　　　　　　　　D. 假定法
   E. 卡片整理法

10. 封闭式问题的表达形式常见的有（　　　）。
    A. 是非式　　　　　　　　　　　B. 选择式
    C. 排序式　　　　　　　　　　　D. 过滤式
    E. 矩阵式

三、判断题

1. 调查问卷是唯一一种调查工具。　　　　　　　　　　　　　　　（　　　）

2. 调查问卷中，一个问句只能了解一个项目，包含一个调查指标。　（　　　）

3. 开放式提问具有简单、易操作的特点，因此被广泛应用。　　　　（　　　）

4. 说明词又称前言，它是对调查的目的、意义及有关事项的说明。　（　　　）

5. 问卷又称调查表，是市场调查中用来搜集资料的一种工具，是指一系列事先精心设计的、系统的、严密的、需要调查对象书面或口头回答的问题表格。　　　　　　　　　　（　　　）

6. 问卷中问题与答案的设计应该生动、新颖，以吸引被调查者的注意，有时为了使其配合调查，可以将问句偏离调查目标与内容。　　　　　　　　　　　　　　　　　　　　　（　　　）

7. 为了保证搜集到重要资料，问卷设计一定要面面俱到，时间控制在至少 30 分钟以上。

（　　　）

8. 问卷中的一些词汇，如"经常""通常"等已经成为人们有较大共识的词语，可以在设计时大量采用。　　　　　　　　　　　　　　　　　　　　　　　　　　　　　　　（　　　）

9. 在现实生活中，许多人认为年龄、收入、受教育程度等都属于个人隐私，不愿意真实回答，所以在设计问卷时可以把这些问题省略，以免影响整个回答的真实性。　　　　　（　　　）

10. 问卷中问题的安排从难易角度来看，一般要将较易回答的问题放在前面，较难回答的问题放在稍后。　　　　　　　　　　　　　　　　　　　　　　　　　　　　　　（　　　）

四、综合应用题

请仔细阅读《广梅汕铁路总公司市场调研问卷》，然后回答问题。

先生/女士：

您好！我是广梅汕铁路总公司营销部的工作人员，为了解我公司汕头—广州 5/6 次豪华快车运行情况，特开展此次市场调查，谢谢您的合作。

调查日期： 　　　　　　　　　调查员：

说明：以下问题可以对其中一项或多项进行选择。

1. 请问您是否知道广梅汕铁路汕头—广州 5/6 次豪华快车？

（1）知道（继续回答下面问题）　　　　（2）不知道（转答问题 7）

2. 您是通过什么途径得知广梅汕铁路汕头—广州 5/6 次豪华快车的？

（1）广告宣传　　　（2）别人介绍　　　（3）偶然发现　　　（4）其他

3. 您是否乘坐过广梅汕铁路汕头—广州 5/6 次豪华快车？

（1）乘坐过（继续回答下面问题）　　　（2）没坐过（转答问题 6）

4. 您乘坐广梅汕铁路汕头—广州 5/6 次豪华快车出行的目的是什么？

（1）旅游　　　　　（2）出差　　　　　（3）探亲访友　　　（4）个体商务

5. 为什么选择广梅汕铁路汕头—广州 5/6 次豪华快车？

（1）舒适　　　　　（2）服务周到　　　　（3）速度快

（4）方便　　　　　（5）娱乐方式丰富

6. 为什么不乘坐广梅汕铁路 5/6 次豪华快车？

（1）票价高　　　　（2）服务不周到　　　（3）速度慢

（4）购票难　　　　（5）乘车不方便　　　（6）汕头始发时间早

（7）到达时间不好（早还是晚？　）

7. 平时出行最常坐什么车？

（1）豪华大巴，原因：_____。

（2）一般公交汽车，原因：_____。

（3）一般火车，原因：_____。

（4）飞机，原因：_____。

8. 您认为哪些因素对您选择交通方式影响最大？按重要程度进行排列。

（1）票价　　　　　（2）速度　　　　　（3）舒适度

（4）乘车购票方便与否　　　（5）服务质量

排序：_____。

9. 您对取消广梅汕铁路汕头—广州 5/6 次豪华快车上免费用餐和免费送报并适当降价意下如何？

（1）有必要　　　　（2）没必要

10. 您的年龄是多大？

（1）20 岁以下　　　（2）21~30 岁　　　（3）31~40 岁　　　（4）41 岁以上

11. 您的家庭收入是多少？

（1）1000 元以下　　　　　　　　（2）1000~1500 元

（3）1500~2500 元　　　　　　　（4）2500 元以上

12. 您的职业是什么？

（1）公务员　　　　（2）企业员工　　　（3）教师

（4）学生　　　　　　（5）其他

13. 您对广梅汕铁路汕头—广州 5/6 次豪华快车有什么建议和要求？

_____。

问题：

① 从问卷结构来看，问卷第五行"说明：以下问题可以对其中一项或多项进行选择。"属于问卷中的哪一部分内容？

② 从问卷结构来看，问卷中的第 1 题属于问卷中的哪一部分内容？

③ 从问卷结构来看，问卷中的第 10～12 题属于问卷中的哪一部分内容？

④ 从问题的形式来看，问卷中的第 3 题采用了封闭式问题设计中的哪一种问答形式？

⑤ 从问题的形式来看，问卷中的第 7 题采用了封闭式问题设计中的哪一种问答形式？

⑥ 从问题的形式来看，问卷中的第 13 题是哪一类问题？

五、操作题

1. 李杰是一家食品便利店的老板，它对店里的销售额下降非常担心。他在一本营销书中看到商店的形象会影响其吸引目标客户的能力。他联系了棋格调查公司，并委托其进行一项塑造商店形象的调查。你负责编制问卷中的商店形象部分。设计一个语义差别量表来测量这家便利店的商店形象，你的工作包括：（1）利用头脑风暴法列出将测量的特性；（2）确定合适的两极形容词；（3）确定使用几级量表。

2. 东华研究所是从事社会生活、文化、消费等市场调查与管理咨询的机关，现正在设计 ABC 商业街购物动向的调查问卷，请你为该公司的调查问卷设计说明词。

3. 根据 3.2.4 操作题中设计的市场调研方案，设计一份比较规范的市场调研问卷。

3.4　设计抽样方案

国际市场中包含着数以亿计的人，国内市场中也有成百上千万个个体，即使是一个本地的市场，也活跃着成千上万的家庭。想要从市场中的全部个体获取信息几乎是不可能的，也是无法操作和无必要的。与此同时，市场调研的主体无论是企业还是专业调查机构，均受到人、财、物的限制，无力进行诸如人口普查式的全面调查，而且通常市场调研的信息要比人口普查的信息复杂得多。基于此，在调研实践中，市场调研人员经常使用抽样调查的方式。

抽样调查是当前国际通行的科学有效的市场调研方式。它采用一定的组织形式，按照一定的程序从调研对象的全体（目标总体）中抽取一部分个体（单位）构成样本，并通过对样本的调查研究达到对现象总体数量特征认识的目的。

设计抽样方案，就是从一定目标总体抽取样本和取得资料以前，预先确定抽样程序和方案，在保证所抽选的样本对目标总体有充分代表性的前提下，力求取得最经济最有效的结果。

3.4.1　抽样调查的相关概念

1. 目标总体
目标总体指的是调查对象的全体。总体单位就是调查单位。

2. 样本

样本是总体的代表，是由总体中抽取的部分个体构成的整体，是抽样调查实际的调研对象。这里的个体就是样本单位。

3. 抽样单位

出于方便抽样的考虑，我们将总体划分为若干个互不重叠的部分，每个这样的部分就是抽样单位。这种划分完全是人为的。为了抽样的方便，抽样单位可以灵活设置，它有时受抽样方法的影响。

> **注意** 抽样单位与总体单位、样本单位在形式上有时并不一致。下面通过 3 个实例加以说明。

例如，要调查某市出售空调机商店的分布情况。抽样单位与总体单位、样本单位确定如下。

总体单位：每家销售空调机的商店。

抽样单位：抽样时可先抽商业街道，再抽商店，这时抽样单位是商业街道。

样本单位：从抽样单位中抽出构成样本的那些基本单位才是样本单位，本例中样本单位是抽中的每家商店。

再如，牙膏的产品质量抽查。抽样单位与总体单位、样本单位确定如下。

总体单位：每支牙膏。因牙膏是按支为单位计算的。

抽样单位：抽样单位为每箱牙膏。实际中，更多的是以牙膏的包装单位——箱为单位进行抽样，对打开的每一箱的每一支牙膏进行检查，以免导致大量的包装被损坏。

样本单位：抽中的每支牙膏。

又如，从 30 万名职工中抽 1000 名进行调查。抽样单位与总体单位、样本单位确定如下。

总体单位：每位职工。

抽样单位：若从 30 万名中直接抽取 1000 名，则抽样单位为每位职工。如果 30 万名职工分布在 3000 家企业中，平均每个企业大约有 100 名职工，那么可以从 3000 家企业中抽取 10 家企业，以 10 家企业中的 1000 名职工作为样本，这时抽样单位就是企业，而不是职工个人了。

样本单位：抽中的每位职工。

4. 抽样框架

抽样框架简称抽样框，是抽样设计人员用来抽取样本的工具。

抽样框架是指能够代表全部调查对象（目标总体）并可从中抽取样本的名录框架，是抽样单位的名录表。其形式是多样的，可以是一张表格、一本名册、一幅地图、一本电话号码簿、一份户口档案、一份企业名录等。

例如，上面例子中，第一种抽样方法中的抽样框是 30 万名职工的名单；第二种抽样方法中的抽样框是 3000 家企业的名单。

常用的抽样框架包括：派出所的户籍目录、居委会的户籍管理资料、电话号码簿、行业协会出版的公司名录、专业邮寄公司提供的邮寄名单、信用卡公司提供的持卡人名单、公司内部的客户数据库、网站的注册用户数据库、餐厅的菜单、学校所有班级名册等。

例如，如果总体是注册会计师，调查人员就需要一个关于注册会计师的抽样框架。这时可以利用中国注册会计师协会的会员名单，它包括所有已经通过注册会计师资格考试的会计师资料。

> **注意**
>
> （1）抽样框架是抽样单位的总体。它可能是总体中的基本单位的名单，也可能是总体中基本单位的集合的名单。
>
> （2）抽样框架数目与抽样层次相对应，有几个层次就有几个抽样框架。

3.4.2　设计抽样方案的工作步骤

抽样方案，就是对抽样调查中的总体范围、抽样方式、抽样方法、抽样数目、抽样框架、抽样精度、抽样实施细节等问题所作的安排，其目的在于控制抽样的过程，提高抽样的效率，确保抽样的质量，最终提高抽样调查和推断的科学性和可靠性。设计抽样方案的工作步骤如图 3-4 所示。

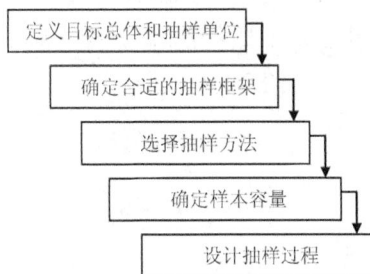

图 3-4　设计抽样方案的工作步骤

1. 定义目标总体和抽样单位

（1）定义目标总体

定义目标总体就是给调查对象一个明确的、可以操作的定义，使调研对象与非调研对象可以明确地加以区分。

例如，在对化妆品消费者意见的调查中，调研对象是女性消费者。可以进一步将目标总体定义为：18 周岁以上、45 周岁以下的女性消费者。这样什么人属于调研对象就比较容易判断了。

在定义目标总体的时候，有时也要注意定义被排除的对象。

例如，央视——索福瑞公司在界定家庭户中样本成员时，就规定下列人员不列为样本成员。

① 住宿学生，仅在周末或寒暑假回家的学生。

② 连续离家超过 3 个月的打工人员或驻外人员。

③ 由于结婚等原因而搬出家庭的人员。

④ 在家中吃饭，长期住集体宿舍的人，应根据其在家中看电视的情况决定。

目标总体定义的正确与否直接影响抽样调查结果应用的有效性。目标总体可以从以下几方面进行定义，如表 3-7 所示。

表 3-7　　　　　　　　　　　　　　　定义目标总体时需考虑的因素

因素	举例
地理因素	抽样调查的地域范围或顾客活动的范围，可以是一个国家、一个城市、一个县。
人口统计因素	从人口统计的角度确定对调查结果起重大影响的那些个体，包括年龄阶段、收入层次、职业群体等。
产品/服务使用情况	包括是否使用以及使用频率等。
认知程度	包括是否了解以及了解程度等。

在实际的调研中，通常可以借助调研问卷中的甄别性问题来判断某个个体是否属于目标总体。

（2）定义抽样单位。

定义抽样单位就是明确划分个体单位的标准，确定总体中个体或部分的划分界限，使各部分或个体相互不重叠。在多级抽样调查中，每一级抽样单位都必须给予相应的定义。

例如，在全国性的抽样调查中，常需要采用多级抽样。这时分级抽样的情况如下。

一级抽样单位是：省、直辖市或自治区

二级抽样单位是：市

三级抽样单位是：区

四级抽样单位是：街道

五级抽样单位是：小区

六级抽样单位是：户或个人

2. 确定合适的抽样框架

抽样框架是组织抽样调查的重要依据，调研者必须对其抱有严谨的态度，认真地收集和编制。因为抽样框架一旦有重复和遗漏，必然会直接影响到所选取的样本的代表性，从而影响到整个抽样工作的质量。

市场调研中，有些调研的抽样框架的资料是现成的。例如，在企业调查中，以企业为抽样单位，可以以工商局的企业注册档案作为抽样框架。再如，电话调查中，以电话号码作为抽样单位，电话号码簿就是现成的抽样框架。

但有时没有现成的抽样框架可以利用，就必须自行建立一个。建立抽样框架时应注意以下几个问题。

（1）抽样框架要与目标总体的范围相一致

在市场调查中，出于控制成本的考虑，许多调研机构倾向于选择便利样本，即方便得到的样本，如委托方提供的客户名单、黄页、街头偶遇的人群等。这时要注意使设计的抽样框架与目标总体的范围相吻合。

例如，在对选民进行的投票倾向调查中，目标总体是所有选民，这时不能把电话号码簿和汽车登记簿作为抽样框架。

（2）注意收集调查单位名单，形成抽样框架

例如，在汽车消费趋势调查项目中，总体就是所有已经购买了汽车的用户和有能力购买汽车的潜在用户。收集这些用户名单，并统一编号形成的总体成员名单，就是抽样框架。

（3）当无法获取调查单位名录时，可以分阶段编制多个抽样框架来逼近总体

例如在上一例中，由于潜在用户的名单无法收集到，抽样框架便不能一次性完成。此时我们可以通过分阶段地调查搜集资料，编制多个抽样框架来逼近总体，以减小误差。

第一阶段，对潜在用户的居住区域进行调查，此时的抽样框架便是住宅小区，这样的抽样框架很容易就建立起来。

第二阶段，对小区内的家庭进行调查，这样的抽样框架也容易得到，接下来就可以搜集潜在用户的名单了。

抽样框架根据其划分标准的不同，可以在不同层面上进行构建，从而使抽样框架呈现不同等级，不同等级的抽样框架可以用于各级抽样。

就目前的市场调查现场执行而言，有3种常用的抽样框架：地图块、居委会块、居民户。

（1）地图块。

地图块是指在市场调查所涉及的行政区划范围内，将地图按一定标准划分为若干块，使各块具有相近的居民户数，每一块作为一个基本的总体单位，各块的总和即为抽样框架。地图块抽样框架构建常用的方法有两种：一种是"行政区划法"，即以区、街道（镇）等作为基本总体单位构建抽样框架；另一种是"道路地块法"，即以道路、河流、铁路等明显的线状标志物为界限划定各个总体单位。这种区划法的优点在于可以较合理地划定地图块的大小，如按该地图块内的人口密度确定地图块面积的大小等，从而使各地图块内的居民户数达到基本相同，使总体单位之间具有可比性。据统计，在实际中采用道路地块法抽样时，由于拒访、行业限制、拆迁、界限不清等原因，约有1/3的居民户不能访问，故在实际确定每地块居民户数时，应考虑以上因素。

（2）居委会块。

居委会块是指以居委会所辖地域作为基本的总体单位，其总和构成抽样框架。

（3）居民户。

居民户是指以某区域住户名单为抽样框架的基本单位。这里所指的名单不一定是居住户的姓名，而有可能是居住户的门牌号、室号。这一形式的抽样框架往往缺乏现成的资料，需要连续地进行资料积累和完善，并且不断地进行修订。

在实际操作中，应当尽量保持抽样框架和目标总体之间的高度一致性，以减少抽样框架误差。抽样框架误差是指抽样框架不能反映整个总体的程度。一种表示抽样框架误差的方法是将目录清单与总体进行比较，测量目录清单与目标总体的契合程度。

此外，为了确定某一个体是否属于样本，常有必要在调查问卷中使用甄别性问题。

同步参考案例

宁波市统计局拟调查宁波市海曙区职工家庭人均年收入，决定采用抽样调查的方法，为了利用样本的资料科学地推断宁波市海曙区职工家庭人均年收入，必须进行科学抽样，请编制抽样框架。

抽样框架的编制过程如下。

采用多阶段抽样，分别构建街道抽样框架、居委会抽样框架、居民户抽样框架。

（1）查找宁波市各区、街道（含镇）、居委会、居民户名录、分布图、电话簿。

（2）访问街道办事处、居委会的工作人员，信息的要点是街道名称、居委会数、户数、人口数、联系人姓名、地址、邮政编码、电话；居委会名称、户数、人口数、联系人姓名、地址、邮政编码、电话等。

（3）各项目小组分布到各居委会进行调查。调查采用实地观察记录的方法，逐个弄堂、逐幢楼、逐个门牌号记录，在需要时可配置示意图。

（4）各项目小组对本组收集的信息进行资料汇总，据此编制抽样框架（可采用等距抽样法）。

注意　　外出调查前，从学校开出介绍信，证明学生获取信息是为教学之用，学生调查活动属教学实践活动，以减少学生调查活动的障碍。

3. 选择抽样方法

抽样调查的方法可以分为概率抽样和非概率抽样两种，其最基本、最常用的抽样方法如图 3-5 所示。

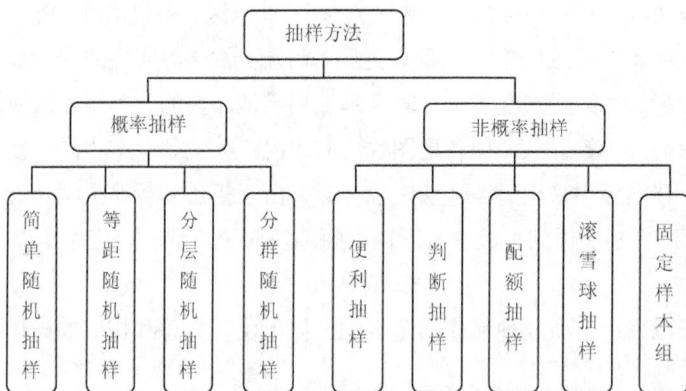

图 3-5　常用的抽样方法

（1）概率抽样调查。

概率抽样又称随机抽样，是指以概率理论和随机原则为依据来抽取样本的抽样。概率抽样使总体中的每个单位被抽中的机会相等。

概率抽样调查中最基本、最常用的抽样方法主要有以下 4 种。

① 简单随机抽样。简单随机抽样也称纯随机抽样，就是在调查总体中不加任何分组、划分类别、排队等，完全随机抽取抽样框中预定个数的调查单位作为样本。抽样框又称"抽样框架"，是指对可以选择作为样本的总体单位列出名册或排序编号，以确定总体的抽样范围和结构。设计出了抽样框后，便可采用抽签的方式或按照随机数表来抽选必要的样本量。例如，要从 10000 名职工中抽出 200 名组成一个样本，则 10000 名职工的名册就是抽样框。在简单随机抽样中，总体中的每个单位都有相同的被抽中的概率。

简单随机抽样是一种最基本的抽样方法，是其他抽样方法的基础。它的优点是简单、方便、直观，便于对总体进行推断；缺点是当总体样本单位过多或分布较分散时，完整总体名册不易取得，抽样作业相对不便（如总体名册几万户），且后期调查不便操作。同时，对总体进行推断时误差较大，因此在实际中直接采用简单随机抽样的并不多。

适用条件：总体内样本单位不多且有完备名册可以编号；总体范围较小，总体内部各单位之间差异不太大；总体范围较广，总体内部各单位之间的差异程度较大，一般不要直接使用简单随机抽样，而要与其他抽样方法结合使用。

② 等距随机抽样。等距随机抽样又称系统随机抽样或机械随机抽样，是先将总体中各单位按一定标志的排队，然后每隔一定的距离（固定的间隔）抽取一个单位构成样本。例如，某小区居住着 4000 户居民，为调查居民食盐摄入量，需抽取 40 户居民进行调查，平均每 100 户抽取 1 户。为此，调查机构到当地派出所，根据户籍资料将居民户从 1～4000 编好号码，先在 1～100 号中随机抽取 1 个号码，再将这个号码加上 100 的整数倍，共 40 户构成样本。比如在第 1～100 号中抽取到了 5 号，于是 5、105、205、…、3805、3905 共 40 户被抽取出来作为样本。

等距随机抽样的优点是操作简单，对总体的推断误差较小。

③ 分层随机抽样。分层随机抽样也称类型随机抽样或分类随机抽样，它是按照某一标志将总体分成若干组（类），其中每一组（类）称为一层，然后在各个层内用简单随机抽样的方法抽取样本单位，构成样本。

分层随机抽样必须注意以下问题：第一，必须有清楚的分层界限，在划分时不致发生混淆；第二，必须知道各层中的单位数目和比例；第三，分层的数目不宜太多，否则将失去分层的特征，不便在每层中抽样。

分层随机抽样的具体做法有以下两种。

其一，等比例分层随机抽样。这种抽样法就是按照各层中样本单位的数目占总体单位数目的比例分配各层的样本数量。

其二，不等比例分层抽样，又称分层最佳抽样。这种抽样法不按各层中样本单位数占总体单位数的比例分配各层样本数，而是根据各层的标准差的大小来调整各层样本数目。该方法既考虑了各层在总体中所占比重的大小，又考虑了各层标准差的差异程度，有利于降低各层的差异，以提高样本的可信程度，故也可将不等比例分层抽样称为分层信任程度抽样。

例如，某公司要调查某地家用电器产品的潜在用户，这种产品的消费同居民收入水平有关，因此以家庭收入为分层基础。假定该地居民户即总体单位数为 20000 户，已确定调查样本数为 200 户。家庭收入分高、中、低 3 层，其中高档收入家庭为 2000 户，占总体单位数的比重为 10%；中等收入家庭为 6000 户，占总体单位数的 30%；低等收入家庭为 12000 户，占总体单位数的 60%。现又假定各层样本标准差为：高档收入家庭是 300 元，中等收入家庭是 200 元，低等收入家庭是 50 元。现要求根据分层最佳抽样法，确定各收入层家庭应抽取的户数各为多少？

为了便于观察，见表 3-8。

表3-8　　　　　　　　　　　　　　调查单位数与样本标准差乘积计算表

家庭收入分层	各层调查单位数 （潜在用户数）	各层的样本 标准差	乘积	样本单位数
高	2000	300	600000	200×600 000÷2 400 000=50
中	6000	200	1200000	200×1 200 000÷2 400 000=100
低	12000	50	600000	200×600 000÷2 400 000=50
合计	20000	—	2400000	—

　　如果根据等比例分层抽样的话，那么，高档收入家庭的分层样本数为 20 户（200×10%）；中等收入家庭的分层样本数为 60 户（200×30%）；低等收入家庭的分层样本数为 120 户（200×60%）。将前后两种方法抽取的各层样本数做个对比，不难看出，相比于等比例分层抽样法，根据分层最佳抽样法抽取样本，则高档收入家庭的分层样本数增加了 30 户，中等收入家庭的分层样本数增加了 40 户；低等收入家庭的分层样本数则减少了 70 户。由于购买家用电器同家庭收入水平是成正比例变动的，所以增加高、中档层的样本数，相应减少低档层的样本数，将有利于提高抽样的准确性。

　　分层随机抽样的优点很多：它可以保证样本中包含不同特征的个体，使样本结构与总体结构比较接近，进而降低对总体推断的误差；便于调查的组织实施；可以同时对总体和各组（类）进行推断。一般来说，分层随机抽样对总体推断的误差是 4 种抽样方法中最小的。

　　④ 分群随机抽样。分群随机抽样又称整群随机抽样，是将总体按某一标志（如地区、单位）分为若干群，再以群为单位进行简单随机抽样，并对抽到的群内的每个单位都进行调查，而对未抽中的群不做调查。

　　分群抽样一般采取两段式抽样法，即先采取纯随机抽样法抽取若干群体，然后对选定的有关群体进行全面调查。

　　例如，为调查某城市居民户的家庭生活状况，拟抽取 1000 个样本。假定该市共有 500 个居委会，每一个居委会平均有 100 户居民。按居委会分群，一个居委会为一群，采用简单随机抽样法抽出 10 个居委会，共 1000 户，然后对抽中的居委会所辖每户居民家庭一一进行调查。

　　分群随机抽样的优点是减少抽样工作量，节省调查成本，便于调查实施。其不足之处是对总体的推断误差较大，分群的大小差异会影响抽样的正确性。

　　适用条件：尤其是总体相当大时；抽样框架中每个单位的资料不是很完整或不易得到，或使用其他随机抽样法不那么方便时。

　　（2）非概率抽样。

　　从调查总体中按调查者个人经历、方便性及主观判断设定的某个标准抽取样本单位的调查方式，称为非概率抽样调查。这种调查方式虽然在样本的抽取方法上带有主观性，会对总体推断的可靠程度产生影响，但由于它简便易行，可及时取得所需的信息资料，因此，在统计调查中也常被采用。

　　非概率抽样方法主要有以下 5 种。

　　① 便利抽样。便利抽样又称就近抽样、偶遇抽样，是指调查者以自己方便的形式抽取偶然遇

到的人作为调研对象，或者仅仅选择那些离得最近的、最容易找到的人作为调研对象。这是一种很常用的抽样方法。

例如，学术研究用的学生样本，商场购物者的拦截访问，自愿参与的网上调查，有关流动人口的调查如流动人口消费品购买力调查等。再如，宁波市政府想了解宁波市民对于其规划的万达商圈停车位的满意程度，调查人员访问在商圈附近逛街的市民，就是便利抽样法。

便利抽样的优点是简便、经济、易于操作。不足之处是取得的样本偶然性很大，代表性较差，调查结果的可信度较低。

适用条件：当调查总体各单位之间差异不大时使用。

实际操作中，便利抽样多用于探索性调查或正式调查前的预调查。一般不能用来推断调查总体。

② 判断抽样。判断抽样也叫目的抽样，是调查者根据调查的目标和自己主观的经验判断选出能够代表目标总体的样本。当样本量很小或者对调研对象有很严格的要求时，常用判断抽样方法。

例如，专家调查法调研对象选取，试销市场的选择，消费者行为研究中意见领袖的选取，促销试验中商店的选择等。

判断抽样有以下两种做法。

一种是由专家判断决定所选样本，即选择最能代表普遍情况的群体作为样本，一般选取"多数型"或"平均型"的样本为调查单位。"多数型"的样本是在调查总体占多数的单位中挑选出来的样本；"平均型"的样本是在调查总体中挑选出来的代表平均水平的样本。也就是说，通过构成"平均型"典型样本，可以实现把握调查总体平均水平大体位置的调查目的；通过组成"多数型"（也称众数型）判断样本，可以实现掌握调查总体中多数单位所处现状的调查目的。

例如，某企业要调查其自身产品与竞争对手产品的销售情况，根据主观判断选择了一些同时对销售双方产品有影响的、非常有代表性的零售商店作为判定样本。

例如，调查中国钢铁行业的管理机制、运营机制及改革等状况，所挑选的样本单位一定得避开鞍钢、宝钢和首钢等几家国有特大型钢铁企业，其原因是尽管它们的钢铁产量占全国钢铁产量的比重很大，但是它们的管理水平、运营能力等不能代表众多钢铁企业的现状。

另一种是利用统计判断选取样本，即利用调研对象（总体）的全面统计资料，按照主观设定的某一标准选取样本。

例如，调查中国钢铁行业的产品和产量现状，只要对鞍钢、宝钢和首钢等几家国有特大型钢铁企业进行调查，就足以大致掌握我国钢铁工业的产品和产量情况了，因为这几家钢铁企业的钢铁产量占全国的大半，把握了它们的生产情况就可以把握总体的生产情况。

例如，国家每年实行的进出口物价调查即采用判断抽样法。其做法是先选取基期年各类进口及出口值较大的商品，再根据这些大宗商品的进出口厂商调查其进出口的物价。

特别是当调查目的是了解、探索某一现象及事物产生异常的原因时，便需要选择"极端型"的总体单位来查找问题的根源所在。

例如，在问卷设计阶段，为检验问卷设计得是否得当，调查者会有意地选择一些观点差异悬殊的人作为判断样本，即调查者专找那些偏离总体平均水平者进行调查，以确定问题答案的选项。

可见，我们通常所说的重点调查和典型调查都是判断抽样的特例。

判断抽样的优点是挑选样本简便、及时，在精确度要求不是很高的情况下，企业为了迅速获得解决日常经营决策问题的客观资料，常常使用判断抽样的方法。

适用条件：判断抽样的样本代表性如何，完全凭调查者本身的知识、经验和判断能力而定。调查人员对总体有关特征比较深入的了解是应用这种抽样方法的前提。此种抽样比较适合总体组成单位同质性很低且样本数较少的情形。

③ 配额抽样。配额抽样又称定额抽样，是按照总体特征予以配置样本的非概率抽样方法。它是先将目标总体所有单位按一定的标志分成若干类（组），然后在各个类（组）中用便利抽样或判断抽样方法选取样本单位。其原理是根据总体的结构特征事先确定好配额，抽取一个与总体结构特征大体相似的样本。

配额抽样是一种类似分层随机抽样的非概率抽样方法，通常使用此法来改善样本的代表性。由于配额抽样的成本比分层抽样低，而且易于操作和监控，因此在统计调查中很常用。

配额抽样分为独立控制配额抽样和非独立控制配额抽样两种。配额抽样分类依据的标准通常是总体单位的某些属性、特征，我们称这些属性、特征为"控制特征"，如被调查者的年龄、性别、地区、职业、文化程度等。为此，在设定、抽取样本时，应按照各个控制特征来完成各类中的配额。

a. 独立控制配额抽样。独立控制配额抽样是根据目标总体的不同特性，对总体的各部分（或类别）分别规定单独分配数额，而不规定必须同时具有两种或两种以上特性的样本单位数额。因此，这种方法在抽样时有较大的机动性。

例如，对某总体进行抽样调查，计划抽取 120 人组成样本。若采用独立控制配额抽样方法，现取性别、年龄、收入 3 项控制特性作为分类标准，样本数额的分配结果列于表 3-9 中。

表 3-9　　　　　　　　　　　　独立控制样本配额表

性别		年龄		收入	
男	60 人	16 至 29 岁	20 人	高	24 人
女	60 人	30 至 44 岁	30 人	中	60 人
		45 至 59 岁	40 人	低	36 人
		60 岁以上	30 人		
合计	120 人	合计	120 人	合计	120 人

现在根据性别、年龄和收入 3 项控制特性各自独立的分配样本，没有考虑其相互之间的交叉关系，即只要分别满足男、女被调查者，4 个年龄段的被调查者，高、中、低 3 个层次的被调查者都是 120 人就可以了。如 20 个 16~29 岁的样本既可较多或全部从男性中抽选，也可较少或不从男性中抽选，这完全由抽样者机动掌握。

b. 非独立控制配额抽样。非独立控制配额抽样是按各控制特性分配样本数额时，考虑交叉关系。

例如，某商场希望根据年龄和性别来调查对营业时间的意见，计划调查周边地区的 1 000 个人。已知年龄和性别分布如表 3-10 和表 3-11 所示。

表 3-10　　　　　　　　　　　　商场顾客年龄分布表

年龄（岁）	比例（%）
15～20	16
20～30	26
30～50	30
50 以上	28

表 3-11　　　　　　　　　　　　商场顾客性别分布表

性别	比例（%）
男	51
女	49

若准备抽取 1000 人，则采用非独立控制配额抽样方法的样本配额见表 3-12。

表 3-12　　　　　　　　　　　　非独立控制样本配额表

年龄（岁）	男性（人）	女性（人）
15～20	82	78
20～30	133	127
30～50	153	147
50 以上	143	137

④ 滚雪球抽样。滚雪球抽样又称链式抽样、网络抽样、辐射抽样或连带抽样，它是以"滚雪球"的方式，通过少量的样本单位逐步获取更多的样本单位。其基本步骤为：先选取少数样本单位，访问这些个体得到所需信息后，再请他们提供另外一些属于目标总体的个体信息，然后根据所提供的线索，选择此后的样本单位，依此类推，如同滚雪球一样，使样本容量逐步扩大，使调查结果越来越接近总体。

适用条件：滚雪球抽样主要用于对一些特殊群体的调查，例如吸毒者或者有特殊爱好的群体（如音乐发烧友、摄影发烧友等）。它也适用于对总体缺乏了解、没有现成的抽样框架的情形，一般在产业调查中运用较多。因为这样的目标总体一般为具有某一特征的群体，即使单位数目少，要调查的样本也往往不容易取得，若让调查者直接去找这些少量的样本个体，也肯定得花费较大的代价，只能借助先找到的个别样本单位，然后通过他们去联络其他样本单位。滚雪球抽样的运用前提是总体中的各单位之间具有一定的联系。

例如，某调查部门想了解某市外来农村务工人员的状况，这时获得一份完整的名单是极其困难的，调查者只能借助已接受调查的农民工去接触新的农民工，即调查者开始只同几个在该市务工的农民工进行面谈，了解情况后再请他们提供所知的其他在该市的农民工名单，逐步扩大到所需的外来农民工数目，并通过对这些农民工的调查研究，来全面掌握该市外来农民工的籍贯、所从事工作的性质、经济收入等状况。

同步分析案例

新产品的顾客意见调查

伊利公司是一家食品生产企业，在 2000 年，其以享誉中国北方数省的"苦咖啡"冰淇淋打入上海冷饮食品市场。为了获得更加准确的市场信息，伊利公司想进行一次市场调查活动，调查对象是上海冷饮经销商。但是，伊利公司手头只有少数几家上海经销商的名单，于是他们决定采用如下的抽样方法来确定所有的访问对象。

第一步：伊利上海公司选择上海的老客户——家利超市公司作为第一个访问对象。访问员张小姐与李先生在按调查提纲的规定要求提问完所有问题后，起身向家利超市公司市场部徐经理致谢。张小姐向徐经理问道："徐经理，我们对上海的情况不熟悉，不知您是否可以向我们介绍几家与贵公司相似的上海冷饮经销商的情况？"于是，热心的徐经理请两位客人再次坐下，介绍那些对他来说都是烂熟于心的情况。

第二步：张小姐请徐经理将自己介绍给徐经理熟悉的几家上海冷饮经销商的有关管理人员。

第三步：张小姐与李先生又马不停蹄地赶往华联与联华。在搜集了有关资料后又请这两家超市公司的受访者为自己介绍新的访问对象。

这样，伊利公司的调查样本单位数便迅速增加。

问题：

伊利公司采用了哪种抽样方法？

⑤ 固定样本组。固定样本组是指将选取的样本固定下来，长期进行调查。

固定样本组的优点是调研对象稳定，可以及时、全面地取得各种所需要的信息，费用低，回收率较高，因此在企业实践中被广泛应用。

抽样调查具有经济、快速、准确、灵活等优点，使其成为统计调查方法的主体，在社会经济领域和科学试验中发挥多方面的作用。抽样调查最适合于不可能或不必要进行全面调查的场合，在能进行全面调查的场合也有独到的作用，如对全面调查的资料进行必要的修正和验证。

为了使样本能充分地反映总体，并便于组织实施，节约人力、物力和时间，在选择抽样方法时应考虑以下几个因素。

a. 调查的目的。

如果只是为了获得一些定性的结论，可以使用非概率抽样；当需要对总体进行准确的统计推论时要使用概率抽样。例如，探测性调研的主要目的是发现新的想法而不是进行准确的定量描述，因此通常使用便捷抽样或主观抽样；而描述性调研通常是为了根据一个样本的结果对总体进行推论，因此常用概率抽样方法。在实际中，非概率抽样被广泛用于产品测试、广告文案测试、专家调查等；消费者调查、固定样本组调查、媒体受众调查等通常都用概率抽样。

b. 调查时间、经费、人力及抽样方法的可操作性。

由于概率抽样技术上比较复杂，成本高，操作起来比较困难，因此当时间、经费等有限时，一般都采用比较简单易行的非概率抽样方法。

c. 目标总体内部的同质性。

当总体成员之间的差异很小时，无论采用何种抽样方法得到的样本都具有较好的代表性和较低的抽样误差，而当总体成员之间的差异很大时，抽样方法的选择对于提高样本的代表性和降低抽样误差就非常重要，这时应当尽可能使用概率抽样方法。在这种情况下，如果有易于获得且与待测特征密切相关的分层变量，可以据此将总体成员分为相对同质的子群，则可以使用分层抽样；如果总体内部差异很小但群内差异很大，可以采用整群抽样。

4. 确定样本容量

确定样本容量是抽样设计中十分重要的问题。因为样本的大小（即样本中单位数的多少）是决定抽样误差的直接因素，如果样本容量太小，会使调查结果出现较大的误差，从而降低了抽样估计的效果；如果样本容量太大，又会造成人、财、物及时间的浪费。所以，在总体变异程度一定时，样本容量既与调研费用有关，又与估计精度有关。对于一个抽样设计，一般应尽量做到在给定费用的限制下，使精度最高；或在达到所要求的精度下，使调研费用最低。样本容量的设计，就是要找到费用和精度兼顾的样本容量。

抽样调查的样本容量取决于以下几个因素。

（1）总体的变异程度。一般用方差或标准差来衡量。总体平均数标准差 σ 和总体成数的标准差 $\sqrt{P(1-P)}$ 取值越大，要达到预定估计的可靠程度所需要的样本容量也就越大；反之亦然。

（2）抽样极限误差的大小。抽样极限误差即允许误差 Δ，是指在推断时允许有多大范围的误差，其数值与样本容量的平方根成反比。抽样极限误差越小，样本容量越大；反之亦然。抽样极限误差的大小主要取决于调研的目的和费用的投入。因此，对估计的精度和可靠程度的要求越高，又有足够的费用投入，要达到该要求的样本容量就越大。抽样极限误差是在抽样调查之前规定的。

（3）可靠程度。可靠程度要求的高低主要体现在概率度 t 值的大小。可靠程度要求越高，t 值越大，样本容量越大；反之亦然。

（4）抽样方法。采用分层抽样和系统抽样要比简单随机抽样需要的样本容量小一些。在同等条件下，不重复抽样比重复抽样需要的样本容量少一些。

（5）无回答情况。无回答必然会减少样本单位数。因此，应根据调研经验，在无回答率较高的调研项目中，样本容量大一些，以减少无回答带来的影响。

（6）总体规模。无论总体的规模 N 有多大，都对样本容量 n 的需求产生一定的影响。但几乎所有情况下，抽样估计的精确度（抽样误差）与总体规模无关。

（7）调查设计的类型。调查设计的类型也对样本容量有影响。定性的探测性调研的样本容量通常较小，而描述性调研通常要求有较大的样本。不同的数据分析方法也要求不同的最低样本容量。如果要对数据进行详细分组，然后进行分析和比较，则需要的样本容量更大。

（8）预算经费。调研的单位越多，需要支付的调研费用就越大，从而在调研经费预定的条件下，可调研的单位数量就受到限制，因为预算经费给出了样本容量的上限。

在实际的调研工作中，确定样本容量的方法主要有统计学方法和经验方法两种。

① 统计学方法

采用概率抽样方法时，可用统计的方法计算所需样本容量，确定样本容量的计算公式可以由抽样极限误差的计算公式导出。

a. 简单随机抽样样本容量的确定。

• 在重复抽样条件下，估计总体均值和估计总体成数所必需的样本容量推导如下所示。

因重复抽样条件下，样本平均数的和样本成数的抽样平均误差分别为：

$$\mu_{\bar{x}} = \frac{\sigma_x}{\sqrt{n}} , \quad \mu_P = \frac{\sigma_P}{\sqrt{n}} = \sqrt{\frac{P(1-P)}{n}}$$

又因重复抽样条件下，样本平均数的和样本成数的抽样极限误差分别为：

$$\Delta_{\bar{x}} = t\mu_{\bar{x}} = t\frac{\sigma_x}{\sqrt{n}} , \quad \Delta_P = t\mu_P = t\sqrt{\frac{P(1-P)}{n}}$$

所以，重复抽样条件下，估计总体均值和估计总体成数所必需的样本容量分别为：

$$n = \frac{t^2\sigma_x^2}{\Delta_{\bar{x}}^2} , \quad n = \frac{t^2 P(1-P)}{\Delta_P^2}$$

式中：t ——表示概率度；

$\sigma_{\bar{x}}$ 和 σ_P ——分别表示总体平均数和总体成数的标准差；

P ——表示总体成数。

• 在不重复抽样条件下，估计总体均值和估计总体成数所必需的样本容量推导如下所示。

因不重复抽样条件下，样本平均数的和样本成数的抽样平均误差分别为：

$$\mu_{\bar{x}} = \sqrt{\frac{\sigma_x^2}{n}\left(1-\frac{n}{N}\right)} , \quad \mu_P = \sqrt{\frac{\sigma_P^2}{n}\left(1-\frac{n}{N}\right)}$$

又因不重复抽样条件下，样本平均数的和样本成数的抽样极限误差分别为：

$$\Delta_{\bar{x}} = t\mu_{\bar{x}} = t\sqrt{\frac{\sigma_x^2}{n}\left(1-\frac{n}{N}\right)} , \quad \Delta_P = t\mu_P = t\sqrt{\frac{\sigma_P^2}{n}\left(1-\frac{n}{N}\right)}$$

所以，不重复抽样条件下，估计总体均值和估计总体成数所必需的样本容量分别为：

$$n = \frac{t^2\sigma_x^2 N}{N\Delta_{\bar{x}}^2 + t^2\sigma_x^2} , \quad n = \frac{t^2 P(1-P)N}{N\Delta_P^2 + t^2 P(1-P)}$$

在实际使用以上确定样本容量 n 的公式中，公式中的 σ_x 和 P 是未知的，可以采用以下几种方法获得：用样本标准差 s 代替，这是常使用的一种方法；用过去同类问题全面调查或抽样调查的经验数据代替；在正式抽样调查之前，组织试验性抽样，用试验样本数据代替。

此外，在组织抽样调查中，若既要推断总体均值，又要推断总体成数，且二者计算的必要样本容量不一致时，应取其中较大的数值。当 N 很大时，若 $\frac{n}{N}$ 小于 5%，不重复抽样的 n 就可按重复抽样求 n 的公式计算。

b. 分层抽样样本容量的确定

分层抽样的样本容量的确定方法与简单随机抽样类似，只要把简单随机抽样的确定样本容量公式中的方差用分层抽样平均组内方差代替，就可得出相应的分层抽样样本容量的计算公式。

- 重复抽样条件下，估计总体均值和估计总体成数所必需的样本容量分别为：

$$n = \frac{t^2 \overline{\sigma_x^2}}{\Delta_{\bar{x}}^2} \ , \quad n = \frac{t^2 \overline{P(1-P)}}{\Delta_P^2}$$

式中：n——表示各类型组样本单位数之和；

$\overline{\sigma_x^2}$——表示各类型组平均数方差的加权算术平均数；

$\overline{\sigma_P^2}$——表示各类型组成数方差的加权算术平均数。

$\overline{\sigma_x^2}$ 和 $\overline{\sigma_P^2}$ 的计算公式分别为：

$$\overline{\sigma_x^2} = \frac{\Sigma \sigma_{x_i}^2 N_i}{N} \ , \quad \overline{\sigma_P^2} = \overline{P(1-P)} = \frac{\Sigma P_i(1-P_i)N_i}{N}$$

式中：N_i——各类型组的单位数；

N——总体单位数，即 $N = \Sigma N_i$；

$\sigma_{x_i}^2$——各类型组的平均数方差；

P_i——各类型组的成数。

- 不重复抽样条件下，估计总体均值和估计总体成数所必需的样本容量分别为：

$$n = \frac{t^2 \overline{\sigma_x^2} N}{N\Delta_{\bar{x}}^2 + t^2 \overline{\sigma_x^2}} \ , \quad n = \frac{t^2 \overline{P(1-P)}N}{N\Delta_P^2 + t^2 \overline{P(1-P)}}$$

由于各类型组的平均数方差 $\sigma_{x_i}^2$ 和各类型组的成数 P_i 未知，计算时可分别用各类型组的样本平均数方差 $S_{x_i}^2$ 和各类型组的样本成数 p_i 代替。

c. 系统抽样样本容量的确定

通常用简单随机抽样或分层抽样计算样本容量的方法来计算机械抽样的必要样本容量。

d. 整群抽样样本容量的确定

整群抽样样本容量的确定方法与简单随机抽样类似，只要把简单随机抽样确定样本容量公式中的方差用整群抽样的群间方差代替，就可得出相应的整群抽样确定样本容量的公式。由于整群抽样一般不采用重复抽样，所以不考虑重复抽样的整群抽样的情况。

估计总体均值和估计总体成数所必需的样本容量分别为：

$$r = \frac{t^2 \hat{\sigma_x^2} R}{R\Delta_{\bar{x}}^2 + t^2 \hat{\sigma_x^2}} \ , \quad r = \frac{t^2 \hat{\sigma_P^2} R}{R\Delta_P^2 + t^2 \hat{\sigma_P^2}}$$

式中：$\hat{\sigma_x^2}$——表示平均数的总体群间方差；

$\hat{\sigma_P^2}$——表示成数的总体群间方差。

$\hat{\sigma_x^2}$ 和 $\hat{\sigma_P^2}$ 的计算公式如下：

$$\hat{\sigma_x^2} = \frac{\Sigma(\overline{X_i} - \overline{X})}{R} \ , \quad \hat{\sigma_P^2} = \frac{\Sigma(P_i - P)}{R}$$

式中：R——表示总体的群数；

r——表示抽出的样本群数；

$\overline{X_i}$——表示总体各群的平均数；

$\overline{X}$——表示总体平均数；

P_i——表示总体各群的成数；

P——表示总体成数。

由于平均数的总体群间方差（$\hat{\sigma_{\overline{x}}^2}$）和成数的总体群间方差（$\hat{\sigma_P^2}$）都是未知的，计算时可分别用平均数的样本群间方差（$\hat{\sigma_{\overline{x}}^2}$）和成数的样本群间方差（$\hat{\sigma_P^2}$）代替。

同步参考案例

某市进行居民家庭收支调查，按照简单随机不重复抽样方式，已经 $N=100\,000$，$\sigma^2=10\,000$，抽样平均误差为 5 元，在 95.45% 的概率把握程度下，计算所需要的样本容量。

采用统计学方法确定样本容量的过程如下：

当 $F(t)=95.45\%$，即 $t=2$ 时，则 $\Delta_{\overline{x}}=t\mu_{\overline{x}}=2\times 5=10$（元）

$$n=\frac{t^2\sigma_x^2 N}{N\Delta_{\overline{x}}^2+t^2\sigma_x^2}=\frac{100000\times 2^2\times 10000}{100000\times 10^2+2^2\times 10000}=398$$

计算结果表明，需要抽取 398 户居民家庭。

当把握程度提高到 99.73%，即 $t=3$ 时，如果允许误差 $\Delta_{\overline{x}}$ 不变，仍为 10，这就意味着抽样平均误差缩小为 3.3 元，在此情况下，样本容量为：

$$n=\frac{t^2\sigma_x^2 N}{N\Delta_{\overline{x}}^2+t^2\sigma_x^2}=\frac{100000\times 3^2\times 10000}{100000\times 10^2+3^2\times 10000}=892$$

即需要抽取 892 户居民家庭。

可见，在允许误差和其他条件不变的情况下，把握程度由 95.45%（相应的概率度 $t=2$）提高到 99.73%（相应的概率度 $t=3$）时，需要增加的样本容量为原来的 1.24 倍。

② 经验方法

由于使用非概率抽样方法时，无法用统计学方法确定样本容量，因此通常考虑的是定性因素。最简单的方法是根据调研的类型和经验确定大致的样本容量，再根据决策的重要性、调研的类型、单位成本、发生率和完成率等因素进行适当的调整。表 3-13 列出了不同的市场调研中所使用的样本容量的大致范围，可作为参考。

表 3-13　　　　　　　　　　　市场调查中的经验样本容量

调查类型	最小量	典型的范围
专家访谈	3	5～20
深度访谈	10	10～30
专题组座谈	2 组	6～12
产品测试	30	50～500
广告测试	30	50～500

续表

调查类型	最小量	典型的范围
试销市场	5 家商店	10～20 家商店
	2 个城市	5～10 个城市
消费者行为调查	100	200～2 000
市场细分	200	500～10 000

5．设计抽样过程

根据设计的抽样框架、样本容量和选择的抽样方法，详细描述具体的抽样过程。

同步参考案例

《抽取家庭户》的抽样过程

在抽到的 8 个居委会、4 个村委会中，各抽取 25 户作为调研对象。另外，根据经验，对调研对象的访问，有可能经过 3 次或多次造访仍然不能遇到，这样的比例在 15% 左右。因此，我们决定从每个居委会、村委会中多抽取 3～5 个家庭户作为备用样本。

在 8 个居委会、4 个村委会中，分别以花名册上的户主姓名为抽样框架，以等距抽样的方法抽选户主，即得到我们要访问的家庭户。

实际调查过程中，我们抽选家庭户 340 户。

3.4.3　抽样方案的总体评价

一个好的抽样方案一般都应满足以下两个要求。

（1）选择的抽样方式和方法能否保证取得的样本对目标总体有较大的代表性。这是评价抽样方案优劣最基本的一条。

（2）在调查经费预定的条件下，确定的样本容量能否使抽样误差最小。

3.4.4　习题与实训

一、单选题

1．（　　）是指样本的选定完全根据调查人员最方便的途径来决定。

　　A．判断抽样　　　　B．随机抽样　　　　C．配额抽样　　　　D．便利抽样

2．下面（　　）方法省去了一个个抽样的麻烦，使用于大规模调查，还能使样本均匀地分布在调查的总体中，不会集中于某些层次，增加了样本的代表性。

　　A．分层抽样　　　　B．等距抽样　　　　C．配额抽样　　　　D．分群抽样

3．下列属于简单随机抽样法的是（　　）。

　　A．抽签法　　　　B．便利抽样法　　　　C．判断抽样法　　　　D．分群抽样法

4．（　　）是指调查总体的每个单位都有同等被抽中或不被抽中的概率，即样本抽取完全是客观的，而不能主观地、有意识地选择样本。

　　A．随机原则　　　　B．客观原则　　　　C．时效性原则　　　　D．全面性原则

5. （　　）也被称为判断抽样。

  A. 便利抽样   B. 非随机抽样   C. 抽样估计   D. 主观抽样

6. 下列方法中，属于非随机抽样的有（　　）。

  A. 等距抽样   B. 分层抽样   C. 分群抽样   D. 配额抽样

7. 抽样框是（　　）。

  A. 总体的名单 B. 样本的名单 C. 抽样单位的名单 D. 分析单位的名单

8. 在抽样框中每隔一定距离抽选一个受访者，这种抽样方法称为（　　）。

  A. 简单随机抽样 B. 分群抽样   C. 等距抽样   D. 分层抽样

9. 为检验某仓库的苹果质量是否能达到标准，可以对被选作样本单位的每箱苹果进行调查，这种抽样方法称为（　　）。

  A. 简单随机抽样 B. 分群抽样   C. 等距抽样   D. 分层抽样

10. （　　）是将总体各单位编上序号并将号码写在外形相同的纸片上掺和均匀后，再从中随机抽取，被抽中的号码所代表的单位，就是随机样本，直到抽够预先规定的样本数目为止。

  A. 抽签法   B. 直接抽取法   C. 图表法   D. 随机数表法

二、多选题

1. 抽样调查具有（　　）。

  A. 高效性   B. 科学性

  C. 经济性   D. 可靠性

  E. 准确性

2. 使用抽样调查的情况是（　　）。

  A. 不可能进行全面调查时   B. 不必要进行全面调查时

  C. 对全面调查的资料进行检查时 D. 对某些总体的假设进行检验时

  E. 调研资金有限且需要收集的信息复杂时

3. 在定义目标总体时，下列可能考虑的因素有（　　）。

  A. 顾客活动的范围   B. 顾客的年龄、收入、职业

  C. 是否使用以及使用频率   D. 是否了解及了解程度等

  E. 被排除的对象

4. 以下符合抽样单位特点的是（　　）。

  A. 抽样单位就是总体单位

  B. 抽样单位就是样本单位

  C. 抽样单位是总体划分成的互不重叠的部分

  D. 抽样单位是基于抽样方便人为设置的

  E. 抽样单位与总体单位、样本单位在形式上是一致的

5. 抽样框架（　　）。

  A. 是抽样单位的总体   B. 是抽样设计人员用来抽取样本的工具

  C. 可能是总体中的基本单位的名单 D. 可能是总体中基本单位的集合的名单

  E. 数目与抽样层次相对应

6. 分群抽样的优点是（　　　）。

    A. 节省费用
    B. 方便实施

    C. 比分层抽样效果好
    D. 较高的精度

    E. 比简单随机抽样效果好

7. 分层抽样的特点是（　　　）。

    A. 层内差异小，层间差异大
    B. 层内差异大，层间差异小

    C. 层内差异大，层间差异大
    D. 层间差异大

    E. 以上都不对

8. 非概率抽样按照具体的抽样方法进行分类，可以划分为（　　　）。

    A. 配额抽样
    B. 便利抽样

    C. 判断抽样
    D. 分层抽样

    E. 滚雪球抽样

9. 概率抽样调查包括（　　　）。

    A. 简单随机抽样
    B. 分层抽样

    C. 分群抽样
    D. 等距抽样

    E. 便利抽样

10. 设计抽样方案时下列需要考虑的内容是（　　　）。

    A. 调研目的
    B. 抽样方法

    C. 调查经费
    D. 界定总体

    E. 抽样框架

11. 抽样具有科学性的理由是（　　　）。

    A. 从总体中抽取样本单位时遵从随机原则

    B. 部分来自于总体，必带有反映全体的信息

    C. 样本数据对总体参数的充分代表性

    D. 构成目标总体的一些个体之间在性质上必定相似或相近

    E. 以上都不正确

12. 关于非概率抽样正确的说法有（　　　）。

    A. 抽样是按调研者的主观经验或其他条件来抽取样本

    B. 概率抽样的结果一般优于非概率抽样

    C. 非概率抽样无法确定抽样的误差大小，也无法从概率意义上确保推断的准确性

    D. 非概率抽样因优于概率抽样而广泛应用

    E. 以上都不正确

三、判断题

1. 抽样调查的特点是费用较高，资料的准确性较高。　　　　　　　　　　（　　　）

2. 抽样调查是对调研对象中的每一个个体逐一进行调查。　　　　　　　　（　　　）

3. 一般来说简单随机抽样比分层或分群随机抽样调查准确度更高。　　　　（　　　）

4. 分层抽样的误差是所有的抽样方法中最小的。　　　　　　　　　　　　（　　　）

5. 抽样调查是以样本指标数值来推算总体指标数值的一种调查。 （　　）

6. 对于那些有必要进行普查的调查项目，运用抽样调查一样可以达到调查目的。 （　　）

7. 样本数量在一定情况下与抽样误差成正比关系。 （　　）

8. 概率抽样是对总体中每一个个体给予平等的被抽取的机会。 （　　）

9. 分层抽样应尽量缩小层内差异，增大层之间的差异。 （　　）

10. 分层抽样和配额抽样最主要的区别在于前者按主观性抽取，后者按随机原则抽取。

（　　）

四、综合应用题

1. 欲调查某市大学生的身高，抽样框架是否为总体单位的名单？为什么？

2. 请仔细阅读案例，然后回答问题。

谁会是下一任总统

在社会科学研究中，美国大选前的民意测验对抽样方法的发展起到了重要作用。《文摘》杂志于 1936 年进行的总统选举结果预测就是一个经典的例子。该杂志在 1920 年首次向美国 6 个州的选民邮寄明信片，询问他们会投哪位总统候选人的票，准确地预测了哈丁将在大选中获胜。在此之后的 1924 年、1928 年和 1932 年大选中，该杂志扩大了样本的规模，并准确预测了大选的结果。为了预测 1936 年美国总统选举结果，《文摘》开展了一项更为庞大的民意测验，寄出了 1000 万份问卷。该调查结果预测共和党候选人兰登（Landon）将以 57% 对 43% 击败民主党候选人罗斯福，但实际结果是兰登以 38% 对 62% 败北。这项耗资巨大的调查使该杂志因资金困难和名誉扫地而破产。

如此严重的预测误差，主要是由于抽样框架的选择不当和无回答误差所致。由于这项调查的样本是根据文摘杂志订阅者名单、电话号码簿（电话用户名单）、汽车用户名单和各种俱乐部会员名单抽取的，因此支持共和党候选人的有钱人在样本中的比例偏高；此外，由于无回答率过高，尤其是罗斯福的支持者因感到胜券在握而对此调查缺乏热情而普遍拒答，导致有利于兰登当选的虚假结果。

资料来源：阿尔文·C. 伯恩斯，罗纳德·F. 布什. 营销调查（第 6 版）. 北京：中国人民大学出版社，2011。

问题：

1.《文摘》杂志 1936 年对美国总统选举结果预测失误的主要原因是什么？

2. 该杂志在设计抽样方案时，抽样框架是怎么编制的？其中存在什么问题？

五、操作题

1. 宁波市统计局拟调查宁波市零售商业企业的经营情况，如商品结构、价格水平、费用、销售量、利润等的变化，决定采用抽样调查的方法，为了利用样本的资料科学地推断全市零售商业企业的经营情况，必须进行科学抽样，请编制抽样框架。

2. 某市要调查居民家庭汽车拥有率情况，请帮助该市选择一种合适的抽样组织形式。

3. 根据 3.2.4 操作题中确定的市场调研方案，根据 3.3.9 操作题中设计的市场调研问卷，设计一份比较规范的抽样方案。

任务解析

选择调研设计的优点在于通过了解为解决顾客问题所设计的调研方案，可以使优秀的调研人员事先确定调研可能需要的某些步骤。好的调研设计是完美调查的第一步。本任务试图通过肯德基的神秘顾客制度来说明"选择最适合的市场调研设计"的重要性。

肯德基于 1987 年进入中国，是百胜集团（百胜餐饮集团中国事业部隶属于全球餐厅网络最大的百胜全球餐饮集团，其旗下拥有肯德基、必胜客、必胜宅急送和东方既白等品牌）旗下的连锁餐饮公司。肯德基的成功与它的标准化的服务、可靠的培训体系、本土化的发展战略、优良的企业文化、科学的选址和准确的产品定位等有着密切的关系。但是最核心的是它的标准化管理，包括品牌的标准化、服务的标准化、质量控制的标准化、运营管理的标准化、员工培训的标准化等。肯德基的标准体系能够被有效地执行，在于一个非常完善的考核监督机制——360 度考评，包括上级的考核、训练专员的考核、专项的考核、公司总部抽考、顾客的考核，甚至还有员工的意见和自查，一是为了全覆盖，另外是为了全面深入地了解真实的情况。在这些评价机制中，起到定海神针作用的是顾客考核中的神秘顾客制度——Champs 冠军计划（美观整洁的餐厅、快速迅捷的服务、高质稳定的产品、维护优良的设备、准确无误的供应、真诚友善的接待）。Champs 制定标准时，充分地分析了每个岗位的工作说明书，制定具体而又合理的评分标准。

全中国的肯德基餐厅每个月都有那么一两次神秘顾客会来光顾。他会以普通顾客的角度来仔细观察餐厅环境是否清洁、食品质量是否达标、服务是否标准、设备是否正常，之所以为神秘顾客，因为餐厅不知道他是谁、什么时候来、什么时候走，来过之后 24 小时内，餐厅会收到"Champs 检测"报告，报告会同时发到总公司、分公司、区域经理、区经理。

"神秘顾客"的作用主要体现在以下几个方面。

① "神秘顾客"的暗访监督，在与奖罚制度结合以后，带给服务人员无形的压力，引发他们主动地去提高自身的业务素质、服务技能和服务态度，促使其为顾客提供优质的服务，而且持续的时间较长。

② "神秘顾客"可以从顾客的角度，及时发现、改正商品和服务中的不足之处，准确地反映营运过程中存在的机会点，提高顾客满意度，留住老顾客，发展新顾客。

③ "神秘顾客"在与服务人员的接触过程中，可以听到员工对企业和管理者"不满的声音"，帮助管理者查找管理中的不足，改善员工的工作环境和条件，拉近员工与企业和管理者之间的距离，增强企业的凝聚力。

④ 通过"神秘顾客"发现的问题，系统地分析深层次的原因，能够改进管理方法，完善管理制度，从而增强企业竞争力。

从肯德基的神秘顾客制度我们还可以看出以下几点。

① 案例第一行中的"大规模的调查"指的是问卷调查。肯德基使用了"神秘顾客观察"与"个人深度访谈"相结合的方法，而不是"大规模的问卷调查"法，这是因为调查的目的是为了了解顾客对就餐环境、服务员的接待态度、收银员的供餐准确度以及提供的产品质量等方面的满意度，观察法取得资料比较真实可靠、准确性高；个人深度访谈则能够了解顾客和服务人员对餐厅深层次的看法和意见。

② 本案例中肯德基北京总部公司选择了 3 种调研设计中的描述性调研设计。

相关知识图示

任务三的相关知识图示如图 3-6 所示。

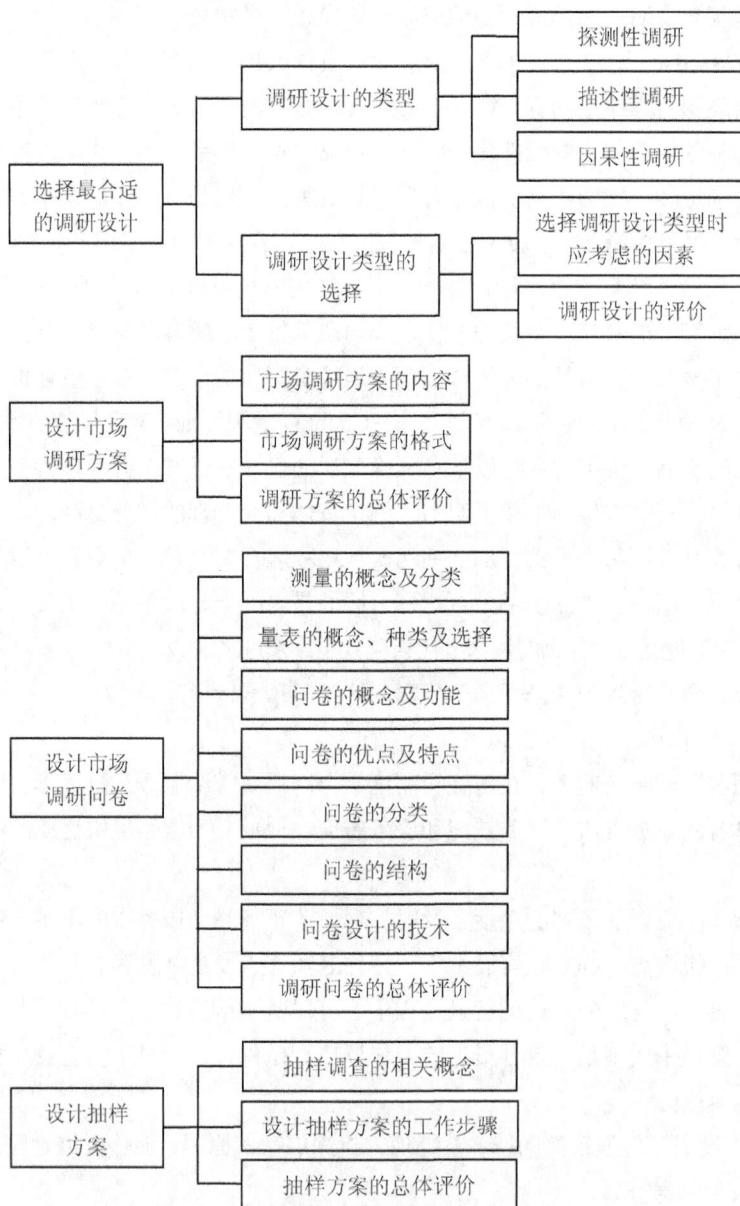

图 3-6　任务三相关知识图示

任务四
组织和实施实地调查

学习目标

● 知识目标

1. 了解访问调查法、观察法、实验法的优缺点、应用范围和注意事项。

2. 掌握入户访问、拦截访问、电话访问、邮寄访问、网上访问的操作技巧，以及观察法的准备、观察和记录技巧，实验方法的选择、实验设计技巧。

● 能力目标

能采用所选择的市场调研方法，通过实地调研顺利完成收集资料的任务。

任务引入

《百货商店项目》的现场工作

在百货商店项目中，马尔霍特拉教授所教的营销调研课程的本科生和研究生进行入户个人访谈。对现场工作人员进行的培训包括：①充当调研对象并填写问卷；②对其他一些未参与此项目的学生（虚拟调研对象）进行调查并填写问卷。同时还制定了详细的访谈指南并发放给每位调查员，由监督现场工作的研究生每天对调查员进行督导，通过电话确认调查员对所有的调研对象确实进行了访问，并对调研对象的参与表示感谢，这是一种百分之百的核实。马尔霍特拉教授对所有的现场工作人员、调查员和督导员进行了评估。

资料来源：纳雷希·K. 马尔霍特拉. 市场营销调研：应用导向（第4版）. 北京：电子工业出版社，2006。

请思考：

1. 参与百货商店项目实地调查的工作人员的组成。

2. 百货商店项目实地调查的工作内容。

知识讲解

4.1 调查团队的组建

在完成了确定调研问题、设计市场调研等设计阶段的工作之后，就可以组织和实施实地调查收集所需的数据了。组织和实施实地调查是市场调研工作过程中的一个重要环节，市场调研工作组织与管理的质量对数据收集的速度、质量和成本有着重要的影响。

实地调查的工作流程，包括制订实地调查计划、前期准备、人员培训、调查执行、复核和总结评估。

4.1.1　调查团队的组成及其职责

一个调查团队应该由各方面的专业人员组成。具体应该包括项目主管、实施主管、调查督导和调查员。

1. 项目主管

项目主管负责整个项目的管理，包括协调各部门的关系，起草初步的计划，制定预算并监督资源的使用情况。项目主管需要与高级管理层和客户保持密切联系，并向其报告调查的进度。他应该保证严守行业法规或法定的职责，遵守行业政策、标准、指导方针和条例。

2. 实施主管

实施主管负责项目的具体实施。在规模不大的市场调研机构中，或对于不大的调研项目，项目主管也可能是实施主管。实施主管的责任主要包括：了解调研项目的目的和具体的实施要求，根据调研设计的有关内容和要求挑选调查员，负责督导团队的管理和调查员的专业培训，负责调查实施中的质量控制。实施主管既要掌握市场调研的基本理论和方法，又要有比较强的组织和运作能力，还要有丰富的现场操作经验。

3. 调查督导

调查督导是数据采集过程中的监督人员，负责对调查人员工作过程的检查和对调查结果的审核。督导又可以分为调查现场督导和调查技术督导。现场督导负责对调查员日常工作的管理，包括现场监督、回收问卷，以及对问卷进行复核和其他服务工作。技术督导负责调查员访问技巧的指导，回答现场调查中有关技术问题的咨询，协助实施主管挑选调查员并进行专业培训等。在很多情况下，现场督导和技术督导是融为一体的。有些时候由实施主管充当技术督导的角色。

4. 调查员

调查员是调研项目的直接执行者，是调研项目实施中一个必不可少的重要因素。调查员是指市场定量调查研究过程中组织起来的一定数量的承担现场调查工作的人员。与自填式问卷调查相比，由调查员亲自参与的访问问卷调查的回收率、填答完整率和可信度都较高。因为，只要调查员认真负责，就不会出现漏答问题的现象。同时，由于调查员在完成访问时可以采取适当的方法，帮助某些有困难的被访者回答，从而能够得到真实全面的信息，问卷的可信度相对也高些。

4.1.2　调查员的挑选及其培训

1. 调查员应具备的基本素质

（1）要有良好的文字理解能力和交流沟通能力。调查员需要借助调查问卷获取被调查者的信息，因此，调查员需要理解问卷中的提问，以便正确引导被调查者填写问卷。同时，调查者需要善于与人沟通，能够让陌生人在很短的时间里与自己缩短距离，产生信任，很好地获取调查信息。

（2）要有良好的职业道德水平。市场调研是一项重要而又艰巨的工作，调查人员要接触社会经济的各个方面，工作量大，又繁杂琐碎，并且独立工作的可能性较大，这就要求调查人员有强烈的事业心和责任感。一定要忠于自己的工作，拒绝各种造假，同时也必须忠于客观事实，绝不主观猜测。

（3）要有优秀品质及谦逊和善的态度。在进行市场调研的过程中，调查员可能要面对各种挫折，经受各种拒绝、猜测、冷嘲热讽，只有拥有良好的信心和耐心，才能坚持下去。调查员在市场调研中的自我定位很重要。调查员在调查实施之前应该明白，这项工作是代商家向消费者求教的，今天的被调查者明天就有可能成为消费者，因此必须采取谦逊和善的态度。

2. 调查员的培训

调查员的培训是整个市场调研中不可缺少也是十分重要的环节。培训内容主要包括以下几项。

（1）基础培训。

基础培训主要是针对新聘用的调查员来进行的，主要包括以下内容。

① 职业道德培训。主要包括：调查员要用合法的手段，以严谨的态度去采集市场信息，要坚决杜绝弄虚作假和舞弊行为，以健康和积极的心态面对调查工作，同时要为被调查者和客户保密。

② 行为规范。主要是指按调研项目的要求规范其行为。例如，严格按照项目要求确定被调查者，在需要使用随机表确定被调查者时，不要轻易受周围环境（如被调查者的推脱）的影响；严格按照规范要求进行操作，包括提问、记录答案、使用卡片等；调查中保持中立的态度，不能加入自己的观点和意见来影响被调查者。

③ 调研技巧的培训。在培训中，不仅要告诉调查员怎么做，同时要向其解释必须这样做的原因，以及如果不这样做可能带来的后果。

（2）项目培训。

项目培训是针对所有的调查员进行的，其目的在于让调查员了解项目的有关要求和标准做法，使所有调查员都能以统一的口径和标准的做法进行调查，同时进一步明确调查纪律和操作规范。项目培训主要包括以下内容。

① 行业背景介绍。市场调研项目会涉及不同的行业，例如日用品、汽车、医药等，适当地介绍一些行业背景和与调研内容有关的专业知识，有助于调查员正确理解调研问题的含义，更好地与被调查者沟通。这对于普通人不太熟悉的行业与产品，如生物制药、高科技产品、汽车等行业尤为重要。

② 问卷内容及抽样方法的讲解。向调查员解释问卷中每一个问题的含义，以及问题之间的逻辑关系，使所有调查员按照统一和正确的理解进行调查。问卷内容讲解部分非常重要，是项目培训的关键所在。可以从以下几个方面入手。

a. 问卷整体结构。概括每部分的内容，使调查员对问卷有一个大致的了解。

b. 题目的讲解。重点讲解那些容易引起不同理解的问题，澄清可能存在的歧义，统一某些关键特例的处理办法。

c. 逻辑关系。对前后相关联的问题，讲清其逻辑关系，并介绍现场逻辑检验方法。

d. 及时总结。问卷的每个部分结束后，明确本部分的逻辑关系和操作难点，并解答疑问；整份问卷完成后，对问卷的要点、难点、歧义点进行总结和归纳。

向调查员介绍抽样方法。作为直接操作层的调查员，一定要对样本和总体之间的关系有清楚的认识，保证调查的随机性。如果有抽样的原则和样本具体清单，在调查时一定要忠实于抽样，不能随便改变样本。

③ 其他要求。例如，被调查者的条件（筛选合格的被调查者）；问卷执行方法和回访要求；需要完成的样本量和时间进度的要求；介绍所需要的调查工具，如胸卡、照片、调查介绍信、访问工具等；调查员应当遵守的有关纪律，如不得在调查期间进行产品的宣传推销活动、替委托方保密、尊重调研对象隐私等。

4.2 实地调查的操作技巧

4.2.1 访问调查

1. 入户访问调查

入户访问调查就是调查员按照抽样方案中的要求，在抽中的家庭或单位，按事先规定的方法选取适当的访问者，再依据问卷或调查提纲进行面对面直接的访问。

（1）入户访问调查的优缺点。

① 优点。

a. 可获取较多的信息和较高质量的数据：入户访问是调查者与被调查者之间面对面的交流过程，调查的时间较长，可以采用比较复杂的问卷，调查比较深入的问题。调查者可以采取一些方法来激发被调查者的兴趣，比如，可以使用图片、表格、产品的样本等来增加感性认识，还可以通过追问的技巧提高开放式问题的回答质量。通过调查人员充分解释问题，可使问题不回答的情况和回答误差减少到最低程度。

b. 比较灵活：调查者依据调查问卷或提纲，可以灵活掌握提问的次序并及时调整、补充内容，弥补事先考虑的不周。

c. 具有可观察性：调查人员可直接观察被调查者的态度，判别资料的真实可信度。

② 缺点。

a. 成本高，时间长：在访问式调查法中，入户调查的费用是最高的。此外，与电话调查相比，入户访问的速度比较慢，一个调查员在周末的一天也许最多只能完成 6 个成功的入户访问，而在平常的工作日，可能一天只能访问 1～2 个，大量的时间都会花费在路途和寻找访谈对象上。

b. 受调查者的影响较大：调查者的素质（比如调查者的业务水平、与人交往的能力、语言表达能力、语气、工作责任感等）都会影响问卷的质量。

（2）入户访问调查的操作技巧。

① 接触前的准备。

调查员在取得了被调查者的名单后，可以按照培训部门提供的乘车路线前往该地。调查员应该根据被调查者的作息时间确定调查进行的时间，要为被调查者的便利着想，才能得到他们良好的合作。

② 正确的接触方式。

a. 好的开场白至关重要。

开场白对调查员来说是至关重要的，调查员应该有礼貌地将自己的介绍信及证件展示给被调查者，并讲明自己的身份与来意。例如，在入户调查中，可以邀请能消除被调查者疑虑的人员一同入户访问，如社区工作人员等，还可以持介绍信或证明取得居委会的支持和帮助，由居委会出面帮助联系，这样可以提高访问率。

好的开场白的标准是：简明扼要、意图明确、重点突出、亲和力强。开场白的内容主要是解释你是做什么的（即说明调查者的身份）、你想干什么（来访目的）、为什么要进行这次访问（即调查的性质和大致内容），并解释怎么会抽选到该调查对象、说明不会占用对方太多时间、对数据安全及保密性的承诺，以及表示希望得到对方的支持等。

例如，"您好，我是××大学的学生，利用假期勤工俭学，我们正在为××公司做一项有关洗衣粉（洗发水）的市场调查，而您被抽选为代表之一，我能占用您一点时间吗？希望得到您的配合。"访问人员应当避免使用诸如"我可以进来吗""我可以问您几个问题吗"这类请求允许访问的问题，因为在这些情况下，人们更易拒绝参与或不情愿地接受访问。

b. 恰当的仪表、得体的语言能够带给被访者以亲切感。

调查员通常都是作为"陌生人"出现在被调查者面前的，因此，同被调查者见面时的"第一印象"十分重要，它关系到调查能否顺利进行。被调查者往往根据访问员的服饰、发型、性格、年龄、声调、口音等来决定是否采取合作态度。因此，访问员必须仪容端正、用语得体、口齿伶俐、态度谦和礼貌，给人以亲切感，使被调查者放心地接受访问。

例如，如果访问备有礼品，在访问开始时，访问人员可以委婉地暗示："我们将耽误您一点时间，届时备有小礼品或纪念品以示谢意，希望得到您的配合"。但切不可过分提及礼品，以免使调查对象感觉难堪，有"贪小便宜"之嫌，反而拒绝接受访问。

又如，如果被拒绝，调查员应采用"谢谢，打扰了"这一类礼貌用语，切不可拂袖而去，否则容易对委托企业的公众形象产生不好的影响。

c. 接近被访问者大体上有如下几种可供选择的方式。

第一，自然接近，即在某种共同活动过程中接近对方。这种接近方式，是访问者有心，被访问者无意，它有利于消除对方的紧张、戒备心理，有利于在对方不知不觉中了解到许多情况。但是，在公开说明来意之前，很难进行深入系统的访谈。

第二，求同接近，即在寻求与被访问者的共同语言中接近对方。

第三，友好接近，即从关怀、帮助被访问者入手来联络感想、建立信任。

第四，正面接近，即开门见山，先进行自我介绍，说明调查的目的、意义和内容，然后做正式访谈。这种方式，有些简单、生硬，但可节省时间、提高效率。在被访问者没有什么顾虑的情况下，一般可采用这种方式。

第五，隐藏接近，即以某种伪装的身份、目的接近对方，并在对方没有觉察的情况下进行访谈。这种接近方式，一般只在特殊情况下、对特殊对象才采用。滥用隐藏接近方式，难免有有违社会公德之嫌，甚至有可能引起严重的社会、法律问题。

③ 轻松地应对拒访。

受访者拒绝访问是市场调研中常见的现象，也是市场调研要努力解决的问题之一。拒访的情况一般有两种：一种是中途拒访，另一种是开始时拒访。在多数情况下，受访者如果要拒绝访问员的访问，通常会找出各种各样的借口，所以在访问过程中，为了减少被拒绝的可能性，访问员要多想想受访者可能提出的拒访借口及回应对策，下面举几个实例供参考。

太忙——完成调查只需几分钟，或××时候再来访问可以吗？

身体不舒服——对不起，打搅了，××时候再来访问可以吗？

年龄大——我们正需要听听您的意见。

不好答、不会答——问题一点也不难，答案无所谓对或错，很多人都做过，而且都做得很好。

不感兴趣——我们是抽样调查，每一个被抽到的人的意见都很重要，否则结果就会产生偏差，请您协助一下。

不便说——能理解，这也是为什么调查都是保密的原因。我们不要求您填上姓名，调查结果也不是一个人的意见。

我不太了解情况，访问别人更合适——没关系，您把您知道的说出来就可以了。

您的问题太多——对不起，问题看起来是多一点，但都很简单。

不懂得填写——没关系，很简单，我给您讲一讲，您就会了。

不识字、不会做——没关系，我们不要您填写，只要您回答问题就行了。

④ 规范地询问。

用问卷中的用语来询问；清楚、缓慢地读出每个问题；有次序地、详细地询问每一个问题；重复被调查者误解的问题。

对于被调查者一时无法回答或不愿意回答的问题，可以采用帮助回忆、旁敲侧击等方法。如对小企业相关经济指标的调查，可以先询问被调查者平均一天的生产或经营收入以及费用和支出情况，报告期内开工或营业天数，然后再根据每天的生产或经营状况，帮助被调查者估算出每月的相关经济指标总值。

⑤ 把握谈话的方向。

调查员一定要把握好谈话的主动权，能够有效地使被调查者围绕问卷上的问题发表意见。如果遇到被调查者长篇大论与问卷无关的情况，调查员要巧妙利用被调查者谈话过程中的小问题，及时插话进来，首先肯定他的诉说，以证明你的确在倾听他的诉说，然后再用婉转但坚定的口气终止被调查者的讲话。

例如，可以婉转地说："对于你刚才所说的问题，我们待会儿再讨论，现在我们先来谈谈……"从而把被调查者的思路调整到按顺序询问的问题上来。

此外，调查者还要注意对访问时间的控制，可通过调节自己的讲话节奏，调动被访者的情绪，使被访者自始至终以感兴趣的态度配合访问，从而控制访问时间；要避免前松后紧，拖长访问时间，使被访问者因感到厌倦而应付了事。

⑥ 建立融洽的谈话气氛。

调查员与被调查者之间肯定会存在文化或社会背景上的差异，这种差异有时会导致调查气氛的紧张，从而影响到调查的结果。面对文化水平不高的被调查者，调查员应该尽量避免使用书面语，而是将问题用一种最通俗易懂的语言表达出来，力争做到亲切、平易近人；面对一些有技术优越性、态度傲慢的被调查者，调查员要调整好心态，做到不卑不亢；对于被调查者不太礼貌的言语，要用强硬而又礼貌的话语回答，但绝不能因此而恼怒，与被调查者发生冲突。

⑦　适当追问。

对于开放性问题一般要求调查员做充分"追问"和"澄清"来取得问题的答案，并遵循记录开放式问题回答的规则。即在访问期间记录回答；使用应答者的语言；不要摘录或释义应答者的回答；记录与问题目标有关的一切事物，包括所有追问。

a.　追问的技巧。

"追问"是被调查者的回答不能满足调查要求，或回答不全面时，从被调查者的回答入手，再要求被调查者有更具体的表述。追问时，不能引导，也不要用新的词汇追问，要使被调查者的回答尽可能具体。熟练的调查员应能帮助被调查者充分表达自己的意见。追问技巧使用恰当的话，不仅能收集到更加充分的信息，而且会使调查更加有趣。

例如，"您为什么喜欢这个品牌的内衣呢？"

"质地好。"

"还有什么原因？"

"穿着舒适、暖和。"

"还有没有其他原因呢？"

"没有了。"

b.　澄清的技巧。

"澄清"是调查者在被调查者回答问题时含糊其辞、模棱两可，或不明白问题的意思时而采用的一种技巧。其具体方法包括：

第一，重复问题。当被调查者完全沉默时，也许是没有理解问题，也许是还没有决定怎样来回答，重复问题有助于其理解问题，并鼓励其应答。

第二，观望性停顿。调查者认为被调查者有更多的内容要说时，可采取"沉默性追问"，伴随着观望性注视，也许会鼓励被调查者集中精神给出完整的回答。

第三，重复被调查者的回答。在记录被调查者的答案时，调查者也许会逐字重复被调查者的回答，这可能会刺激被调查者扩展其回答。

第四，问一个中性问题，如"为什么您这样认为呢""您的意思是……"

⑧　善于排除访问过程中的外界干扰。

理想的访问应该在没有第三者的环境下进行，但调查员总会受到各种干扰，所以要求调查员有控制环境的技巧。访问时，如果有其他人插话，应该有礼貌地说："你的观点很对，我希望待会请教你，但此时，我只对被调查者的观点感兴趣。"调查员应尽量使调查在脱离其他成员的情况下进行。如果访谈时由于其他成员的插话，调查员得不到被调查者自己的回答，则应该终止访问。

⑨　调查礼品的派发要选择恰当的时机。

在市场调查中，组织者都会为每位被调查者准备一份精美的小礼品，以表示对被调查者积极配合调查的感谢。对于一些起初不情愿接受调查的被调查者，在调查开始阶段发放小礼品是很好的；对于一份内容很多，又比较复杂的问卷来说，最佳的派发时机是在访问过程之中，当调查员发现被调查者有明显的疲劳感，又不大耐烦时，可以中断访问，适时送出礼品，被调查者虽然很累，也会配合下面的调查；在正常情况下，礼品的派发是在调查结束后，所有的问题都已问完，调查员在通览问卷，决定可以结束访问时，便可以拿出小礼品表示对被调查者的感谢。

⑩ 做好访谈的结束环节。

结束访问前，调查人员要仔细检查，需要检查的内容有：已完成的问卷是否完整；问题的答案处有无空白，确保正确圈出答案；问题的答案是否有前后不一致的地方；是否有需要被调查者澄清的答案；事先准备的礼物是否送出。在准备结束调查时，给被调查者一个最后提问的机会，以示对他的尊重。在结束调查时，要再次向被调查者致谢。如果有的调查问卷在设计时许诺向被调查者回馈某种总结性资料，可以在此时再次征询意见，问对方是否需要反馈资料，并且可以应被调查者的要求，留下调查机构的单位名称和联系人地址、电话号码等。

同步分析案例

在你入户访问时，如果被调查者提出"你为什么选择调查我们家？你上别家去吧"，请你提供两套回答方案。

分析提示：

方案一：本次调查采用的是整群抽样，我们要调查这个小区的所有住户，调查只需要占用您 10 分钟时间，谢谢您的配合。

方案二：我们事先与居委会作了沟通，你们家的情况比较有代表性，来你们家调查也是由居委会推荐的，如果您今天不方便的话，您看我哪天再来比较合适？

2. 拦截访问调查

拦截访问，指的是在固定场所拦截访问对象，对符合条件者进行面对面的访问。根据拦截地点的不同，拦截访问可分为街头拦截访问和定点街访。街头拦截访问又称为不定点访问，它是在街区选择恰当地点（一般为商业街、娱乐场所、生活小区等），由访问员对其拦截的合格受访者进行访问。定点街访，则是指在特定区域（可能是商业区、街道、公园、报摊等）选择一个相对固定的拦截点和一个固定的访问点（由调查公司租用），访问员在拦截点拦截、接触被访者，经过初步甄别后，把符合访问条件的被访者引导到固定的访问点完成访问。拦截访问具有访问效率较高、费时较短、费用较低、控制较容易、回访较难、数据的代表性不强等特征。

（1）拦截访问调查的优缺点。

① 优点。

a. 节省费用：由于被调查者自己出现在调查员的面前，既节省了时间及车旅费用，也可使调查员将大部分时间用于访谈。

b. 避免入户困难：在公共场所，被调查者没有怕漏底的心理，相对来说比较容易接受访问。

c. 便于对调查员的监控：由于拦截访问调查通常是在选好的地点进行，所以方便指派督导员在现场进行监督，以保证调查的质量。

② 缺点。

a. 不适合内容较长、较复杂或不能公开的问题的调查。

b. 调查的精确度可能很低。由于调查的样本是按非概率抽样的方法抽取，调研对象在调查地点的出现带有偶然性，可能会影响调查的精确度。此外，在某一地点调查，很难得到代表性强的样本。

c. 拒访率较高。因为调研对象有充分的理由来拒绝接受调查。

（2）拦截访问调查的操作技巧

① 慎重选择拦截访问的地点。

根据拦截访问项目的需要，访问员应选择目标调研对象活动比较集中的地点拦截行人，以方便进行甄别、访问。由于其访问性质和要求的特殊性，地点的选择成为拦截访问能否成功进行的关键因素。地点选择必须满足以下几个因素：人流量大；有相对安静的环境，可以避开人群；人流中有可以停留的地方；访问区域相对固定，以方便现场监控。

鉴于以上几点因素的要求，大型商场或超市的门口成为拦截访问经常选择的地点。

② 准确寻找调研对象。

环顾四周，找出可能会接受调查的目标对象。访问员应找那些一个人在一边休息或似乎在等人的潜在目标对象，径直走上前去询问他们。如果被拒绝，也要很有礼貌地说："对不起，打扰您了"。

当第一位访问员被对方拒绝后，第二位访问员可以考虑 5 分钟以后再上前进行询问。如果对方依然拒绝，就不能再进行第三次询问了。

对于行走人群，观察对方是否是单人行走、步履的缓急、手中是否提有过多的物品，以及神色是否松弛等。

③ 上前询问，注意姿态。

根据判断，路人可以作为调查对象时，访问员就应积极地上前询问。

上前询问的短短几步也是有讲究的，走向调查对象时，应该缓步侧面迎上。

在整个行走过程中，访问员的目光应对准被调查者。当决定开口询问时，应在距被调查者右前方或左前方一步处停下。

④ 开口询问，积极应对。

访问员开口的第一句话很重要，要有准确的称呼、致歉词和目的说明，可以说："对不起，先生，能打搅您几分钟做一个调查吗？"对于类似询问，被调查者会有许多种反应如下所示。

第一种，是不理睬你，这说明他对拦截调查极度厌烦，向他致歉就可以结束了。

第二种，是有礼貌的拒绝，这时应当针对对方的借口进行回应。

第三种，是对方流露出一些兴趣，这时要把握住机会，向他解释调查的内容，及时地递上笔。

第四种，较为少见，即对方一口答应接受调查。

⑤ 随步询问，灵活处理。

在应对行走人群时，让对方自动停下脚步是一个不错的切入点，说明对方对你的调查有兴趣；如果对方不愿停下脚步，这就需要访问员跟随对方走几步，用话语力争引起对方的兴趣，切不可直截了当地要求对方停下脚步。一般来说，跟随对方走出 10 米依然无法让对方停步，就应当终止。

⑥ 小心收集被调查者信息。

被调查者的信息资料，如姓名、年龄、住址、联系方式等，有时也需要在拦截调查中获取，甚至有时调查的目的就是要了解被调查者的基本信息，以利于开展营销活动。对于信息的收集，访问员要小心处理，要尊重被调查者的权利，不能强求获取。在调查开始时，访问员先要诚实地将自己的真实身份、调研目的、了解他们基本情况的原因告知被调查者；同时，向他们告知自己的义务，询问他们是否愿意提供自己的基本信息资料。只要处理得当，一般在这样的情况下，被调查者都会愿意留下他们的信息资料。

⑦ 调查完成后的必要工作。

当被调查者回答完所有问题后，访问员应当浏览一遍问卷，不要有所遗漏。

向被调查者表示感谢，与其告别。

当完成一次调查后，先不要将问卷取下。展开新的调查时，当着被调查者的面将已完成的问卷取下，这样可以使被调查者更易于接受调查。

等到所有的问卷都完成后，对其进行整理。对调查中的废卷和白卷的处理，第一是切记不能作假，第二是不要将问卷毁损。

3. 电话访问调查

电话访问调查是由调查人员通过电话，依据调查提纲或问卷，向被调查者询问以获得信息的一种调查方法，包括传统的电话调查方法和计算机辅助电话调查方法（Computer Assisted Telephone Interview，CATI）。传统的电话调查方法使用的工具是普通的电话，访问员在电话室内，按照调查设计所规定的随机拨号方法确定拨打的电话号码，如拨通即筛选被访者并逐项提问，同时加以记录。计算机辅助电话调查方法是在一个装备有CATI设备的场所进行，整套系统软件包括自动随机拨号系统、自动访问管理系统（实时监听系统、双向录音系统）和简单统计系统等。访问员只需戴上耳机，等待计算机自动分配号，根据筛选条件甄别被访对象，然后按照问卷上的问题进行访问，整个过程最大的优点是质量的监控保证及操作的规范化。

（1）电话访问调查的优缺点及应用范围。

① 优点。

a. 取得市场信息资料的速度最快。

b. 节省调查时间和经费。

c. 覆盖面广，可以对任何有电话的地区、单位和个人进行调查。

d. 被调查者不受调查者在场的心理压力影响，因而能畅所欲言，回答率高。

e. 对于那些不宜见到面的被调查者，如某些名人，采用此法有可能取得成功。

f. 采用计算机辅助电话调查，更有利于访问质量的监控。

g. 对访问员的管理更为系统规范，使管理集中，反馈及时有效。

② 缺点。

a. 被调查者只限于有电话和能通电话者，在经济发达的地区，电话普及率很高，这种方法能得到广泛应用。但在经济不发达、通讯条件比较落后的地区，电话尚未普及，在一定程度上会影响调查总体的完整性，开展调查的范围也较窄。

b. 电话提问受到时间的限制，询问时间不能过长，内容不能过于复杂，故只能进行简单的回答，无法深入了解一些情况和问题。

c. 由于无法出示调查说明、照片、图片等背景资料，也没有过多的时间逐一在电话中解释，因此，被调查者可能因不了解调查的确切意图而无法正确回答问题。

d. 无法针对被调查者的性格特点控制其情绪，如对于挂断电话的拒答者，很难做进一步的规劝工作。

电话访问调查法适用于急需得到结果的市场调研，目前我国许多市场调研机构已开始采用这种方法。随着我国电讯行业的发展，电话调查作为一种快捷、有效的调查方法，将会越来越得到广泛的重视和运用。

③ 应用范围。

a. 对热点问题、突发性问题的快速调查。

b. 关于某特定问题的消费者调查。例如，对某种新产品的购买意向、对新开栏目的收视率调查等。

c. 特定群体调查。对于投资者近期投资意向和打算的调查。

d. 已经拥有了相当的信息，只需进一步验证情况时的调查。

（2）电话访问调查的操作技巧。

① 调查前的准备。

a. 设计好简明易懂的调查问卷。电话访问的调查问卷不同于普通的调查问卷，问题需要设计得简明扼要，整个访问时间一般要求控制在 15 分钟以内；同时，由于受通话时间和记忆规律的约束，应大多采用封闭式问题向受访者进行提问，尽量避免半开放式或全开放式问题的出现，以减少受访者回答问题的难度。

b. 检验样本的可用性。中国的电话普及率还没有达到一个令人满意的水平，特别是在偏远地区和农村。因此，在抽取样本时，要首先确定样本是否可用。

c. 事先准备好联系表。在进行电话调查前，要事先准备好联系表，并注明联系人的姓名、性别、电话号码、调查时间等，以方便调查的顺利进行。

d. 根据被调查者的背景确定调查的适当时间。电话调查的访问成功率可能较低，因为被调查者可能不在或正忙不能接电话，或是不愿意接受访问，调查员可以与被调查者事先沟通，预约时间，这样可以提高调查的成功率。调查时间的选择可根据调研内容及调研对象的年龄层次而定。例如，有关民意测验的电话调查，对青年人的访问，最好选择在工作日的晚上；而对老年人的访问，则可以选择在白天。

② 调查过程中应注意的问题。

调查时要尽量使用口语，做到通俗易懂，而且要口齿清楚、语气亲切、语调平和，方便被调查者理解。

调查中随时通报调查的进展情况。为了得到被调查者的积极配合，调查中要随时告诉被调查者还有几个问题将完成调查。

③ 访问员的语言操作规范。

电话访问就是通过电话来对被访者进行访问，访问员和被访者之间的沟通是通过语言传递来进行的。正如人与人之间面对面地交流时，眼神能传递人内心的信息一样，在电话访问中，访问员的语言（如语调、语速、情感等）就起到了类似的作用，其中自我介绍、语义、语速、专业、结束语等都是不可忽略的重要环节。

a. 自我介绍要简洁明了。

自我介绍要简洁、清晰、易懂，要说明自己的身份、打电话的目的。

例如，"您好，我叫×××，是×××公司的访问员，我们现正进行一项关于手机的访问，想了解一下手机用户的意见。耽误您一些时间，好吗？"

又如，"您好！我是×××学院的学生，现正进行一项社会实践活动，想听取您的一些意见，耽搁您一会儿，谢谢！"

b. 语言要简洁、流畅。

语言要简洁、流畅，吐字清晰。吞吞吐吐、不熟练的表现会使被访者反感或是不明白。

c. 语义要清晰、易懂。

访问员在语义清晰、易懂的同时必须严格按照问卷逐字地问。问卷上的字眼都是经过推敲的，对每一个被访者以同样的方法问同样的问题是很重要的，如果每一个访问员都使用不同的语言去读题目，就会有不同的标准，缺乏统一性，最终就会使整个调查出现偏差。

d. 语速要适中。

语速不能过快，否则被访者很难理解；当然也不能过慢，否则会给被访者以拒访的机会。正常的语速是比被访者稍微快一点，并要留适当的思考空间给被访者。

e. 表达要自信、专业。

访问员的自信来自于专业，专业来自于对问卷的熟悉、了解。自信易于让被访者在感情上接受，专业使被访者感到你是可以信赖的。

f. 结束语要礼貌。

访问结束时要有礼貌，即使被访者拒绝，访问员仍要说"谢谢"或"打扰了"，切忌说带有强迫性或哀求性的话。

4. 网络访问调查

网络访问调查，又称在线访问调查。它是指通过互联网及其调查系统把传统的调查、分析方法在线化、智能化。随着信息技术的发展，计算机和网络的使用越来越频繁。于是，在传统的面对面的市场调查中衍生出了一个新的网络访问调查。由于互联网的开放性、自由性、平等性、广泛性和直接性的特性，使得网络访问调查具有传统的一些市场调查手段和方法所不具备的一些独特的特点和优势。

（1）网络访问调查的优缺点及应用范围

① 优点。

a. 及时性：网络调查是开放的，任何网民都可以填写问卷和查看结果，而且在调查信息经过统计分析软件初步自动处理后，可以马上查看到阶段性的调查结果。

b. 低费用：实施网络调查节省了传统调查中耗费的大量人力和物力。

c. 交互性：实施网络调查时，被调查对象可以及时就问卷相关问题提出自己的更多看法和建议，可减少因问卷设计不合理导致的调查结论偏差。

d. 客观性：实施网络调查，被调查者是在完全自愿的原则下参与调查，调查的针对性更强，因此问卷填写信息可靠，调查结论客观。

e. 突破时空性：网络调查是 24 小时全天候的调查，这就与受区域制约和时间制约的传统调研方式有很大不同。

f. 可控制性：利用互联网进行网络调查，可以有效地对采集信息的质量实施系统的检验和控制。

② 缺点。

网络访问调查的对象是网民，因此可能因调研对象的网络使用情况而受到限制。例如，针对退休老人生活状况的调查可能不适合采用网络调查。

③ 应用范围。

在确定是否可以采用网络调查方式时，需要考虑的是被调查对象是否上网，网民中是否存在着被调查群体，规模有多大。只有网民中的有效调查对象足够多时，网络调查才可能得出有效结论。

（2）网络访问调查的操作技巧

本书仅以问卷星为例说明网络访问调查的操作步骤。这里需要说明的是：第一，问卷星作为自助式问卷设计的网站，只是众多问卷设计网站中的一个，在授课时，教师也可以参考其他在线调查网站；第二，鉴于网络使用者的特点，网上调研的主题和调研对象有一定的局限性。

同步参考案例

使用问卷星进行在线访问调查

第一步：注册问卷星会员。

要求：可以使用中文名，注册后不能修改。操作页面如图 4-1 所示。

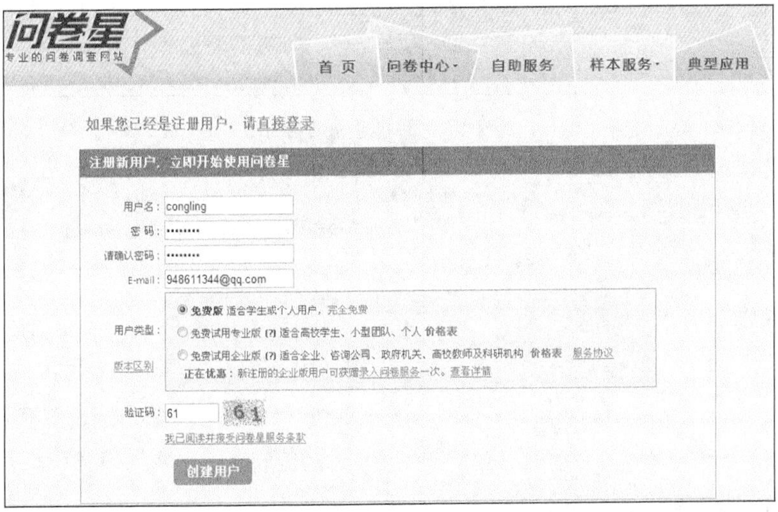

图 4-1　注册新用户页面

第二步：注册成功。

注册成功页面如图 4-2 所示。

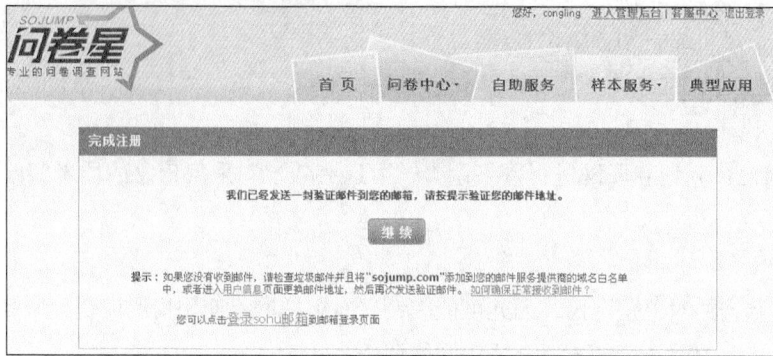

图4-2 注册成功页面

第三步：进入问卷星登录页面。

问卷星登录页面如图4-3所示。输入用户名和密码，点击登录，打开我的问卷—问卷星页面，如图4-4所示。

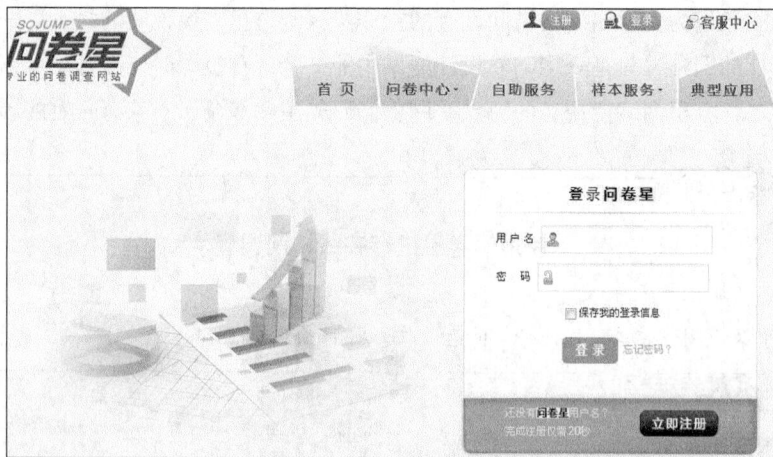

图4-3 问卷星登录页面

图4-4 我的问卷—问卷星页面

第四步：设计问卷。

① 单击"我的问卷—问卷星"页面左上方的"设计新问卷"按钮，打开选择问卷设计方式页面，如图4-5所示。

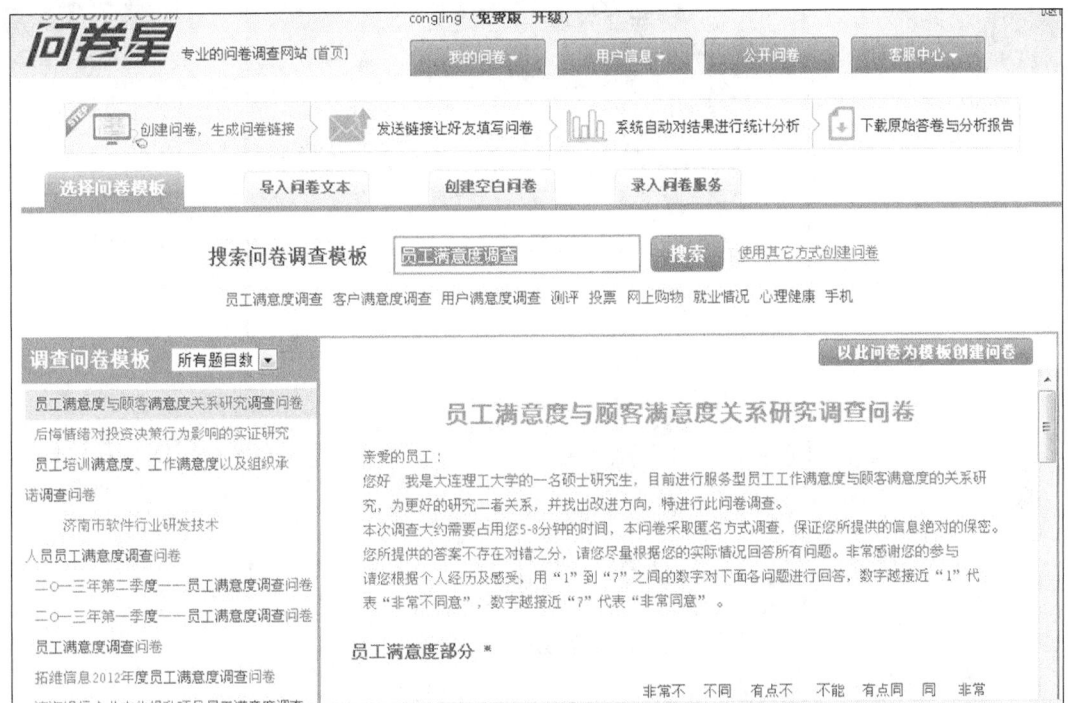

图4-5　选择问卷设计方式页面

问卷星提供了两种设计问卷的方式：一是利用模板创建；二是利用文本创建问卷。

a. 模板创建问卷：问卷星系统中内置了一些常用的问卷类型，如员工满意度调查、就业情况调查等问卷，如果问卷性质和目标比较一致，你可以利用模板创建问卷。如果没有相似的问卷，请单击"创建空白问卷"按钮。

b. 文本创建问卷：如果您已经在Word等文字编辑软件中设计好了问卷，可以采用文本创建问卷的方式，将Word中的内容直接复制到问卷星所提供的文本框中，即可生成一份问卷星的问卷。生成问卷后，你可以修改题目属性，例如转换题型等。

② 现在请单击"创建空白问卷"按钮开始设计一份新问卷，然后进入问卷基本信息设置环节（注：问卷的基本信息也可以在编辑问卷结束再行修改），如图4-6所示。

③ 单击"下一步"按钮后开始对问卷题目的设置，如图4-7所示。问卷星提供了单选题、多选题、测评&测试、矩阵题、填空题等多种题型。本次问卷第1题为单选题。

④ 单击"单选题"按钮，出现问卷第1题编辑页面，输入题目标题和答案选项，如图4-8所示。

⑤ 单击"确认增加"按钮，出现问卷第1题修改页面，如图4-9所示。

图 4-6　设置问卷基本信息页面

图 4-7　设置问卷题目页面

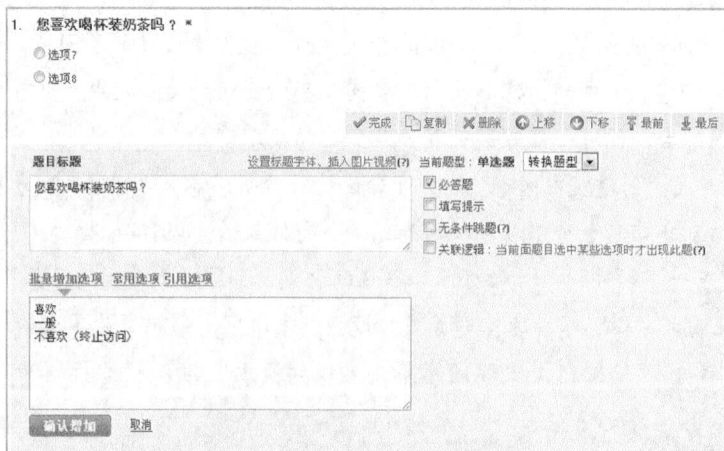

图 4-8　问卷第 1 题编辑页面

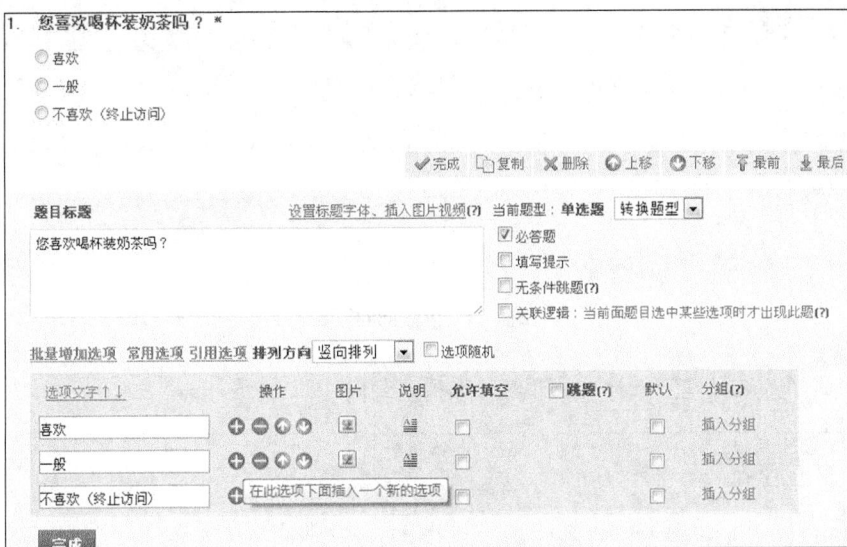

图 4-9 问卷第 1 题修改编辑页面

⑥ 单击"完成"按钮，完成该题编辑，如图 4-10 所示。依此完成其他各题的编辑工作。如果还需要继续编辑，只需将鼠标移动到该题下方，再单击"编辑"按钮即可。依此类推完成其他各题的编辑工作。如果现有多题，也可以单击"上移"和"下移"按钮改变题的顺序。同时也可以单击"复制"和"删除"按钮执行相应的操作。

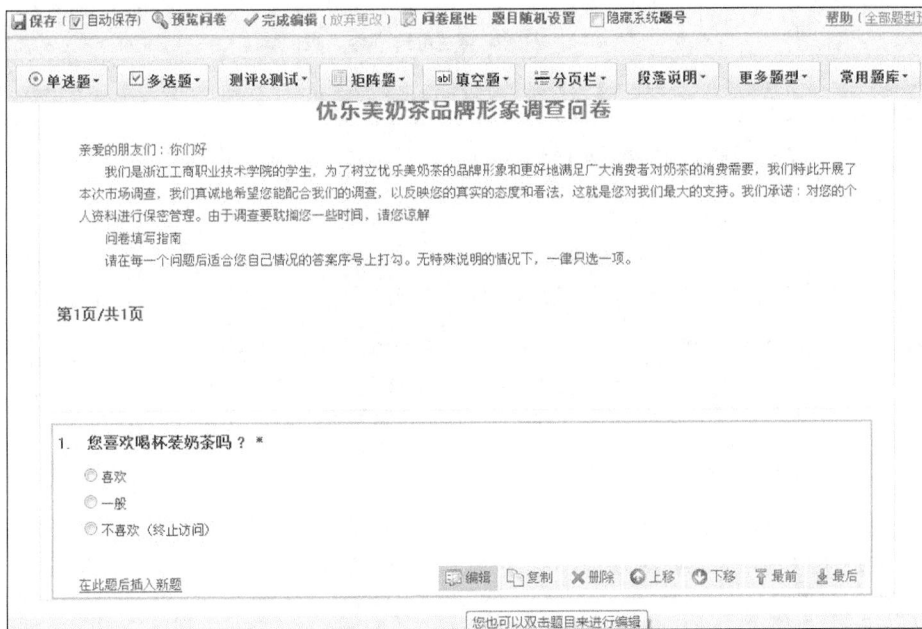

图 4-10 完成问卷第 1 题编辑页面

⑦ 如果问卷设计完成，则需单击上方的"完成编辑"按钮完成问卷的编辑工作，进入发送问卷环节，如图 4-11 所示。

图 4-11　发送问卷页面

⑧ 单击"可选操作"链接，展开其他选项，如图 4-12 所示。

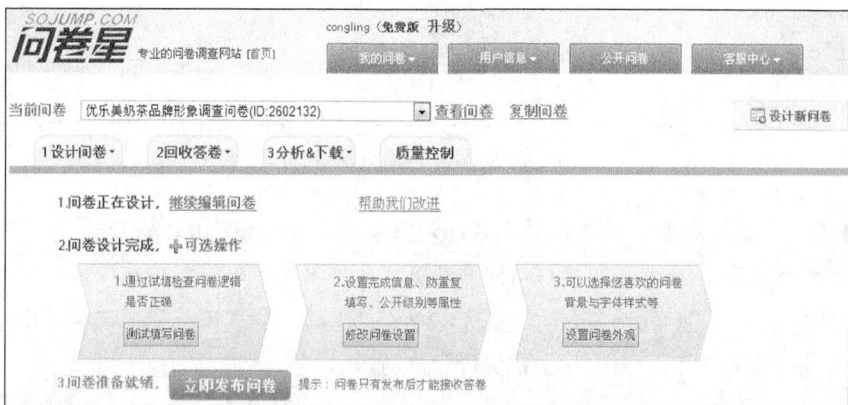

图 4-12　发送问卷"可选操作"页面

第五步：发送问卷。

单击"立即发布问卷"按钮，发送链接，完成问卷发布，如图 4-13 所示。

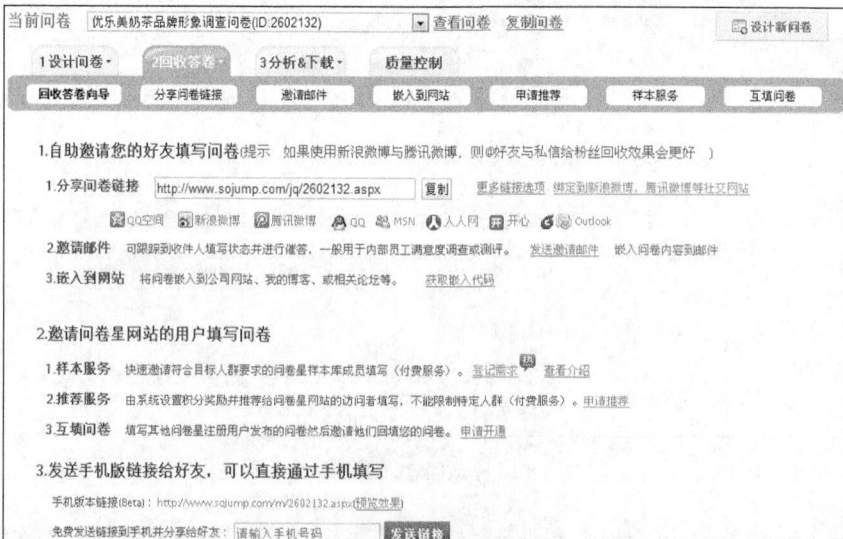

图 4-13　问卷发布完成页面

第六步：回收问卷。

单击"回收答卷"按钮，选择发送问卷的方式。问卷星提供了多种发送问卷回收答卷的途径，例如分享问卷链接、邀请邮件、嵌入到网站、样本服务、推荐服务、互填问卷、发送手机版链接等方式。发布者可选择使用。

第七步：统计分析。

单击"分析&下载"按钮，查看统计及分析结果。

4.2.2　观察调查

观察调查法就是通过观看、跟踪和记录调查对象言行来汇集信息资料的方法，可以依靠调查人员在现场直接观看、跟踪和记录，也可以利用照相、摄像、录音等手段间接地从侧面观看、跟踪和记录。在市场调研中，我们经常对商场的运行情况、消费者的消费倾向、销售情况、客流量情况等采用观察法来获取信息。

1．观察调查的优缺点

（1）优点。

① 可以比较客观地搜集第一手资料，直接记录调查的事实和被调查者在现场的行为，调查结果直观、可靠。

② 简便、易行，灵活性强，可随时随地进行观察。

（2）缺点。

① 观察只能反映客观事实的发生经过，而不能说明发生的原因和动机。

② 只能观察到公开的行为，一些私下的行为超出了观察的范围。

③ 被观察到的公开的行为并不能代表未来的行为。

④ 需要大量的观察员到现场做长时间观察，调查时间较长，费用较高。因此，观察法在实际应用时，常会受到时间、空间和经费的限制，比较适用于小范围的微观市场调查。

⑤ 对调查人员的业务水平要求较高，如敏锐的观察力、良好的记忆力及现代化设备的操作技能等。

（3）应用范围和注意事项。

① 应用范围。

在消费需求调查中，在消费者购物时对商品品种、规格、花色、包装、价格等的要求进行观察。

在商场经营环境调查中，对商品陈列、橱窗布置以及所临街道的车流、客流量情况进行观察。

品牌观察，即用于调查消费者对某品牌产品的需要强度以及其他品牌同类产品的替代强度。例如，消费者在某商店需要某一品牌的商品，而销售人员并没按要求提供，却代之以其他品牌的同类产品，从而可用多个消费者接受替代品的情况来确定某品牌的替代强度。

在城乡集贸市场调查中，对集贸市场上农副产品的上市量、成交量和成交价格等进行观察。

在商品库存调查中，对库存商品直接盘点记录，并观察库存商品情况。

此外，观察法还可用于产品质量调查、广告调查等领域。

② 注意事项。

为了使观察结果具有代表性，反映某类事物的一般情况，应设计好抽样方案，以使观察的对象和时段具有较好的代表性。

在进行实际观察时，最好不让被观察者有所察觉，否则，就无法了解被观察者的自然反应、行为和感受。

在实际观察时，必须实事求是、客观公正，不得带有主观偏见，更不能歪曲事实真相。

2. 观察调查的操作技巧

（1）观察前的准备工作。

① 明确观察目的。

明确观察目的即明确要通过观察解决什么问题。

② 制订观察计划，特别要明确观察对象与目标。

一般来说，观察计划包括观察目的、观察对象、观察重点与范围、通过观察需要获得的资料、观察的途径、观察的时间、观察的次数和位置、观察的方法、观察的注意事项、观察人员的组织分工、观察资料的记录和整理、观察的应变措施等内容。

这里提到的观察对象和目标可以是物（产品、竞争广告、市场关系等），也可以是人（顾客、行人）。观察对象与观察目标是根据调查目的确定的。例如，如果调查商场营业员的服务情况，观察对象就为商场的营业员，观察的内容包括该商场营业员工作时间内各个方面的工作标准和要求，如仪容、仪表、言行举止、对顾客的态度等方面。

③ 设计观察记录表。

为了将观察结果快速准确地记录下来，并便于随身携带，可将观察内容事先制成便于汇总的小卡片。在制作卡片时，首先，根据观察内容列出所有观察项目；去掉那些非重点的、无关紧要的项目，保留一些重要的能说明问题的项目；列出该项目中可能出现的各种情况，合理编排；通过小规模的观察来测试卡片的针对性、合理性和有效性，以修改卡片；最后，定稿付印，制成观察卡片。

例如，图4-14是某商场为观察购买者的行为而制作的顾客流量及购物调查卡片。使用时，在商场的进出口处，由几名调查员配合进行记录，调查卡片每小时使用一张或每半小时使用一张，该时间内出入的顾客及其购买情况可详细记录下来。

被观察单位_____　　观察时间_____年_____月_____日_____时至_____时

观察地点_____　　观察员_____

	入口处	出口处
人数		
购物金额		

图4-14　顾客流量及购物调查卡片

④ 选择观察地点。

观察地点的选择既要便于观察，又要注意隐蔽性。

⑤ 准备观察仪器。

市场调查中的观察并不仅限于通过人的视觉,而是指通过人的 5 种感觉器官产生的所有感觉。运用不同器官进行观察,所需配备的观察仪器也是不同的,详见表 4-1。

表 4-1　　　　　　　　　　　　　感觉和观察工具

感觉	人的器官	在市场调查中的作用	辅助手段
视觉	眼睛	行为观察（广告牌效果检验）	望远镜、显微镜、照相机
听觉	耳朵	谈话观察（顾客的言谈）	助听器、录音机、噪声测量仪
触觉	手指、手掌	表面检验（纹路、结构、皮肤）	触式测试仪、盲视仪、金相仪
味觉	舌、口腔	品味	化学分析仪、味料专用分析仪
嗅觉	鼻	食品、香料检验	香料分析仪

（2）进入观察现场。

进入现场应取得有关人员的同意,或出示证件说明,或通过熟人介绍,或通过内线,或取得观察对象中关键人物的支持。一旦进入现场,观察者要尽快取得被观察者的信任。

（3）进行观察和记录。

① 观察。

观察应有计划;观察应与思考相结合;观察应有序进行。具体可以采用以下几种方法进行观察。

a. 采用直接观察法进行观察。

直接观察法就是调查人员直接到调查现场进行观察。例如,在柜台前观察消费者的购买行为,记录他们对商品的挑选情况;在橱窗前观察过往客户对橱窗的反应,分析橱窗设计的吸引力;在大街上观察人们的穿着和携带的商品,以分析市场动向用以开发新产品。

b. 采用痕迹观察法进行观察。

痕迹观察法就是在调查现场观察和分析被调查者活动后留下的痕迹。例如,观察汽车上收音机的指针停留的位置可以分析受司机欢迎的电台。

c. 采用行为记录法进行观察。

行为记录法主要是通过有关仪器,对调查对象进行记录和分析。例如,美国尼尔逊广告公司,通过电子计算机系统在美国各地 12500 个家庭中的电视机上装上电子监听器,每 90 秒扫描一次。每个家庭只要收看 3 秒电视节目就会被记录下来,据此选择广告的最佳时间。在我国,有的商家用录音机录下消费者购买行为,以分析消费者的购买动机和购买意向。

② 记录。

观察法的记录最常用的方式有同步记录和观察后追记两种。但是,同步记录尤为重要,因为人的记忆是有限的,观察后追记有可能遗漏掉重要信息。在观察中,良好的记录技术可以减轻观察者的负担，使观察者不致因忙于记录而顾此失彼。准确、及时、无遗漏地记下转瞬即逝的宝贵信息及事项的变化情况，能加快调查工作的进程，便于资料的整理及分析。记录技术主要包括观察卡片、符号、速记、记忆和机械记录5种。

同步分析案例

小王是一个神秘购物者

小王是一个湖南邵东女孩，1999年有幸被美国纽约的商学院录取。毕业后，她不知该干什么，非常茫然。2003年2月的一天，她在互联网上意外发现了一个招聘"神秘购物者"的广告。经了解，原来所谓"神秘购物者"，往往受雇于一家与商家签约的神秘公司，平时以一个普通消费者的身份，应一些企业的要求到它们的商店踩点"购物"，通过实地观察体验，了解产品在市场上的受欢迎度、服务和管理等诸多方面的问题，然后将这些"情报"整理成报告，交给这家企业的老板。

第一天上班，一家饭店抱怨最近顾客明显减少，于是小王被邀请去那家饭店"用餐"。当她走进那家饭店，点了几个法国菜和主食后，就开始频频看表，计算从服务员拿走菜单到将菜端到桌上花了多长时间。这还不算，她还得顺带观察饭店里的卫生情况。比如，她看到自己坐的这张餐桌上，尽管放着一些用于盛各类开胃小零食的碟子，可早就空空如也。按理说，服务小姐应当立即将开胃小点心补上，或者将空碟子端走，可她们并没有这么做。于是，她就将这一切都默默地记录了下来。再看看手表，已经过去了很长一段时间，所点的饭菜仍不见上来。回去后，她将自己在饭店的所见所闻写成报告，并提出改进建议，转交给了这家饭店的老板。饭店老板根据她的建议对饭店整顿一段时间后，饭店的生意的确比以前大有起色。

问题：小王采用的是哪种调查方法？

分析提示：

小王采用的是神秘顾客观察法。神秘顾客与一个正常购买商品的顾客一样，会与服务人员进行交流，咨询与商品有关的问题，挑选商品，比较商品，最后做出是否购买的决定。但是，神秘顾客与服务人员的交流并不是访问式，而是为了观察服务人员的态度、行为并对此做出评价。神秘顾客法在国外应用很广泛。

4.2.3 实验调查

实验调查法是指市场实验者按照调研目的，充分地控制实验的环境，创设一定的实验条件，科学地选择调研对象，以确立自变量（市场影响因素）与因变量（市场现象）之间的因果关系的一种研究方法。

实验法是一个综合性的方法，应使用其他方法，如访问调查法、观察法等加以辅助，才能取得综合效应。

1. 实验调查的优缺点

（1）优点。

① 结果的客观性和实用性强。实验调查法取得的数值一般比较客观，具有一定的可信度。

② 此方法具有可控性和主动性。运用此法可以主动改变某些变量，从而观察各种因素之间的相互关系。这是其他调查方法无法做到的。

③ 针对性强。本法可针对不同的调查项目，进行适合的调查实验设计。

④ 可以探索不明确的因果关系。本法可在实验过程中探索，总结各种因素及其可能产生的结果。

⑤ 实验的结论有较强的说服力。在实验单位、实验变量、实验的设计和实验的环境都基本相同的情况下，不管谁来实验，也不管在何时、何地进行实验，结果大致是相同的，这说明实验是可以重复的，故有较强的说服力。

（2）缺点。

① 费用高。实验通常很昂贵，对实验组、控制组以及多次测量的需要大大增加了研究的费用。

② 花费的时间长。一般在短时间内，实验得不出可靠的结果。

③ 管理控制比较困难。因为实验时不能影响公司的日常工作和批发商、零售商的活动，并且还要考虑外来因素的影响，所以控制起来比较困难。

④ 保密性差。如果是现场实验，则保密性较差，研究计划容易暴露，竞争对手可能会有意破坏现场。

（3）应用范围。

实验法主要应用于检验有关市场变量间因果关系的假设，研究有关的自变量对因变量的影响或效应。例如，测试各种广告的效果，测试各种促销方法的效果，研究品牌对消费者选择商品的影响，研究颜色、名称对消费者味觉的影响，研究商品的价格、包装、陈列位置等因素对销售量的影响。

2. 实验调查的操作技巧

（1）选择实验对象，确定实验变量。

实验对象就是要进行实验的具体产品，实验变量即因果关系实验中的自变量。例如，要调查超市里不同的陈列方法对销售量的影响，这时超市的商品是实验对象，商品的陈列方法是实验变量。

（2）确定实验场所。

实验调查是在自然的市场环境中实施的，因此，选择的实验环境应该是相互匹配的商场、城市或地区。例如，在几个基本情况相同的连锁商场内以不同的价格出售同一种商品，以了解该商品价格对销售量的影响。

（3）确定实验组与控制组。

在相同的实验环境中，选择若干实验对象为实验组，同时选择若干实验对象为控制组。需要注意的是，必须使实验组与控制组在实验环境上具有可比性，即两者的业绩、规模、类型、地理位置、管理水平等各种条件应大致相同。只有这样，实验结果才具有较高的准确性。

（4）选择实验方法。

实验方法的相关内容已在任务三中进行了详述。

（5）制作实验表格。

根据实验方法的选择，制作相应的实验表格。例如，采用无对比组实验（即单一实验组前后对比的实验）方法，实验表格见表4-2。

表4-2　　　　　　　　　　　　　　单一实验组前后对比表

商品品种	实验前销售量 Y_1	实验后销售量 Y_2	实验效果
合计			

（6）测定实验结果。

根据选定的实验方法进行实验，并测定出实验结果。

（7）分析实验结果。

结合每种实验方法的优缺点，综合考虑市场上一些因素的变化和影响，得出最后结论。

同步分析案例

澳大利亚某出版公司的网络问路

澳大利亚某出版公司曾计划向亚洲推出一本畅销书，但是不能确定用哪一种语言、在哪个国家推出。后来决定在一家著名的网站做一下市场调查。方法是请人将这本书的精彩章节和片段翻译成多种亚洲语言，然后刊载在网上，看一看究竟用哪一种语言翻译的摘要内容最受欢迎。过了一段时间，他们发现，网络用户访问最多的网页是用中国大陆的简化汉字和韩国文字翻译的摘要内容。于是他们跟踪一些留有电子邮件地址的网上读者，在告知调查目的之后，请他们谈谈对这本书的摘要的意见，结果大受称赞。于是，该出版公司决定在中国和韩国推出这本书。书出版以后，受到了读者普遍欢迎，获得了可观的经济效益。

问题：该出版公司采用的是哪几种调查方法？

分析提示：

该出版公司采用了网络调查法和市场实验法（试销）。

4.3　实地调查的质量保证

实地调查的工作过程主要包括现场执行、复核和总结评估。现场执行阶段要重点做好的工作是：现场督导和问卷管理。而实际工作步骤视不同的数据收集方法有所不同。例如，入户调查，现场执行中可能没有现场督导，这时一定要有复核。而对于拦截访问调查，可能无法进行问卷的复核工作，这时现场执行过程中的督导的责任将非常重大，需要不同类型的督导各司其职，共同努力来控制调查的质量。一般设有现场督导来巡视拦截区域及访问区域的情况，对不正确的操作或出现的问题进行及时纠正；设甄别督导对被访者进行甄别；设审卷督导对问卷进行审核；设质量控制督导以陪访和检查质量。对于传统的电话调查，既需要现场督导现场监督访问员的访问，又需要访问后期的电话复核。

4.3.1 实地调查的质量控制

1. 现场督导

安排现场督导的目的是为了确保访问员严格按照项目的要求保质保量地完成工作。聘用有责任心、经验丰富的督导员并有效地调动其积极性，是现场督导工作能否有效的关键。现场督导工作一般可以从抽样控制、实地监控和作弊行为控制3方面入手。

（1）抽样控制。其目的是确保访问员严格按照抽样计划进行调查，而不是随便选取样本。访问员通常倾向避免那些难以接触到的住所或抽样单位，为了控制这些问题，督导应该定期检查抽样名单、抽中样本的访问情况和完成情况。对于进度过慢和过快的访问员，要给予格外的关注，及时发现原因并给予必要的帮助和指导。

（2）实地监控。督导需要定期检查现场调查过程是否按规范的要求进行，及时发现问题并加以解决。为了及时掌握现场工作情况和了解访问员可能面临的困难，应该通过对入户项目的陪访及定点街头访问项目的巡视、店铺观察等多种方式，让督导参与到现场的访问过程之中，从而积累项目管理控制的经验，寻找更加合理的控制项目的方法。

（3）作弊控制。是通过明确的奖惩措施、现场督导和复核，及时发现、纠正作弊行为。最常见的作弊行为是篡改或伪造答案，使不完整或不合格的问卷成为合格的问卷，或者未按项目的要求抽样或选择补充样本，或者用不合格的调查对象冒充合格对象，甚至虚构整个问卷。

2. 问卷管理

有效的问卷管理对于控制现场执行的进度、及时发现和解决执行中的问题以及保证数据质量具有重要作用。问卷管理工作主要包括以下几个方面。

（1）问卷的发放与回收。

为保证现场执行工作有计划地、平稳地进行，在问卷发放和回收时，既要保证正常的进度，又要防止因要求过高、工作量过大而影响问卷质量。具体体现在要进行问卷发放时间和数量上的控制。

① 时间控制。

在安排问卷时，要有明确的时间要求，即需在哪个时间段应完成问卷以及具体的发卷、交卷时间。督导安排问卷发放、回收的时间应固定在某一时间段，这样有利于培养访问员准时交卷的习惯，也便于对问卷进行及时的审核。对于时间短、任务急的项目，可以每天安排对问卷进行发放、回收，这样有利于督导及时掌握进度和配额。

关于时间控制，一方面要遵循访问员熟悉访问需要一个渐进的过程的规律；另一方面也要保证收集的数据可以反映每个时段的市场信息。

a. 总体时段控制。

一般而言，在一个项目的实施周期中，进度的控制应遵循慢、快、慢的节奏。通常可以分为以下3个时间段。

第一时间段：项目开展初期，访问员需要熟悉问卷、掌握访问技巧，所以进度可适量放慢，一般完成样本量的 30%；

第二时间段：项目开展中期，访问员已熟悉问卷，进度可以适当加快，通常可以布置 40%～50% 的样本量；

第三时间段：项目开展后期，可能会涉及调整配额、补做问卷、统计数字等工作，应安排较少的样本量的 20%～30%。

b. 具体时点控制。

例如，在入户调查中，通常对一户人家来讲，不同的时段留在家中的人群分布是不同的，如白天大人、小孩少，老人多；工作日在家的人少，周末在家的人多，所以选择不同的时间段进行访问，得到的结果会有所不同，这样很容易造成样本的偏差。最佳的访问时间是所有家庭成员都在家时，这样可以使每个成员得到被访问的概率是相等的。因此，为保证样本的随机分布，在安排访问时，应合理安排访问在工作日和节假日的密度，并需留意个别住宅区季节性人员流动的差异。

有的调研公司，把平时与周末的进度比例定为：周一～周五为 40%，周六～周日为 60%；把入户时间定在中午或者晚上的时间。通常情况下，可以借鉴周一～周五为 16:00—20:30（若被访者中午回家吃饭休息，可考虑 11:30—13:30），周六、周日为 9:00—12:00，14:00—20:30。

② 数量控制。

数量控制需兼顾两方面要求，一是访问员实际能力及其在有效工作时间内能否完成发放的数量，超负荷要求极易导致作弊；二是每一访问员的完成量应尽量平均，减少因某个访问员访问数量太多，而无法高质量完成问卷的情况。

对一个访问员而言，问卷发放的数量控制基本应遵循"少、多、少"的比例，即项目初期应分配较少的问卷；中期可分配较多的问卷；后期由于涉及一些查漏补缺的工作，应相应减少问卷。

（2）问卷审核。

问卷的审核主要是检查收回的问卷是否符合项目的要求。其主要内容包括字迹是否清楚、被访者是否符合要求、有无漏问和逻辑错误、答案是否合理、追问是否完全等。

审核的方法如下。

① 访问员的自审。

访问员完成访问后，首先要当场自己审阅整份问卷，检查有无漏问，必要时应及时补问。回家后要细审、整理问卷，在填写清楚无问题后方可交给公司。

② 督导审核。

第一，督导当场一审。访问员提交问卷时，督导应当场审核问卷，主要是针对甄别条件、问卷是否填写完整以及题目间的逻辑关系和地址的使用情况等。

第二，督导二审。问卷回收后，再把每个访问员的问卷集中进行全面细审，细审问卷中每道题回答的情况以及问题之间的逻辑关系。

第三，督导交叉互审。督导互相交换已审好的问卷，进行互审。

审核技巧如下。

a. 在当场一审时，可通过个别、部分模拟等形式随机抽查访问员的访问规范，以了解其对问卷的实际掌握程度。

b. 将同一访问员完成的问卷放在一起审核，应着重于注意以下 6 个方面。

- 地址：实际访问地址是否与要求地址相吻合（入户访问）。
- 笔迹：所有问卷的笔迹是否不同，检查是否有代答现象。
- 内容：不同问卷对同一道题的填写内容是否相近，以判断访问员是否有自填的可能。
- 时间：检查问卷的访问时间分布和跨度是否合理。
- 数量：每日完成的问卷数量是否合理。
- 逻辑：访问逻辑是否合理。

c. 问卷答案是否与项目相关的市场信息变化有关。

d. 可以依据长期的审卷经验，设计项目的审卷大纲，一方面提高准确审卷的效率，另一方面可以在前期培训中强调重点。

（3）审核结果处理。

对出现问题的问卷可以采用如下的方法进行处理。

① 问题属于可以补救的，如漏问、答案不全等，退给访问员重新补问；

② 问题属于无法补救的，如问题有前后顺序的要求、配额错误等，则整个问卷作废。

3. 复核

为了保证数据质量，需要抽取一部分完成的问卷进行复核。复核比例视项目的要求和预算而定，通常在 10%～30%，但对每位参与项目的访问员都要进行复核。为了保证复核的客观性，负责问卷复核的复核督导和复核员要有丰富的现场调查经验，能识破各种弄虚作假的方法，且大规模调查的复核督导和复核员应由未参加现场访问工作的人员担任。

复核包括以下内容。

① 访问完成情况复核。询问受访者是否确实接受过访问、访问的时间和长度、受访者对访问员的反映以及基本的人口统计信息。目的是核实访问员是否按要求完成了访问，以及受访者是否合格。

② 重点问题复核。按问卷的措词抽取重点问题重新询问，检查答案是否一致，判断完成问卷的可信度。

可以采取电话复核和实地复核相结合的方法，具体比例视项目的实际情况而定。注意进行复核时，要让受访者感到是为了确保资料的准确而不是考核访问员的工作；要注意询问技巧，旁敲侧击，有针对性；要保留复核的原始记录。

4. 总结与评估

现场工作完成之后，要及时进行总结和评估，为执行过程保留完整的记录，也为今后工作的改进打下良好的基础。要注意养成及时完成书面执行总结的良好习惯。评估内容包括工作流程评估、访问员评估两大方面。

① 工作流程评估。其主要包括工作流程是否合理，人员配备是否恰当，分工和要求是否明确，现场督导是否到位，复核是否充分有效。同时要注意分析问题并提出改进建议。

② 访问员评估。评估标准通常包括工作态度、工作效率和调查质量。

访问员的工作效率，包括访问成功率和每天完成的问卷数量。

调查质量的评估除了直接观察调查过程以及考查访问员是否按规范的要求进行访问外，主要依赖问卷复核的结果。

4.3.2 实地调查的总结评价

一个高质量的实地正式调查一般都应满足以下 4 个要求。

（1）督导员的积极参与、陪访和问卷审核。

（2）调查员按时完成合格问卷的数量符合抽样的基本要求。

（3）督导员对调查员有较高评价。

（4）调查员调查体会的交流互动效果好。

习题与实训

一、单选题

1. 实地调查是采集（　　）的现场。

    A. 第一手资料　　　B. 第二手资料　　　C. 市场数据　　　D. 信息资料

2. 实验调查法的本质特点是（　　）。

    A. 实践性　　　　　B. 动态性　　　　　C. 综合性　　　　D. 直接性

3. 观察法和访问法都是（　　），即在搜集市场资料时，市场调查者与被调查者是直接接触的。

    A. 直接调查法　　　B. 间接调查法　　　C. 抽样调查法　　D. 文案调查法

4. 从事电话调查的专家认为，电话调查的时间一般应控制在（　　）分钟左右。

    A. 20　　　　　　　B. 10　　　　　　　C. 15　　　　　　D. 30

5. 下面的调查方法中回答率最高的是（　　）。

    A. 面访调查　　　　B. 实验法　　　　　C. 电话调查　　　D. 邮寄问卷调查法

二、多选题

1. 观察法的记录常采用的方式为（　　）。

    A. 笔记记录　　　　　　　　　　　B. 同步记录

    C. 观察后追记　　　　　　　　　　D. 图像记录

    E. 现场记录

2. 访问调查法的优点有（　　）。

    A. 可以向调查对象提出范围广泛的问题

    B. 能给调查对象以及时的解释、启发或物质刺激

    C. 访问的弹性相当大

    D. 能当面听取调查对象的意见

    E. 能通过进一步的追问，使调查对象明确、完整地阐述自己的观点

3. 面访调查前的准备工作主要有（　　）。

    A. 设计访问提纲　　　　　　　　　B. 选择被调查者

    C. 确定访问时间、地点　　　　　　　　D. 准备记录工具

    E. 选择面访的方法

4. 对于无回答的补救措施包括（　　　　）。

    A. 调查员补充　　　　　　　　　　　　B. 再次邮寄调查

    C. 电话协助调查　　　　　　　　　　　D. 找其他的被调查者补充

    E. 通过进一步的追问，使调查对象明确、完整地阐述自己的观点

5. 在访问过程中，接近被访问者采用的方法有（　　　　）。

    A. 友好接近　　　　　　　　　　　　　B. 求同接近

    C. 自然接近　　　　　　　　　　　　　D. 正面接近

    E. 以上都不正确

6. 对于开放式问题一般要求调查员做充分（　　　　）来取得问题的答案。

    A. 记录　　　　　　　　　　　　　　　B. 摘录或释义应答者的回答

    C. 使用应答者的语言　　　　　　　　　D. 重复问题

    E. 澄清

三、判断题

1. 预调查又叫模拟调查，是指在正式调查之前进行的规模较小的具有实验性质的调查。

                                                 （　　　）

2. 被调查者受到干扰而不能保持原有的自然状态，一般会有被调查者有意识做出的非自然状态的假象。　　　　　　　　　　　　　　　　　　　　　　　　　　　　（　　　）

3. 在面访过程中，有时候调查者要求进一步了解所提出的问题，调查者要进行适当的解释。这时，调查员的解释为澄清。　　　　　　　　　　　　　　　　　　　　（　　　）

4. 面访调查前要进行设计访问提纲准备工作。　　　　　　　　　　　　　　（　　　）

5. 正确选择实验对象和实验环境对实验调查的成败无关紧要。　　　　　　　（　　　）

四、综合应用题

1. 试分析下面一段人口普查员入户访问的开场白，指出其合理之处。

"您好！我是××乡（××镇）政府全国第一次经济普查的一名普查员，我们正在进行经济普查的清查摸底和登记工作。根据国家经济普查工作的要求，我需要占用您一点时间，以完成对您单位（经营）一些基本情况的询问、核实和登记工作。这是我的证件，请核实。"

2. 你是否赞同下面的说法？为什么？

调查员在入户访问前应了解被调查者的上、下班时间，避开上班时段，把握"入户"时机，一般在中午用餐时间和晚上休息时间上门登记比较合适。如果被调查者分属行政单位、国有企事业单位或私企、个体户，"入户"时间应根据各自的特点把握。例如，行政单位、国有企事业单位实行一天 8 小时工作制，"入户"时间可以在上午 8:00—11:30 或下午 2:30—5:30；如果是私企、个体户，"入户"最佳时间在上午 9:00—11:00；如果是餐饮企业，中午 11:00—13:00 是"入户"的最佳时间。

3. 阅读下面一段对话，试指出存在的问题。

问：您是否喜欢这种饮料的口味？

答：不喜欢。

问：您不喜欢这一口味？您是指口味太甜了吗？

答：有点。

五、操作题

1. 如果人口调查中要调查"死亡人口的数目"，你直接问"你家里死了人没有"是否合适？如何提问比较妥当？

2. 手机厂商拟对新推出手机的功能、外形等进行拦截测试，拦截的甄别条件是年龄在 18～35 岁的青年学生和初涉社会的职业男女青年。请结合本地情况，设计该项拦截的具体地点，并给出受访人员的甄别条件的具体描述。

3. 某厂家正在进行一项婴儿用品的新产品试用的定点访问，请运用访问的基本技巧，为拦截访问员设计两套以上的"拦截开场白方案"。

4. 根据 3.2.4 操作题 2 中确定的市场调研方案，根据 3.3.9 操作题 3 中设计的市场调研问卷，根据 3.4.4 操作题 3 中设计的抽样方案，在充分做好调查前准备工作的基础上，分工协作、保质保量地完成实地调查收集数据的任务。

任务解析

当企业面临重大营销问题或制订长远发展战略时，往往从"营销问题""消费需求意愿"着手进行市场调研。当通过二手数据收集不能得到更直接、更全面的信息时，就需要对消费者展开实地市场调研，以获得所需要的市场信息。实地调研是在周详、严密的计划和组织管理之下，由调查人员直接向被调查者收集第一手资料的过程。本任务试图通过《百货商店项目的现场工作》，展示实地调研阶段的工作步骤。

从百货商店项目的现场工作来看，马尔霍特拉教授是从自己任教营销课程的班级中，挑选了部分本科生和研究生作为调查员，同时挑选了部分研究生作为督导员。可见参与该项目实地调研的工作人员由调查员、督导员及现场工作人员组成。

关于工作步骤，我们将其分解为以下几步。第一步，在实地调研工作开始之前，对参与实地调研的工作人员进行了培训，培训的内容包括：作为被访问者填写问卷和作为访问员进行问卷调查。同时制定了详细的访谈指南并发放给每位调查员。第二步，调查员对调研对象进行问卷调查，同时，督导员对调查员进行督导。第三步，对调查员完成的问卷，采用电话复合的形式，进行了百分之百的复核。第四步，马尔霍特拉教授对所有的现场工作人员、调查员和督导员进行了评估。

由上述分析可知，百货商店项目实地调研的工作内容包括：①调查员和督导员的挑选和培训；②调查前准备工作，包括访谈指南、文件及物品准备等；③现场调研；④对调查员、督导员和现场工作人员的工作评估。

相关知识图示

任务四相关知识图示如图 4-15 所示。

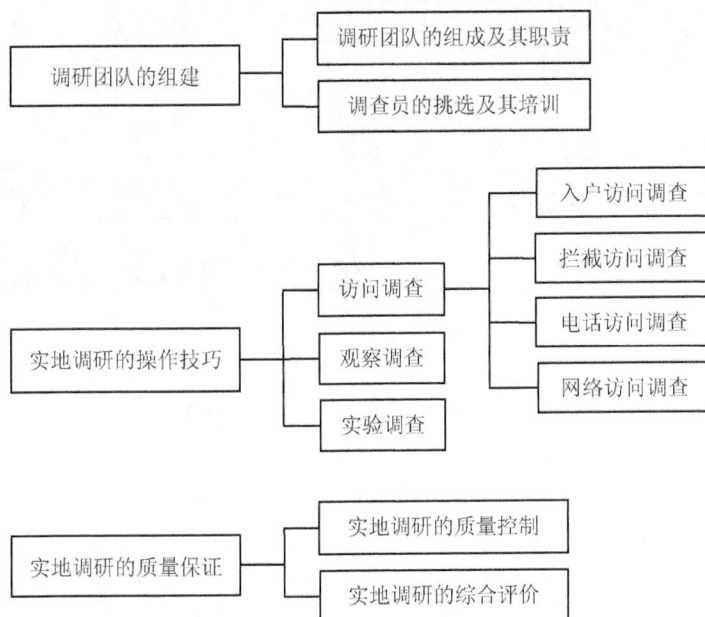

图 4-15　任务四相关知识图示

任务五
处理市场调研数据

学习目标

- **知识目标**

1. 了解数据审核的内容和基本要求，掌握缺失数据的处理方法。
2. 了解编码规则、编码方式和编码簿的结构，掌握数据编码和录入的方法。

- **能力目标**

1. 能审核调查所得数据，并处理好缺失数据。
2. 能将调查所得数据，利用 SPSS 编码并录入计算机，形成 SPSS 数据库。

任务引入

《百货商店项目》的数据准备

在百货商店项目中，数据收集采用入户人员访谈的方式。访问员上交问卷后，由督导员进行编辑，首先检查问卷填写是否完整、一致，答案是否清晰。不合格问卷将返回调查现场，由访问员再次联系访问对象以获得必要信息。督导员删除了 9 份不合格部分比例过大的问卷，因此最终的样本规模为 271。

为问卷编码编制了编码字典。因为问卷中没有开放式问题，本例中编码工作相对比较简单。数据经过键盘输入计算机形成了 SPSS 数据库，对其中大约 25%的数据进行了输入错误的检查。通过确认超出正常范围和逻辑上不合理的答案，对数据进行了清理。大部分有序数据是通过 6 级量表得到的，所以 0、7、8 被视为超出了正常范围，用 9 代表缺失值。

含有缺失值的问卷被整份删除，因此有缺失值的访问对象都未包含在分析中。选择整份删除的方法是因为含有缺失值的样本量很小，同时样本规模足够大。在对数据进行统计整理时，将定类变量转化成了虚拟变量，并根据原始变量生成了一些新变量。例如，把对 10 家百货商店熟悉程度排序的数据加总，生成了熟悉度指数。最后，调查人员制定了数据分析策略。

资料来源：[美]纳雷希·K. 马尔霍特拉. 市场营销研究：应用导向. 涂平译. 北京：电子工业出版社，2006。

请思考：

1. 本案例在处理市场调研数据时经过了哪几个步骤？

2. 每一步是如何处理的？

知识讲解

5.1　调查所得数据的审核

数据的获得不仅仅是数据收集过程的结束，更是分析研究的开始。而在数据收集到数据分析之间，不可或缺的便是数据处理这一环。进行数据处理的目的有两个：一是对调查得到的数据进行质量把关，确保高质量的数据进入数据分析环节；二是对数据进行编码，并录入电脑形成数据库，为下一阶段利用分析软件进行数据分析做好准备。在数据处理阶段，首先要重视的是对原始数据（主要是问卷数据）进行审核，以确认有无问题，并采取补救措施。

5.1.1　审核的方式

在实践中，数据的审核工作有以下两种不同的做法。

1. 数据收集过程中的审核

数据收集过程中的审核指边收集数据边进行审核的方式。在数据收集过程中，审核人员一旦发现填答错误、漏填、误填或其他一些有疑问的情况，应及时进行询问核实。这样，数据的收集工作结束时，数据的审核工作也同时完成。这种数据审核的方式也称为实地审核或收集审核。

数据收集过程中审核的优点是能够保证及时性，效果较好；面临的困难是数据收集工作的组织和安排需要特别仔细，而且调查员处理各种情况的能力必须足够强。

2. 数据回收后的审核

数据回收后的审核指先将数据全部收回，然后再找时间集中进行审核，这种数据审核方式也称为系统审核或集中审核。

数据回收后审核的好处是便于统一组织和管理，审核工作可以在研究者的指导下统一进行，审核标准的把握较为一致，审核工作的质量也相对更好。其缺陷在于，整个调查工作的周期会延长，少数个案的重新询问和核实工作会因时间相隔较长或空间相距太远而无法落实。

这两种做法各有利弊，选择哪种做法应视具体情况而定，主要是权衡审核成本与数据质量，其基本原则是审核成本最低，数据资料准确性和完整性的程度最大。

5.1.2　审核的内容和基本要求

1. 文字数据的审核

文字资料的审核主要是通过仔细推敲和详尽考察来判断、确定文字资料的真实性、可靠性和合格性。

（1）真伪性审核。

文字资料本身的真伪性审核，是指通过细致的研究和考察以判明调查所得的文献资料、观察和访问记录等文字资料本身的真伪。它一般采用以下两种方法。

一是外观审核，即从作者、编者、出版者、版本、印刷技术、纸张等外在情况来判断文献的真伪；

二是内涵审核，即从文献的内容，使用的词汇、概念，写作的技巧和风格等内在情况来判断文献的真伪。

此外，观察和访问记录等文字资料的真实性审查，还可从记录的时间、地点、内容、语言、字迹和所使用的墨水等情况来判断其真伪。实践证明，那些内容贫乏、时间重叠或不填时间、语言雷同、字迹和墨水相同的记录，则可能是观察员、访问员伪造的记录。

（2）可靠性审核。

文字资料内容的可靠性审核，是指通过细究和考察以判明文字资料的内容是否真实地反映了调查对象的客观情况。它一般采用以下 3 种方法。

一是根据以往实践经验来判断资料的可靠性，如果发现资料中有明显违反实践经验的内容，那么就应该重新调查或核实。

二是根据资料的内在逻辑来检验资料的可靠性，如果发现资料内容有逻辑矛盾，或者违背事物发展的客观逻辑，那么就应该对这些资料重新核实或进行补充调查。

三是根据资料的来源判断资料的可靠性，一般来说，当事人反映的情况比局外人反映的情况可靠性大一些，多数人反映的情况比少数人反映的情况可靠性大一些，有文字记录的情况比在人群中口耳相传的情况可靠性大一些，多种来源互相印证的情况比单一来源反映的情况可靠性大一些，被引用率高的文献比被引用率低的文献可靠性大一些。

（3）合格性审核。

文字资料的合格性审核，是指审核文字资料是否符合原设计要求。如果对调查对象的选择违背了设计要求，调查指标的解释和操作定义的使用发生了错误，有关数据的计算公式不正确、计量单位不统一，或者对询问问题的回答不完整、不符合要求，甚至答非所问，以及记录的字迹无法辨认等等，都应该列入不合格的调查资料范围。

对不真实、不可靠或不合格的调查资料，一般都应该进行补充调查。在无法进行补充调查时，就应该坚决剔除，弃之不用，以免影响整个调查资料的真实性和科学性。

2. 问卷数据的审核

问卷数据审核是检查问卷填写的完整性和质量，发现和纠正问卷填写中的错误。问卷数据审核主要包括 5 个方面，即合格性、完整性、准确性、及时性和真伪性审核。

（1）合格性审核。

合格性审核检查调研对象是否符合抽样设计的要求。例如样本构成不符合配额的要求，受访者不符合问卷甄别要求。

（2）完整性审核。

审核问卷数据的完整性是检查收回的问卷份数是否达到了调研方案设计的样本量要求，检查问卷填答的项目是否完整、有无缺项等。

不完整的答卷一般可分为以下 3 种情形。

第一种情形是大面积或者相当多的问题无回答，对此应作为作废卷处理；

第二种情形是个别问题无回答，应视为有效调研问卷，所留空白处待后续工作采取补救措施，或将它直接归入"暂未决定"或"其他答案"中；

第三种情形是有相当多的问卷对同一问题无回答，仍作为有效调研问卷，对此项提问可作删除处理。调查者对此可作如下思考：这个问题是否用词不清而让被调查者无法理解，是否太具敏感性或威胁性，而使被调查者不愿意回答，或者根本就无法给此问题找到现成的答案。

（3）准确性审核。

审核准确性是关键，主要是检查数据是否存在差错，有无异常值。检查的方法有逻辑检查与计算检查两种。

准确性审核是检查问卷中的各个项目是否存在填答错误。填答错误一般也分为以下3种情形。

一是逻辑性错误，表现为某些答案明显地不符合事实，或者前后问题的答案不一致。如一周在家洗头10次明显不符合事实，像"年龄20岁而工龄已经15年"就属于明显的逻辑错误。对这类错误能够用电话核实的可进行更正，无法核实的按"不详值"对待。

二是答非所问的错误，例如有些不必回答的问题却回答了，跳答的问题没有跳答，要求多项选择的问题只选择了一个答案，要求单项选择的问题却选择了多个答案，开放题没有作答或答案不符合题意。这种错误到了审核阶段一般很少存在，一旦发现应通过电话询问进行纠正，或者按"不详值"对待。

三是乏兴回答的错误，是指被调查者对回答的问题不感兴趣导致的填答错误，如问卷中所有的问题答案都选择某一固定编号的答案，或者一笔带过若干个问题。如果这种乏兴回答仅属个别问卷应彻底抛弃，如果乏兴回答的问卷有一定的数目，且集中出现在同一类问题群上，应把这些问卷作为一个独立的子样本看待，在数据分析时给予适当的注意。

（4）及时性审核。

及时性审核是检查调查访问时间和数据的时效性。一般来说，访问员应在规定的访问期限内完成所有样本单位的访问，如果因某种原因延误了访问，则应视具体情况作出相应的处理，若延误访问对调查结果没有影响，则问卷仍然是合格的；若延误访问影响到数据的时间属性不一致时，则应废弃此问卷。

（5）真伪性审核。

真伪性审核是检验问卷的真实性，评价访问员是否存在伪造问卷的行为。一般采用抽样复检的办法，核实访问员是否到访，以及访问的时间、地点等。若发现访问员伪造问卷，则应作废弃处理，并重新派员访问。

5.1.3　缺失问卷数据的处理

调查完成的问卷经过数据审核阶段之后，可分为无效问卷和不满意问卷两类，对于不满意问卷还需要进一步处理。为了方便问卷数据审核工作的进行，特将各种情况归纳如下。

1. 无效问卷

出现以下情况的问卷被视为无效问卷。

（1）回答不完全。如果一份问卷中至少有1/3的问题没有回答，应视为无效问卷。

（2）调研对象不符合要求。如有的调查中规定某种行业的人员不能成为调研对象，如果问卷式由这一类人作答，就是无效问卷。

（3）答案选择高度一致。例如，不管什么题目都选择第一个答案。

（4）截止日期后收回的问卷。这些问卷数据的可靠性很低，提供的极有可能是虚假信息。虚假信息的危害非常大，甚至比缺乏信息带来的危害还要大，所以这些问卷要全部作废。

2. 不满意问卷及处理方法

不满意问卷的情形可能包含以下几种。

（1）答案模糊不清。例如，把"√"打在两个答案之间。

（2）答案前后不一致或有明显错误的。例如，一个年龄未满 16 岁的被访者职务是高级经理；一周看 10 场电影。

（3）不符合作答要求。例如，要求单项选择的封闭式问题却选择了多个答案。

对不满意问卷通常有 4 种处理方法。

（1）重新调查。当样本量很小，不合要求问卷比例较高时（超过 10%），需要将不合格问卷退还给调查员，让其返回调查现场重新调查，同时加强对调查员的现场监督，确保重新访问的质量和成功率。

（2）用估计值填充。当发现答案不正确或缺失时，可以想办法根据已有的信息，给出一个合理的估计值其主要方法有以下两种。

① 找一个中间值代替。如样本均值或中位数，或与其他相关变量进行回归后求出的估计值。若遇到性别这种变量，可以将第一个缺失值用男性数值代替，第二个用女性数值代替，依次交替替代。

② 用一个逻辑答案代替。例如，当问卷显示受访者曾经购买某一品牌，但回答知道或听说过哪些品牌时却没有在该品牌上画勾，这时可以假设该受访者应该知道或听说过该品牌。又如，家庭总收入缺失，可以依据家庭中就业人数及职业情况来判断。

（3）设为按缺失值。如果无法给出一个合理的估计值，可以考虑设为缺失。这种方法适用于含缺失值的问卷较少或者有缺失值的变量不是关键变量的情况。

（4）放弃整份问卷。如果样本量很大，不合要求问卷的比例很小，且每份不合要求的问卷中，不合要求的答案比例很大或者关键变量值缺失，但又无法退回给调查员返工时，可以考虑放弃整份问卷。

5.2 数据的编码和录入

调查得到的原始数据经过审核，变成了合格的数据之后，就可以进入数据分析环节了。但是，数据的统计分析需要借助于分析软件（本书主要利用 SPSS 作为分析软件）来进行，因此，在数据分析之前，必须将调查得到的原始数据转化为计算机可以识别的语言并录入计算机，形成数据库。我们将这个工作过程分为编码、录入计算机两个工作环节。由于大规模的市场调研都要采用问卷这个标准化工具，我们就以问卷数据为例来说明数据的编码和录入过程。

5.2.1 数据的编码和录入

数据编码就是将调查数据转化为分析软件可以识别的代号或数字的过程，它是根据问卷中所含信息及预先设计好的编码规则，将每一个观察变量赋予相应的数值或符号的过程。现在，人们一般都习惯用数字而不是字母，这样便于录入、整理和分析。

1．编码规则

进行编码时，必须遵循以下规则。

（1）不重叠，即每个答案对应的编码应当是唯一的，不能有重叠的情况。例如，如果将购买次数的编码设为：1=少于每月 1 次，2=每月 1～4 次，3=每周 1 次或更多，则编码 2 和 3 之间有部分的重叠。

（2）不遗漏，即编码方案应该涵盖所有可能的情况，不应当有任何遗漏。无法列出所有可能的情况时，可以设"其他"，但该组在样本中的比例不应过高（原则上不超过 10%）。

（3）一致性，即每个编码的含义对所有的问卷都是一致的。例如，不能在一部分问卷中用 1 代表男性，而在另一部分问卷中用 1 代表女性。

（4）符合常识，即编码应符合一般常识，这样不容易导致误解。例如，对于受教育水平、购买频次、品牌忠诚度等，应当用大的数字表示受教育水平高、购买次数多和忠诚度高的组别，而不是倒过来。

（5）粗细适宜，应当根据调查的需要确定编码的详细程度。过细将不便于汇总和分析，而过粗又导致大量信息丢失，无法满足整理和分析的需要。

2．编码与录入方法

编码可以在设计问卷时进行，也可以在数据收集结束以后进行，基于此，编码的方式可分为事前编码和事后编码两种。

（1）事前编码。

事前编码是在实地调查之前，主要是在设计问卷时就对答案进行编码。因为开放式问题在设计问卷时还不知道答案，所以这种编码方式只能适用于封闭式问题，而不能用于开放式问题。

封闭式问题的类型大致可以分为单选题、多选题、排序题、开放题 4 种类型，其变量的编码各有不同。而数据录入一般是由数据录入员根据编码的规则（或编码明细单）将数据从调查问卷上直接录入到计算机数据录入软件系统中，系统会自动进行记录和存储。

① 单选题的编码与数据录入。

单选题的编码方法是给每个答案一个代码（即编码号），一般以答案序号作为编码号。通常，事前编码的问卷将每个答案的编码号都印在问卷上。

例如，您的职业是什么？

A．工人　　　　　1

B．农民　　　　　2

C．教师　　　　　3

D．干部　　　　　4

E．其他　　　　　5

变量：您的职业是什么？　　编码：1=工人；2=农民；3=教师；4=干部；5=其他。其中，1、2、3、4、5 就是编码号。

录入方法：录入选项编码号，如选 C 则录入 3。

② 多选题的编码与数据录入。

多选题的编码方法是将每一答案指定为次级变量，每个变量都作同样的编码，用"1"表示受访者选择了该答案，用"0"表示未选择，即编码为：1=选择；0=未选择。

例如，您在何处了解购房信息？（可多选）

A. 报刊/杂志

B. 电视/广播

C. 网络

D. 相关群体（朋友/同事 ）

E. 其他

编码时将该问题分解为 5 个小问题（即 5 个次级变量），编码如下：

次级变量 1：您在何处了解购房信息（报刊/杂志）？ 编码：1=选择　0=未选

次级变量 2：您在何处了解购房信息（电视/广播）？ 编码：1=选择　0=未选

次级变量 3：您在何处了解购房信息（网络）？　　　编码：1=选择　0=未选

次级变量 4：您在何处了解购房信息（相关群体）？　编码：1=选择　0=未选

次级变量 5：您在何处了解购房信息（其他）？　　　编码：1=选择　0=未选

录入方法：被调查者已选的项录入 1，没选的项录入 0，如被调查者选 AC，则 3 个变量分别录入为 1、0、1。

③ 排序题（即对选项重要性进行排序）的编码与数据录入。

排序题的编码方法和单选题一样，也是以答案序号作为编码号。与单选题不同的是将每一个位次指定为次级变量。

例如，您选购空调的主要条件是（请将所给答案按重要顺序 1，2，3……填写在□中）

价格便宜□　　　外形美观□　　　维修方便□　　　牌子有名□　　　经久耐用□

编码时将该问题分解为 5 个小问题（即 5 个次级变量），编码如下：

次级变量 1：第一位

次级变量 2：第二位

次级变量 3：第三位

次级变量 4：第四位

次级变量 5：第五位

编码：1=价格便宜，2=外形美观，3=维修方便，4=牌子有名，5=经久耐用

录入方法：被调查者将选项排在第几位就将该选项的编码号录入在第几位的变量下。如被调查者把维修方便排在第一位则在代表第一位的变量下输入"3"。

④ 选择排序题的编码与数据录入。

选择排序题的编码方法是将每一答案指定为次级变量，每个变量都作同样的编码。"1"未选，"2"排第一，"3"排第二，"4"排第三。

例如，您认为开展保持党员先进性教育活动最重要的目标是哪 3 项，并按重要性从高到低排序：

1（　　　）2（　　　）3（　　　）

A. 提高党员素质　　　　B. 加强基层组织　　　　C. 坚持发扬民主

D. 激发创业热情　　　　E. 服务人民群众　　　　F. 促进各项工作

编码时将该问题分解为 5 个次级变量，编码如下：

次级变量 1：提高党员素质　　编码：1=未选，2=排第一，3=排第二，4=排第三

次级变量 2：加强基层组织　　编码：1=未选，2=排第一，3=排第二，4=排第三

次级变量 3：坚持发扬民主　　编码：1=未选，2=排第一，3=排第二，4=排第三

次级变量 4：激发创业热情　　编码：1=未选，2=排第一，3=排第二，4=排第三

次级变量 5：服务人民群众　　编码：1=未选，2=排第一，3=排第二，4=排第三

次级变量 6：促进各项工作　　编码：1=未选，2=排第一，3=排第二，4=排第三

录入方法：以变量的编码号录入。比如 3 个括号里分别选的是 E、C、F，则该题的 6 个变量的值应该分别录入：1（代表 A 选项未选）、1、3（代表 C 选项排在第二）、1、2、4。

注：该方法是对多选题和排序题的方法结合的一种方法，对一般排序题也同样适用，只是两者用的分析方法不同（前一种方法用频数分析，后一种方法用描述分析），输出结果从不同的侧面反映问题的重要性（前一种方法从变量的频数看排序，后一种方法从变量值出发看排序）。

（2）事后编码。

事后编码是指在实地调查工作完成以后，通过逐一浏览回收的问卷，对答案进行编码。这种编码方式适用于那些在实地调查前不可能知道答案的问题，主要是开放性问题。

① 开放式数值题和量表题的编码与数据录入。

开放式数值题是要求被调查者自己填入数值的问题，开放式量表题是要求被调查者打分的问题。这类问题的编码方法是以答案本身的数字作为编码号。

例如，您的年龄（实岁）：___39___。

变量：您的年龄？　　编码：39。

录入方法：录入编码号，即 39。

② 开放式文字题的编码与数据录入。

对于开放式文字题的事后编码，它所依据的不应该仅是答案的文字，更重要的是这些文字所能反映出来的被调查者的思想认识。这项工作可以按以下步骤进行。

a. 列出答案：将每一开放式问题的所有答案都一一列出。

b. 将所有有意义的答案列成频数分布表。

c. 确定可以接受的分组数：主要是从调研目的出发，考虑分组的标准是否能紧密结合调研目的。

d. 根据拟定的分组数，对第二步整理出来的频数分布表中的答案进行挑选归并。在符合调研目的的前提下，保留次数多的答案，然后把次数较少的答案尽可能归并成含义相近的几组。对那些含义相距甚远，或者虽然含义相近但合起来次数仍不够多的，最后一并以"其他"来概括，作为一组。

e. 为所确定的分组选择正式的描述词汇。

f. 根据答案分组结果进行编码。

注意 如果开放式文字题答案内容较为丰富、不容易归类，应对这类问题直接做定性分析。

例如，对开放式问题"您为什么选择这个品牌的空调？"答案的合并分类和编码过程如下：

① 研究者翻阅所有受访者的答复，并将所有答案列出如下（设只有 14 个样本）：

1. 节能环保	2. 外形美观	3. 价格公道	4. 噪声低
5. 空调效果好	6. 经久耐用	7. 高科技	8. 体积小
9. 是名牌	10. 邻居都买这个牌子	11. 经常在广告中见到	
12. 我没想过	13. 我不知道	14. 没有什么特别的原因	

② 将上述答案归并成 6 类，并指定号码（数字编码）。

【1】节能环保　　1，5，7　　　　　　　【2】外形美观　　2，8

【3】价格公道　　3，6　　　　　　　　【4】噪声低　　　4

【5】名牌　　　　9，10，11　　　　　　【6】不知道　　　12，13，14

同步操作案例

一个调查公司对消费者进行了有关互联网使用的调查，调查结果编码见表 5-1。表中包含了 30 个调研对象的数据，调研内容包括：性别（1=男性，2=女性），对互联网的熟悉程度（1=很不熟悉，…，7=很熟悉），使用时间（每周小时数），对互联网的态度（1=很不喜欢，…，7=很喜欢），以及是否曾利用互联网购物（1=是，2=否）。请将表 5-1 的数据输入到 SPSS 软件中，以便对资料进行进一步的统计分析。

表 5-1　　　　　　　　　　　　　有关互联网使用的调查结果编码表

调研单位编号	性别	熟悉程度	使用时间	对互联网的态度	是否曾利用互联网购物
1	1	7	14	7	1
2	2	2	2	3	2
3	2	3	3	4	1
4	2	3	3	7	1
5	1	7	13	7	1
6	2	4	6	5	1
7	2	2	2	4	2
8	2	3	6	5	2
9	2	3	6	6	1
10	1	6	15	7	1
11	2	4	3	4	2
12	2	5	4	6	2
13	1	6	9	6	2

续表

调研单位编号	性别	熟悉程度	使用时间	对互联网的态度	是否曾利用互联网购物
14	1	6	8	3	2
15	1	6	5	5	1
16	2	4	3	4	2
17	1	6	9	5	1
18	1	4	4	5	1
19	1	7	14	6	1
20	2	6	6	6	2
21	1	6	9	4	2
22	1	5	5	5	2
23	2	3	2	4	2
24	1	7	15	6	1
25	2	6	6	5	1
26	1	6	13	6	1
27	2	5	4	5	1
28	2	4	2	3	2
29	1	4	4	5	1
30	1	3	3	7	1

分析提示：

① 进入 SPSS 软件，系统将自动打开数据编辑器。数据编辑器包括"数据视图"和"变量视图"两个视区，分别定义变量的值（即数据）和变量（变量名称、类型等）。

② 一般首先在"变量视图"视区中定义变量信息，在此需要定义变量的变量名、变量类型、数据或字符宽度、标签、值等信息。

③ 在定义好变量后，就可进入"数据视图"输入每个调研单位数据，可以看到，变量名会自动显示在电子表格首行表头中，而调研单位编号会显示在表格左面第一列中。

④ 输入数据后进行保存就可输出一个 SPSS 文件。单击打开主菜单中的"文件"菜单，如果是新文件，选择"保存"选项，打开"将数据保存为"对话框；如果是旧文件，选择"另存为"选项，打开"将数据保存为"对话框，根据需要选择数据文件格式，并输入文件名就可保存。

小知识

SPSS 的数据视图和变量视图

对于 SPSS 而言，它把数据编辑窗口分成了两张表显示，一张是数据视图，另一张则是变量视图，下边分别介绍这两个视图。

数据视图可以直接由用户输入数据和存放数据，视图的左边显示的是个案的序号，上边显示的是变量的名称，具体如图 5-1 所示。

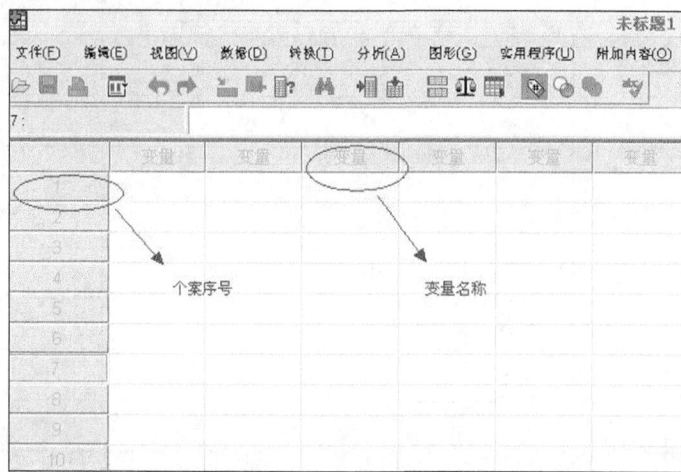

图 5-1　SPSS 数据视图表

变量视图主要是用来存放变量的，包括变量名称、变量类型、宽度、小数、标签，值、缺失、列、对齐和度量标准几个标签。具体如图 5-2 所示。

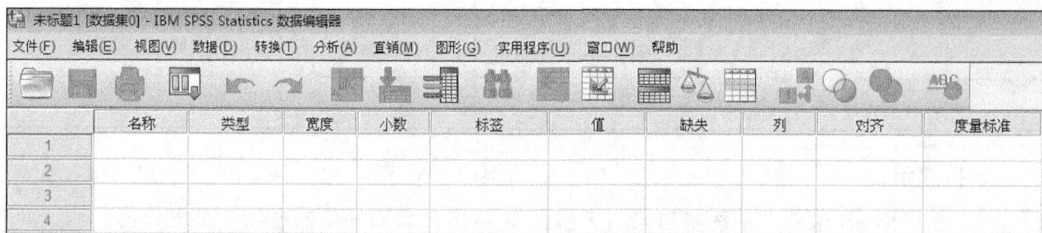

图 5-2　SPSS 变量视图表

变量视图中各标签的含义如下。

（1）变量名：数据视图中的变量的名字，必须以字母、汉字或者@开头，总长度不超过 8 个字符。SPSS 有默认的变量名，也可以双击然后进行修改，但要简明扼要，不能太长。

（2）变量类型：一共有 8 种类型，如数值型、字符串型、时间型、逗号型等。

（3）变量宽度：即变量取值所占有的宽度，默认为 8 位。

（4）小数：即小数的位数，默认为 2 位。

（5）标签：对变量名称的详细说明。变量标签可以长和详细一些，一般用整个问句。在数据视图页面，将光标放在变量名上时，变量的详细信息即变量标签将以黄字显示出来。

（6）值：对变量取值的说明，类似 Excel 数据的下拉菜单选择。在这里将变量的编码信息在这里告诉计算机。例如，变量值标签 "1=男" 录入计算机后，将来在数据视图页面对该变量录入 "1" 时，计算机就知道被调查者是 "男性" 了。

（7）缺失值：数据统计错误或者空白时候可以替代的值。

（8）列：数据视图中列的宽度。

（9）对齐：数据视图中数据的对齐方式，分为左对齐、右对齐和居中对齐。

（10）度量标准：分为名义、有序和度量3个级别。采用以上3个度量标准的变量是分别通过类别量表、顺序量表、等距量表和比率量表搜集所需数据的变量，分别称为类别变量（或称名义变量）、顺序变量（或称有序变量）、等距变量和比率变量。其中，等距变量和比率变量统称为度量变量，在实际应用中，许多情况下并不严格将二者加以区分。

5.2.2　数据录入结果的查错和核对

为了保证数据录入的准确性，有必要对录入的结果进行核查，核查的方式主要有以下几种。

1.双机录入或三机分别录入

所谓双机录入，是将同一份问卷分别由两个录入员进行2次录入，将2次的结果进行逐个比较，相同部分是被认为没有错误的，如果出现不同的部分，检查问卷，及时修正。所谓三机录入，即将同一份问卷由不同的录入员录入3次，将3次录入的结果通过计算机进行比较，采用"二排一"的原则，如果有两个结果是相同的，排除那个不同的答案。三机录入的方式可以减少翻阅问卷的人工。

无论是双机录入还是三机录入，都会增加调研的时间和费用成本，而且是成倍地增加。为求得数据的收集和录入环节的准确性，越来越多的企业和市场调研公司要求数据录入阶段的正确操作。

2.部分复查

一般随机抽取20%左右的问卷进行复查。

3.一致性检查与逻辑查错

一致性查错主要考察变量的取值范围是否与所规定的范围一致。例如，"性别"的取值范围是1（男）、0（女）和9（未回答）。如果出现了2、3、4、5等其他编码号，就说明超出了变量的正常取值范围，肯定有错。

逻辑查错是检查数据有无逻辑错误。一是样本结构上的逻辑错误，如年龄为20多岁的退休人员。二是回答内容上的逻辑错误。例如，不知道某个品牌的被调查者，在后面又选择了使用该品牌；回答不收看某个频道节目的被调查者在同一问卷上又选择了对该频道播出节目很感兴趣的答案。这些都是不符合逻辑的情况，需要审核。

录入结果查错是对数据进行的最后一道检查程序，这一步完成后，数据应该是"整齐、干净的"，可以进入数据的统计分析环节了。

5.2.3　需要注意的问题

（1）SPSS数据表的横栏录入的是每一调研单位的调查结果，称为个案；纵栏录入的是问卷中每一问题的调查结果，称为变量。各变量的顺序要与问卷中问题的顺序保持一致。

（2）定类数据中，有时可能需要设一类"其他"或"不属于以上各类"，编码时要注意这个类别的调研对象不能超过10%，大部分调研对象应该属于有意义的类别。

（3）数据编码应尽可能详细地描述数据。例如，如果通过问卷获得了商务旅行者每年旅行的具体次数，则编码就应该原封不动地体现次数，而不能把调研对象再分为"频繁旅行"和"不频繁旅行"两类。记录具体旅行次数使调查人员能够根据不同标准对调研对象进行分类，而如果事先分类的话，进一步的研究可能受到限制。

（4）数据编码结束后，调查人员应该选择适当的统计分析方法，最终选择的数据分析方法可能与预先计划的有所不同。

5.2.4 数据库的总体评价

一个好的数据库一般都应满足以下 3 个要求。

（1）每个变量的编码值在有效编码值范围之内。

（2）存在关联的两个变量之间符合正常的逻辑关系。

（3）随机抽取部分问卷，并逐份、逐个答案地进行了校对。

习题与实训

一、单选题

1. 市场调研的继续和市场调研数据分析的前提是（　　）。

    A. 数据处理   B. 市场分析   C. 撰写报告   D. 调查方案设计

2. 应用各种检查规则来辨别数据缺失、无效或不一致等造成数据库存在的潜在错误，这种活动称作（　　）。

    A. 数据录入   B. 数据审核   C. 数据编码   D. 创建数据库

3. 把问卷上填写的文字信息转换为数字代码，以便进行处理和制表，这种工作称作（　　）。

    A. 数据录入   B. 数据审核   C. 数据编码   D. 数据插补

4. 将问卷上的回答通过打字输入计算机，转化成可机读的形式，这种工作称作（　　）。

    A. 数据录入   B. 自动审核   C. 预先编码   D. 数据插补

5. 将数据编码的信息告诉计算机的过程叫做（　　）。

    A. 定义变量值标签 B. 定义变量值   C. 定义变量   D. 录入数据

二、多选题

1. 数据的录入可以通过（　　）完成。

    A. 键盘录入   B. 机读卡   C. 光电扫描   D. 计算机控制的传感器

    E. 语言录入

2. 问卷数据审核的内容有（　　）。

    A. 完整性审核   B. 准确性审核   C. 及时性审核   D. 合格性审核

    E. 真伪性审核

3. 下列行为中属于访谈员失职的是（　　）。

    A. 擅自变更，未按原计划进行访问

    B. 改动了问卷上的一些答案

    C. 由于未找见被访谈者，访谈员自行填制了问卷

D. 访谈员未依据被调查者的心理活动过程进行访谈

E. 访谈员找的被调查者不符合调查要求

4. 事前编码适用于（　　）问题。

A. 封闭式　　　　　B. 开放式　　　　　C. 半封闭式　　　　　D. 态度测量性

E. 二项选择性

5. 在审核问卷时，"性别"一栏的取值范围是 1（男）、0（女）和 9（未回答）。如果出现了（　　）代码，就说明肯定有错。

A. 1　　　　　　　B. 0　　　　　　　C. 2　　　　　　　D. 3

E. 9

6. 面对缺失数据，可以用以下（　　）方法进行处理。

A. 找一个最大值代替　　　　　　　　B. 找一个中间值代替

C. 找一个最小值代替　　　　　　　　D. 不作处理

E. 随机找一个值代替

三、判断题

1. 在市场调查资料的审核与鉴别工作中，还应该审核或检查访问员。　　　（　　）

2. 填答项目不完整的问卷一律应作为废卷处理。　　　（　　）

3. 对于不合格问卷，需要退还给调查员，让其返回调查现场重新进行调查。　（　　）

4. 编码的方式可分为事前编码和事后编码两种，其中，事后编码只能用于开放式问题。

（　　）

5. 问题的类型不同，编码和录入的方法也会不同。　　　（　　）

6. 如果通过问卷获得了商务旅行者每年旅行的具体次数，为了便于统计分析，应该首先把调研对象分为"频繁旅行"和"不频繁旅行"两类，然后再进行编码。　　（　　）

四、综合应用题

1. 如果发现一个调查中产生了严重的非回应误差，调查人员应该做些什么？

2. 你在一家电话营销公司做兼职。你的报酬拟以用电话营销方式拉到的信用卡申请者的数量为基础。公司老板发现信用卡的申请业务在下滑，所以她决定做一项电话调查。当你星期一开始工作时，她告诉你去做电话访谈并给你一堆问卷让你完成。在这种情况下，可能发生什么样的现场工作人员故意误差？

五、操作题

1. 在啤酒调查问卷中，有一开放式问题：为什么你喜欢 A 品牌的啤酒？现将被调查者回答的答案汇总后列于表 5-2，再将这 17 种答案进行合并分类和编码后列于表 5-3。

表 5-2　　　　　　　　　　　　　问卷答案统计表

1	因为它口味较好	5	它最便宜
2	它具有最好的味道	6	我买任何打折的啤酒，它大部分时间都在打折
3	我喜欢它的口味	7	它不像其他牌子的啤酒那样使我的胃不舒服
4	我不喜欢其他口味太重的啤酒	8	其他牌子使我头痛，但这种不会

9	我总是选择这个品牌	14	这是我妻子/丈夫最喜欢的品牌
10	我已经喝了 20 多年了	15	我没有想过
11	它是大多数同事喝的品牌	16	不知道
12	我的所有朋友都喝它	17	没有特殊的原因
13	这是我妻子在食品店里常买的品牌		

表 5-3　　　　　　　　　　　　问卷答案的合并分类和编码

回答类别描述	表 5-2 的回答	分配的数字编码
口味好/喜欢味道/比其他味道好	1,2,3,4	1
低/较低的价格	5,6	2
不会引起头痛/胃不适	7,8	3
长时间喝/习惯	9,10	4
朋友喝/受朋友影响	11,12	5
妻子/丈夫喜欢喝/买	13,14	6
不知道	15,16,17	7

请列出开放式文字题的编码步骤。

2. 如下所示的是一份问卷的一部分，用于调查消费者对照相机的偏好。请为这些问题设计编码。

- 9. 在购买一个新的照相机时，请为以下特性的重要性打分。

	不重要				非常重要
a. 胶卷速度设定	1	2	3	4	5
b. 自动进卷	1	2	3	4	5
c. 自动聚焦	1	2	3	4	5
d. 自动上卷	1	2	3	4	5

- 10. 如果您想购买一个新照相机，您会去哪里购买？可多选。

a. 杂货店

b. 照相机商店

c. 折扣店/大卖场

d. 超级市场

e. 其他

- 11. 您通常在哪里冲洗胶卷？请选择一个。

a. 杂货店

b. 小型摄影室

c. 照相机商店

d. 折扣店/大卖场

e. 超级市场

f. 邮寄服务

g. 售货亭/其他

3. 以小组为单位，根据 4.4 操作题 4 中经过实地调研得到的问卷数据进行处理，形成质量合格的 SPSS 数据库。处理问卷数据的过程包括审核数据、编码数据、录入数据、查错和核对数据 4 个步骤。

任务解析

未经过处理的调查数据是分散的、凌乱的和没有规律的，必须经过数据处理和数据分析，才能变成有条理的、系统的和有规律的数据，从而为营销决策提供依据。从实地调研收集数据到对数据进行分析，二者之间不可或缺的便是数据处理这一环节了。而处理市场调研数据需要经过哪几个步骤？每一步又是如何处理的？本任务试图通过《百货商店项目的数据准备》来展示处理市场调研数据阶段的工作步骤。

从百货商店的项目来看，该项目在处理市场调研数据时，经过了数据审核、数据编码、数据录入、录入结果查错与核对 4 个步骤。

每一步的处理过程如下。

① 数据审核阶段。对不合格问卷返回现场重新调查，删除了 9 份不合格部分比例过大的问卷。

② 数据编码阶段。编制了编码字典。

③ 数据录入阶段。使用 SPSS 软件。

④ 录入结果查错与核对阶段。对大约 25% 的数据进行了输入错误的检查，含有缺失值的问卷被整份删除。

相关知识图示

任务五相关知识图示如图 5-3 所示。

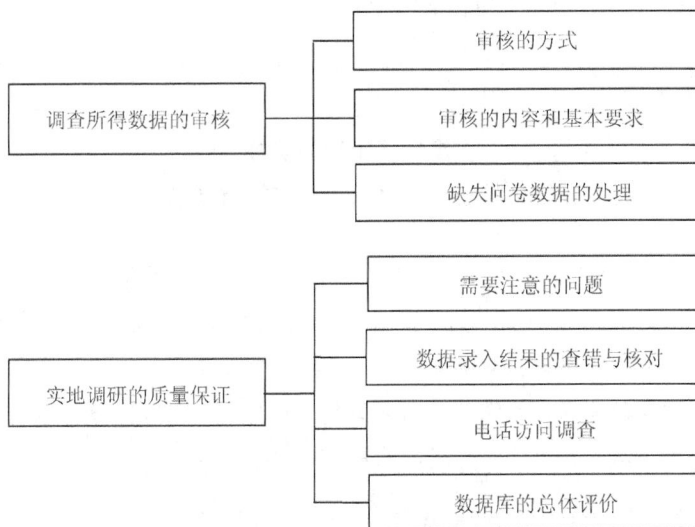

图 5-3 任务五相关知识图示

任务六
分析市场调研数据

学习目标

- **知识目标**

1. 了解文字型数据的特征，掌握常用的定性分析方法，熟悉定性分析的工作过程。

2. 了解常用的描述数据集中趋势与离散趋势的指标的含义，掌握其使用方法；了解相关系数、回归系数、抽样平均误差、抽样极限误差等指标的含义，掌握其使用方法。

3. 掌握利用 SPSS 进行单变量频数（或频率）分析、描述分析的方法，掌握利用 SPSS 进行多变量列联分析、相关与回归分析的方法。

4. 掌握利用 SPSS 进行参数估计、方差分析的方法。

- **能力目标**

1. 能根据调研目的和变量的类型选择合适的数据分析方法。

2. 能定性分析调查所得的文字型数据。

3. 能利用 SPSS 描述分析调查所得的问卷数据。

4. 能利用 SPSS 推断分析调查所得的问卷数据。

任务引入

上海市场定性调研报告

——恒信钻石机构进入上海前的市场调研报告

1. 主要商圈

市府规划了"三街两城"（三街：淮海路、南京路、四川路；两城：徐家汇商城、豫园商城）。其中淮海路具有"上海第一街"的美誉，是人们心目中的"优雅淮海路"。南京西路是最具有国际化风范的地带，商务气氛较浓，商圈范围较小，主要集中在 3 个大商场，具有很大发展潜力。在品牌定位上来说最适合的地点是淮海路和南京西路，而选定在南京西路更能在品牌推广和定位上占到一定的优势。淮海路是一个逐渐转变的地带，品牌相对来说参差不齐，而南京西路的品牌更齐整，格调更统一。

2. 四大顶尖购物场所

恒隆广场、美美百货、中信泰富、锦江迪生。

3. 主要的珠宝首饰集散地

城隍庙：规模最大，传统的珠宝品牌聚集地。

淮海路：强势品牌不可放过的市场，以专卖店的形式出现。

徐家汇：以东方商厦、港汇、太平洋为主，每个商场中的珠宝钻饰品牌相对已成气候，并辅以很多年轻时尚的银饰和仿真首饰等。

四川路：几个传统品牌以银楼的形式出现。

南京西路：国际品牌落脚点，并可以找到 Folli Follie，Ama 等受到时尚和白领人士好评的品牌。

南京东路将会形成的珠宝市场：政府重兴南京东路金店一条街的计划正在实施，南京东路圣德娜商场将成为以我国香港品牌为主打的珠宝类商场，对面的银楼拆掉重新修建占地 2 万多平方米的大型珠宝首饰市场，以瑞士巴塞尔珠宝展会为背景和卖点（并已先行在上海珠宝展会上进行招商炒作），据业内人士称，这将成为重振南京东路金店一条街的代表性举措。

4. 消费群体——白领

（1）主要消费特征。

① 崇尚品牌。主要是国外品牌。

② 追赶时尚潮流。时尚敏感度很高。

③ 消费非常理性或者说讲究实惠。购买决定本身具有计划性（买这件衣服去搭配另一件衣服），购买前具有判断性（是不是确实需要这件衣服），购买目的性也很强（买了这件衣服在什么样的场合穿）。

④ 购买决策的确定需要的时间较长。"货比三家"是非常正常的现象，比较的指标非常清晰和具体，价格是不可或缺的一环。如果有人没有做任何比较就花了钱，肯定会被同伴不屑一顾。

⑤ 对消费环境的要求很高。不喜欢拥挤，不喜欢扎堆，所有商场的人流都是差不多的，没有特别的趋向，甚至徐家汇的太平洋因为"太热闹"而导致一些人不愿意光顾。

原始数据：

——"中信泰富目前是一个人流不多的商场，品牌较少，而且定位不准，餐饮较强，以星巴克咖啡最受欢迎，是白领熟知的约见地点。我感觉好像它适合那种工资收入比较高，比白领再上一层，但是又不算老板，不上不下的那种人群。"

——"我特别喜欢（恒隆）那种环境，人很少，我觉得可以随心所欲，选择余地可以很大，不必担心人挤来挤去，不会旁边很吵，很舒服的环境。"

——"因为像徐家汇那样有的店太挤的话，你想挑选一下，考虑一下，或是换几个颜色试一下，因为人太多，营业员太忙，都忙不过来，有的时候就招呼不了你，想想还是下次再来吧，不一定就买成功，环境好一点的话，就让你静静地挑，挑到自己称心为止。而且它（恒隆）那边给人一种比较宽心的感觉。"

（2）白领群体的市场细分

在所有的被调查白领中，消费上存在两个最主要的区别如下。

① 年龄的不同，女性消费观念和习惯有很大不同。

年轻女孩子的消费偏向于"快餐式"，对信息的接受速度更快，尝试的欲望更强烈，容易肯定也容易否定。

② "小资"和成熟女性的消费有很大差别。

"小资"和成熟女性的消费金额可能是差不多的，但是"小资"可能花了很多钱在不同的牌子上，买回家的东西可能是"中看不中用"；成熟女性更容易集中消费，同样的钱可能只买了一件钟情的东西，她们更追求品质，也更追求品牌，因为此时，品牌代表她们一贯的品位，而价格在这个时候就变得不是很重要了，不能说她们的价格敏感度降低，而应该说是她们对于高品质的东西愿意付出更高的代价。

原始数据：

—"名牌除了它的附加值比较高以外，款式、做工也确实要比别人好，同样一件衣服，还是值得的，名牌的衣服可以穿一年两年，不容易淘汰，价值好像还在。非品牌衣服从外观看上去，蛮漂亮，很花哨，今年流行明年就不流行了，就不穿了，扔了。多花点钱买一件的话，比较值。"

（3）主要购买动机

① 对于钻石首饰的认知是全国城市中最高的。

上海可以说是 De beers 多年的市场教育的成功典范，我们所调查的所有"白领"消费者对钻石的 4C 几乎都能够顺口说出，并且相对高端一些的消费者已经不再简单地停留在追求钻石的颜色和净度上，她们能够准确地说出"钻石的火彩其实取决于切割"，从而这部分人在选择钻石首饰的时候对切割度有较高要求。

a. 对于钻石的认知中有几个关键词。

高贵，脱俗，永恒，纯净，知性，浪漫。单颗钻石很冷调，需要花哨的外形在旁边陪衬，反而看上去很浪漫，有女人味的感觉。

b. 钻石首饰不仅仅属于结婚的人。

原始数据：

—"结婚时不一定是第一颗钻戒，但一定是最大的一颗"。很多人在婚前就可以因为这样那样的理由和心情购买钻石首饰，但是结婚时的那一颗一定是目前最大的一颗。上海女性喜欢钻石首饰，但是不一定要自己出钱购买，崇尚让男人掏钱给自己买是一种本事，是可以在同伴中津津乐道炫耀的事情。

② 购买动机是理智型的。

买珠宝和买服装的差异：第一，珠宝的购买动机属于理智型的，服装的购买动机属于感情型的；第二，珠宝的购买要求苛刻；服装的购买要求相对较低。

原始数据：

—"女人买服装和买钻饰会有差异，女人买珠宝一定会带钱去买，看中了一定会买，但不会去逛珠宝店；但买服装，可能今天心情不好，或太好了去逛，但不一定会买回来。可能考虑到经济的承受能力，我一定退而求其次，买劣的。"

—"一般都想好了我要去看看，我想买个戒指，买个项链，就会去看，今天看不到，明天我还去。"

——"珠宝和服装不同，没有很多尺寸，尺寸如果要改的话，可能会影响到它整个图形的设计，可能会断，会想到这个问题，所以要适合自己的。"

③ 崇尚西方的设计和款式，追求别致，与众不同。

意大利和法国的设计是最好的，线条流畅，款式新颖，工艺精致，时尚感强。

原始数据：

——"结婚时购买的钻戒款式已经不特别了，现在人手一颗，一定要再买一个和别人不一样的戴。"

——"为了这条款式特别的镶钻的链子，我跑遍了上海各大商场都没有，最后托人在谢瑞麟找了个师傅，让他照同样款式给我做了一条，虽然 2 万多元，但是这个款式别人是没有的。"

5. 主要竞争品牌

（1）更倾向于专卖店或者专柜

原始数据：

——"在周生生，你不喜欢了可以去换的，别的品牌做不到这一点。换款式，黄金可以换，钻石可以重新做个款式。"

——"在泰基和庆丰金，款式都非常新颖，非常漂亮，很年轻的，不是那种很俗套的。"

——"在东华，我觉得里面的服务好。你在购买的时候里面的服务比国产的好，可以给你参谋。很年轻化的。帮你做测试，你买的钻饰，旁边有小钻，甚至告诉你小钻的切割度，很专业的告诉你。"

——"在谢瑞麟，它好像是珍珠什么的，款式还可以的。做工很细，黄金，白金也有。"

（2）老式银楼的经营模式不能被白领接受

① 人杂

② 品牌多

③ 老式

原始数据：

——"亚一金店、老凤翔对我来说好像是我妈妈去的地方。品牌很多，有的品牌我们也不是很熟悉，要买的话，就在专卖店购买。逛得太久，看得眼睛花了，我宁愿少一点，当机立断挑几个。但那里太杂了，人很多很多的。"

——"特别是老庙黄金那里啊，人太多哦。大家都在抢生意。我就不愿意去买那些东西。到时候都不知道买什么款式好了。"

（3）美洲、奥地利、意大利、法国的珠宝比较受欢迎

原始数据：

——"法国给人的感觉很时尚，花俏，线条很好，优雅。法国给人的感觉是很美好的。"

——"法国品牌的标志是它的品牌上应该标上法文，法文很特别啊，类似于中国的音调一样。或者是埃菲尔铁塔。"

资料来源：[美]纳雷希·K. 马尔霍特拉. 市场营销研究：应用导向[M]. 涂平译. 北京：电子

工业出版社，2006。

请思考：

1. 本案例在分析原始的市场调研数据时使用了哪些调研方法？
2. 请具体指出各种分析方法在案例中的位置。

知识讲解

6.1 文字型数据的定性分析

数据是对客观现象进行调查的结果，表现形式有文字型和数值型两种。数据分析方法因数据类型的不同而不同，对于文字型数据，要采用定性分析的方法；对于数值型数据，可采用描述统计分析方法和推断统计分析方法。

定性分析也称逻辑分析，是对不能量化的现象进行系统化的理性认识和分析，理论依据是哲学观点、逻辑判断及推理，其结论是对事物的本质、趋势和规律的性质方面的认识。

6.1.1 文字型数据的特征

科学研究工作者通过参与活动、现场观察、深入交谈、查找资料等手段获得的，以叙事材料为主体，用文字描述为主要呈现方式的数据属于文字型数据。这些数据大都来源于自然情境，用于研究分析的文字型数据具有以下 3 个显著特征。

（1）描述性。通常采用文字、声像和图像的形式记录研究中发生的事情，如情境实录、个人档案、谈话记录、笔记、照片、录音带、录像带等。

（2）事实性。文字型数据是以各种手段获得的可靠的事实。这种事实必须是研究情境中呈现的客观的原始材料，而不是出于研究者个人"想当然"的东西，也不是仅凭个人直觉、感受、主观判断或道听途说的记录。

（3）典型性。所记录的事实是个别的、小范围的，但必须是典型的。

6.1.2 常用的定性分析方法

1. 归纳分析法

归纳分析法是以调查、观察、实验中获得的分组资料为依据，对个别事实、直接经验加以概括，推演出有关事物的一般属性和本质的思维方法。归纳分析法是我们用得最广泛的一种方法，可分为完全归纳法和不完全归纳法。完全归纳法的结论范围不超出归纳对象范围，具有必然性。不完全归纳法的结论范围超出了归纳对象范围，具有或然性。不完全归纳法又分为枚举法和科学归纳法两种。枚举法是通过列举有代表性的事实来证实研究结论的思维方法。科学归纳法是根据对某一门类部分对象本质属性和因果关系的分析，得出研究结论的思维方法。其结论可靠性程度较高，但仍然是或然性的。

（1）求同法。

例如，中小学中有一些体质很好的学生，而我们了解一系列情况就可以发现，尽管他们的年龄、家庭经济条件、生活环境、作息制度、饭量等都不一样，但其中都有一个共同的事实，就是他们每天都锻炼，并持之以恒。由此可以作出判断：

持之以恒地锻炼身体是保持健康体质原因之一。

推理过程如下：

> 甲生锻炼、早起、饭量大……………………　健康
> 乙生锻炼、营养好、父母特别照顾……………　健康
> 丙生锻炼、住房宽敞、足月生…………………　健康
>
> 锻炼………………………………………………　健康

（2）求异法。

例如，两位在学历、教龄、教学水平、教学责任心、教学手段等方面大体相同的教师，一位十分注意教学过程中的积极暗示，总是用自己的一个眼神、一个动作、一句话暗示学生，鼓励学生。而另一位教师无意于此，只是认认真真教课。结果发现前者所任教的班级学生学习的积极性高于后者所任教的班级的学生。因此，可以认为教师的积极暗示可以提高学生的积极性。由此，我们可以在教学中通过积极的暗示提高学生的学习积极性。

推理过程如下：

> 教师甲：积极暗示、大学本科、8年教龄、讲课深入浅出、市先进…学生学习积极性高
> 教师乙：大学本科、10年教龄、讲课生动、市先进……………学生学习积极性一般
>
> 积极暗示………………………………………………学生学习积极性高

（3）共变法。

例如，学校在教学中采取了"合作学习"的措施，在采取这一措施后，学生的学习能力有了普遍提高。在这变化过程中，"合作学习"和"学生学习能力提高"在一定条件下存在着一种相互作用、共同变化的关系，这种关系可以用下表表示：

> 合作学习　　　　　　　　　　　　　学生学习能力
>
> 出现………………………………　出现
>
> 加强………………………………　提高
>
> 减弱………………………………　降低
>
> ……
>
> 合作学习…………………………… 教学效果

在归纳方法中，任何结论都是基于通过调查、观察或实验所得到的数据。市场营销研究中通过对大量个体的研究得出一般性结论的方法使用的就是归纳法。

2. 演绎分析法

演绎，是从一般到特殊和个别，是根据一类事物都具有的一般属性来推断该类中的个别事物所具有的属性的推理形式。它把调查资料的整体分解为各个部分、方面、因素，形成分类资料，并通过这些分类资料的研究分别把握事物的特征和本质。演绎推理是从一般到特殊的推理，在前提正确的情况下，结论可靠。它也适合于对假设进行检验。其主要形式为三段论和假言推理。

三段论形式表示为：

所有的 A 都具有某种属性	所有的 A 都具有某种属性
a 属于 A	b 没有这种属性

所以，a 具有某种属性。　　　　　　所以，b 不是 A。

例如：

如果实施素质教育，就能提高学生素质	只有教师尊重学生，才有好的教育效果
实验学校 B 在实施素质教育	教师 B 不尊重学生
实验学校 B 提高了学生的素质	教师 B 不会取得良好效果

以上是两种形式最简单的三段论，结论的正确性取决于大前提和推理形式的正确性。

3. 比较分析法

比较分析法是把两个或两类事物的调查资料相对比，从而确定它们之间的相同点和不同点的一种逻辑分析方法。一般需要选择一定的参照系：国家、地区的水平。

运用比较分析法时，要注意以下问题。

① 可以在同类对象间进行，也可以在不同类对象间进行。

② 要分析可比性。

③ 应该是多层次的。

6.1.3　定性分析的过程

和定量分析的方法相类似，定性分析的过程包括数据的审核、汇总登记和数据分析等工作。

1. 定性资料的汇总登记

对定性资料进行汇总登记的两种方式如下。

（1）内容摘要。

对于文献资料、经验总结、谈话、观察及问卷中开放型问题的回答等材料，按照研究指标分类的要求，将其中内容丰富、生动具体、典型的事例或观点等，进行摘要记录。通过摘要记录将材料中的事实内容保留下来，为定性分析提供有血有肉的论据。

（2）原始登记表。

研究大量的材料可以通过采取原始登记表的方式进行登记，为下一步的定量分析奠定基础。

例如，为了对一项研究学生学习方法的访谈资料进行登记，调研者根据调查和访谈了解的内容，设计出的汇总登记表如表 6-1 所示。汇总登记时，可以在阅读调查材料的基础上，将每个调研单位的各项内容一一登记入表。

表 6-1　　　　　　　　　　　　学生学习有关情况表

姓名		性别		年龄		政治面貌		社会工作	
父母情况	父	年龄		文化程度			职业		
	母	年龄		文化程度			职业		
家庭经济					学习环境				

学习方法	预习		等级	
	听课			
	复习			
	作业			
	整理			
课后学习时间		小时		
学习效果				

2. 定性分析方法的选择

常用的定性分析方法主要有归纳分析法、演绎分析法、比较分析法 3 种。在进行定性分析时，要根据所收集的数据特点和分析目的加以选择。例如，如果需要通过对大量个体（或样本）的研究得出一般性的结论，这时要使用归纳分析法；如果需要对已有的假设进行检验，这时要使用演绎分析法；如果掌握了两个（类）或多个（类）事物的调查资料，可使用比较分析法。

3. 定性报告的写作步骤

第一步：简单归纳。将结果归纳成几个不同的方面，用最简洁的词语表达出来。

第二步：将这几个归纳后的结果按重要次序进行排列。这一步有点类似于定量的统计做法，不过这里不需要汇总。

第三步：将每项结果做进一步的解释，帮助读者理解每一项结果的意义。

第四步：如果有群体差异的或需要更进一步剖析的，应标注说明。

6.2 数值型数据的定量分析

6.2.1 描述分析

描述统计分析是对结构性数据的分布特征进行概括和描述的一种统计分析方法。市场调查中常用的描述统计方法有频数分布表和统计图法、单变量描述统计分析法以及多变量描述统计分析法等。

1. 单变量描述分析

通过编制频数分布表和绘制统计图，形成对数据的分布类型、性质及特征的概括认识，它是对调查数据进行深入分析和推断的基础。

（1）频数（或频率）分析。

① 频数分布表。

a. 频数分布表的相关概念。

频数分布是在统计分组（即把总体按某一标志分组）的基础上，把总体的所有单位按组归并、排列，形成总体中各个单位在各组间的分布状况。频数分布也称为次数分布或分布数列。把总体中各个类别及其相应的频数、频率及累计频率等指标用汇总表格的形式展示出来，就形成了频数分布表。其中，频数指各组的单位数，频率指各组次数与总次数之比。累计频率分为以下累计和以上累计。以下累计（向上累计）是指小于该组上限的各组的频率之和；以上累计（向下累计）是指大于及等于该组下限的各组的频率之和。

例如，变量"您对康师傅绿茶饮料味道的评价"的频数分布表如下。

表 6-2   "您对康师傅绿茶饮料味道的评价？"频数分布表

		频率	百分比	有效百分比	累积百分比
有效	非常满意	4	2.0	2.0	2.0
	满意	65	32.5	32.5	34.5
	一般	114	57.0	57.0	91.5
	不满意	14	7.0	7.0	98.5
	非常不满意	3	1.5	1.5	100.0
	合计	200	100.0	100.0	

表 6-2 列出了消费者对康师傅绿茶味道总体满意度的频数分布，其中第 1 列是满意度的各个分组（或类别），第 2 列是分到每个组的消费者人数，第 3 列显示分到每个组的消费者比例，第 4 列显示剔除缺失值后分到每个组的消费者比例，最后一列为有效的累计百分比，即有效样本中等于或低于某一类别的消费者所占的比例。

从满意度的频数分布可以看出，相当多的消费者（57%）对康师傅绿茶味道的满意度一般；非常满意和非常不满意的消费者很少，分别为 2%和 1.5%。总的来说，对康师傅绿茶味道的满意度不是很高，认为满意和非常满意的只有 34.5%（2%+32.5%）。

b. 频数分布表的编制步骤。

从表 6-2 可以看出，一张频数分布表有两个最基本的构成要素：一个是统计分组，另一个是频数或频率。根据问卷调查的数据进行的统计分组可分为两种情况：一种是直接将可选答案作为分组，在这种情况下编制频数分布表仅需要统计出频数或频率就可以了；另一种情况是按照开放式数值题的答案进行组距式分组，所形成的分布数列称为组距式数列。

组距式数列的编制步骤如下。

第一步，找出数据的变动范围，即确定最大值和最小值。

第二步，确定组数和组距。

第三步，确定组限（上限、下限）和组中值。

第四步，计算调查数据落入各组的频数（f_i）和频率（$f_i/\Sigma f$）。

② 统计图。

统计图是一种以点、线条、面积等方法描述和显示数据的形式，它具有直观、醒目、易于理解等特点。统计图一般由坐标系、图形和图例（有时可以省去）3 部分组成。

常用的统计图有以下 3 种。

a. 条形图。条形图是利用相同宽度条形的长短来表示离散型变量大小的图形。条形图能够用来比较同类现象数值的大小、内部结构或动态变化，以及反映调查对象的分布情况。

b. 直方图。直方图是以连续型变量各组的组距为宽度，以频数、频率或频数密度为高度构成的直方形来显示频数分布的图形。依据等距数列所绘制的直方图，其直方形的高低或面积的大小反映了各组频数或频率的大小；依据异距数列所绘制的直方图，其直方形的高低反映的是各组频数密度的大小，其直方形面积的大小则对应各组频数的大小。

c. 饼图。饼图是以圆的整体面积代表被研究现象的总体，按各构成部分占总体比重的大小把圆的面积分割成若干扇形，以此来反映现象的部分对总体的比例关系的图形。

其他常用的统计图还有折线图、环形图、雷达图等，有兴趣的读者可以参考统计学教材的相关内容。还可以根据次数分布表的数据利用 Excel 制作出丰富、多样、美观、实用的统计图。

例如，表 6-2 中的频数分布还可以用图 6-1 的频数分布图来表示，这样可以对其分布的形状有一个更加直观的了解，同时可以判断所观察到的分布与假设的分布形状是否一致。

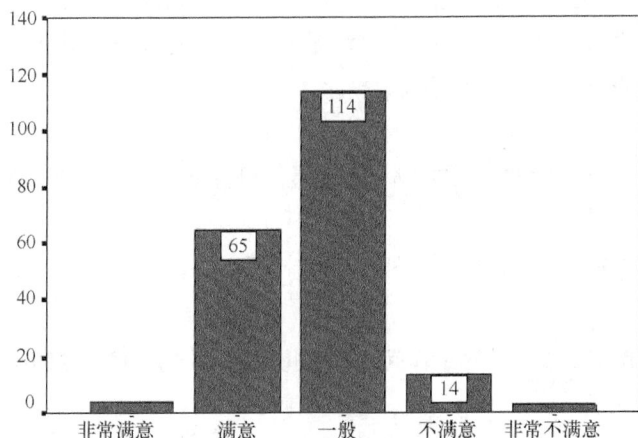

图 6-1　"您对康师傅绿茶饮料的味道的评价"频数分布图

再如，为了比较分析甲、乙两城市家庭对住房状况满意程度的评价，可以制作如下环形图，见图 6-2。

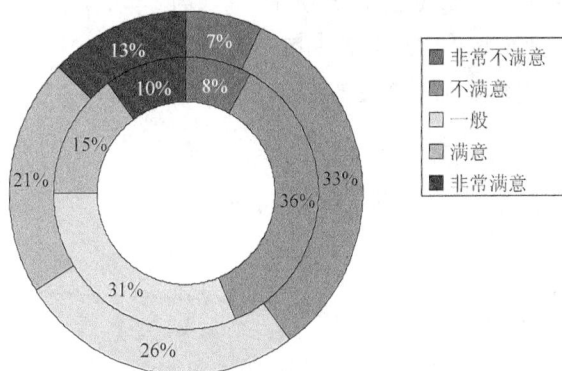

图 6-2　"甲、乙两城市家庭对住房状况的评价"环形图

③ 编制频数分布表及绘制统计图时应注意的问题。

第一，编制频数分布表和绘制统计图只是对调查数据进行分析的初级阶段，在大多数情况下，还需要从其他角度对调查数据进行综合分析，以达到全面反映总体分布特征的目的。

第二，关于频数分布表的组数、组距及组限的确定问题。编制频数分布表时，对于分组数目的多少并没有严格的规定，通常依据调查数据的分布特点来确定。如果调查数据的分布较为分散，组数可以多设一些；如果调查数据的分布较为集中，组数可以少设一些；一个可供参考的建议是5～20组。如果调查数据基本呈对称分布，宜采用等距分组法进行分组；如果数据分布状态极度偏斜，则应采用异距分组法。另外，对原始数据进行编码时，还应确保每个数据都可归属到相应的类别中去，且只能归属到一个类别中。

第三，不同的统计图一般都有其特定的适用范围，在实际应用时，应根据数据性质及所反映问题的需要选择适宜的统计图。

④ 应用实例。

实例一： 为了从整体上了解高职教育的现状，征询高校教师对学校教学工作的意见，以进行教育研究和客观分析学校的人才培养工作。教育部在2006年对某高等职业大学的教师进行了问卷调查，收集的样本数据已编制成教师问卷数据库。

问题：

a. 对变量"您认为本校教学工作中哪一方面最值得肯定？"进行统计整理，制作单选题频数分布表和统计图。

b. 根据作出的单选题统计表和统计图进行统计分析，得出相关结论。

附件1：高职高专院校人才培养工作问卷调查（教师问卷），其问卷编码详见问卷内容。

尊敬的老师，您好！

非常感谢您参与这份问卷调查。调查的目的在于从整体上了解当前高职教育的现状，同时也征询您对学校教学工作的意见。您所提供的信息，主要用于教育研究以及客观分析学校的人才培养工作。因此，我们诚恳希望得到您真实的回答。您的回答是绝对匿名的，不会有人去甄别您的答案，请不要有顾虑。

问卷分为两部分，填答时间需要20～25分钟，问题的答案无所谓对错，请在您认为最恰当的选项上打"√"（多选答案在题目后有注释），且不要漏填。

您热忱的参与、关注对于我们是至关重要的。

第一部分　态度量表

一、满意度调查

【5】非常满意

【4】满意

【3】不确定

【2】不满意

【1】很不满意

请勾选您认为最恰当的一个数字

1. 学校领导对教学工作的重视情况　　　　【1】　【2】　【3】　【4】　【5】

2. 教学管理的制度建设、执行情况　　　　【1】　【2】　【3】　【4】　【5】

3. 产学研合作教育的措施、效果　　　　　【1】　【2】　【3】　【4】　【5】

4. 学校近三年提高教师教学水平的措施、效果　【1】　【2】　【3】　【4】　【5】

5. 实验实训条件满足人才培养需要的情况　【1】　【2】　【3】　【4】　【5】

6. 对于学校教师的教风，您认为　　　　　【1】　【2】　【3】　【4】　【5】

7. 您对学校教学质量的信息收集与反馈效果　【1】　【2】　【3】　【4】　【5】

8. 学校近三年的教学改革效果　　　　　　【1】　【2】　【3】　【4】　【5】

9. 学生职业能力的社会适应性　　　　　　【1】　【2】　【3】　【4】　【5】

10. 学校在我省同类院校中的竞争力　　　　【1】　【2】　【3】　【4】　【5】

二、态度调查

请对以下学校办学特点做出判断，在您认为合适的分值下打"√"，勾选"0"表示不知道。例如，在办学定位方面，如果您认为定位非常准确，请选"1"，次之选"2"，再次之选"3"，最不准确（即模糊）选"7"，而如果"不知道"则选"0"。在校园校舍面积方面，如果您认为非常局促，请选"1"，次之选"2"，再次之选"3"，最充足选"7"，而如果"不知道"则选"0"。

	1	2	3	4	5	6	7		0（不知道）
1. 办学定位准确	•	•	•	•	•	•	•	定位模糊	【0】
2. 校园校舍局促	•	•	•	•	•	•	•	充足	【0】
3. 教学设施先进	•	•	•	•	•	•	•	设施落后	【0】
4. 教学经费充足	•	•	•	•	•	•	•	严重不足	【0】
5. 专业设置适应性强	•	•	•	•	•	•	•	不适应需求	【0】
6. 培养目标明确	•	•	•	•	•	•	•	笼统、不清晰	【0】
7. 课程教育资源丰富	•	•	•	•	•	•	•	不够	【0】
8. 师资结构合理	•	•	•	•	•	•	•	结构单一	【0】
9. 改革效果明显	•	•	•	•	•	•	•	没有变化	【0】
10. 师资短缺	•	•	•	•	•	•	•	充足	【0】
11. 有优质教材	•	•	•	•	•	•	•	内容陈旧	【0】
12. 质量监控体系科学	•	•	•	•	•	•	•	不合理	【0】
13. 浓厚校园精神	•	•	•	•	•	•	•	感觉不到	【0】
14. 毕业生就业难	•	•	•	•	•	•	•	容易	【0】
15. 办学有特色	•	•	•	•	•	•	•	特色不明显	【0】

第二部分　事实调查

1. 您认为本校教学工作中哪一方面最值得肯定？

【1】办学定位　　【2】师资队伍建设　　【3】教学改革　　【4】教学基础设施建设

【5】教学管理水平　【6】校园风气（教风、学风）　【7】其他，请说明：＿＿＿＿＿＿＿

2. 您认为本校教学工作中哪些方面最需要改进？（限选两项）

【1】办学指导思想　　【2】师资水平　　【3】教学改革　　【4】教学基础设施建设

【5】教学管理水平　【6】校园风气（教风、学风）　【7】其他，请说明：＿＿＿＿＿＿＿＿

3. 您觉得制约学校发展的瓶颈主要是（限选两项）？

【1】经费　　【2】师资　　【3】校园面积　　【4】教学基础设施　　【5】教学管理水平

【6】体制与办学规模　　【7】生源质量　　【8】教学中心地位不突出

【9】其他，请说明：＿＿＿＿＿＿＿＿＿＿＿＿＿＿＿＿

4. 教师之间经常开展教学观摩、教学研讨活动吗？

【1】经常有　　【2】不常有　　【3】几乎没有　　【4】不知道

5. 您个人认为学校现有的专业适应社会需求吗？

【1】适应　　【2】一般　　【3】不适应

> 如选此项，那您个人认为主要原因是：
>
> 【1】脱离市场需求　【2】因人设专业　【3】师资质量不高
>
> 【4】投入不足　【5】管理水平低　【6】专业数量不足

6. 本学期您的主要工作精力放在：

【1】校内教学　【2】校外教学　【3】科研　【4】社会兼职【5】其他，请说明：＿＿＿＿＿

7. 您认为产学研合作模式最大的障碍在于：

【1】行业兴趣不高　　【2】学校重视不够　　【3】合作项目开发困难　　【4】资金不足

【5】没有长期合作的利益共同点　【6】地域环境不好　【7】师资水平不适应

【8】科研条件差　【9】其他

8. 您认为您校学生最具有哪种品质：

【1】冒险精神　【2】创造性　【3】求知欲　【4】合作精神　【5】社会适应性　【6】其他

9. 以下几种能力，您认为您校学生最欠缺哪些能力：（限选两项）

【1】职业技术能力　　【2】经营管理能力　　【3】人际协调能力　　【4】产品创新能力

【5】知识的学习吸收能力　【6】挫折适应能力　【7】调查研究能力　【8】其他

10. 您最想给学校的建议：＿＿＿＿＿＿＿＿＿＿＿＿＿＿＿＿＿＿＿＿＿＿＿＿

＿＿＿＿＿＿＿＿＿＿＿＿＿＿＿＿＿＿＿＿＿＿＿＿＿＿＿＿＿＿＿＿＿＿＿＿＿＿＿

＿＿＿＿＿＿＿＿＿＿＿＿＿＿＿＿＿＿＿＿＿＿＿＿＿＿＿＿＿＿＿＿＿＿＿＿＿＿＿

＿＿＿＿＿＿＿＿＿＿＿＿＿＿＿＿＿＿＿＿＿＿＿＿＿＿＿＿＿＿＿＿＿＿＿＿＿＿＿

＿＿＿＿＿＿＿＿＿＿＿＿＿＿＿＿＿＿＿＿＿＿＿＿＿＿＿＿＿＿＿＿＿＿＿＿＿＿＿

个人信息：

您的性别：【1】男　【2】女

您的最后学历：【1】专科　【2】本科　【3】硕士研究生　【4】博士研究生　【5】其他

您的专业技术职务：【1】初职　【2】中职　【3】副高职　【4】正高职　【5】其他

您的校龄:【1】3 年以下 【2】4~10 年 【3】11~20 年 【4】21 年以上

您所在学校:_____

附件 2:根据问卷调查结果录入计算机形成的教师问卷数据库,如图 6-3 所示。

图 6-3 教师问卷数据库

资料来源:全国高职高专人才培养工作水平评估资料,《高职高专院校人才培养工作问卷调查(教师问卷)》,2006 年 12 月 11 日。

数据分析操作步骤如下。

① 打开所给数据库。

② 点击"分析→描述统计→频率",出现次数统计对话框,如图 6-4 所示。

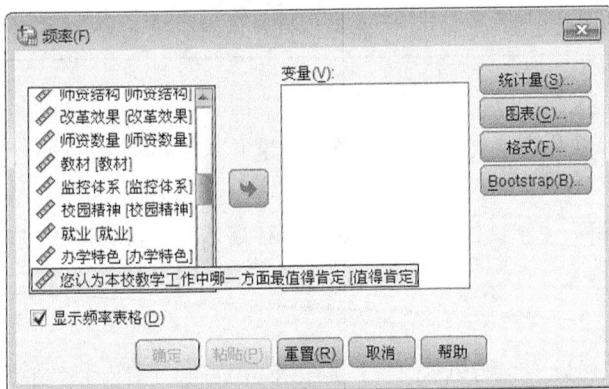

图 6-4 "频率"对话框

③ 在变量框中选择"您认为本校教学工作中哪一方面最值得肯定?",即变量 26,点击" ⬆ "导出按钮,结果如图 6-5 所示。点击" 图表(C)... "按钮,出现统计图对话框,在其中选择统计图

的类型，点击"继续"按钮，如图6-6所示。

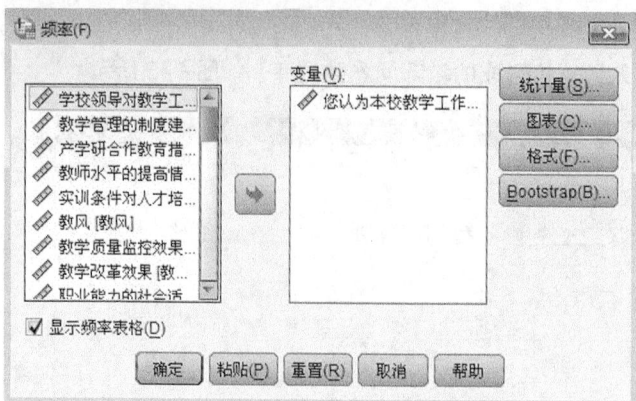

图6-5 "频率"对话框

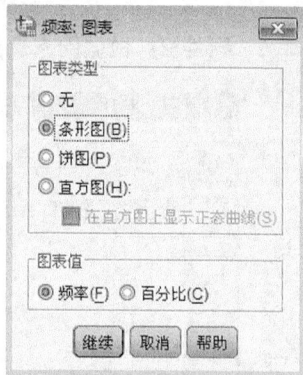

图6-6 "统计图"对话框

④ 点击"OK"按钮，即可得到对应的频数分布表和统计图，如表6-3和图6-7所示。

表6-3 "您认为本校教学工作中哪一方面最值得肯定"频数分布表

		频率	百分比	有效百分比	累积百分比
有效	办学定位	130	35.8	62.8	62.8
	师资力量	11	3.0	5.3	68.1
	教学改革	20	5.5	9.6	77.8
	教学基础设施建设	25	6.9	12.1	89.9
	教学管理水平	12	3.3	5.8	95.7
	校园风气	8	2.2	3.9	99.5
	其他	1	0.3	0.5	100.0
	合计	207	57.0	100.0	
缺失	系统	156	43.0		
合计		363	100.0		

⑤ 结论。

从表6-3和图6-7可以看出，该校207名教师中有130人认为本校教学工作中教学定位最值得肯定。

实例二：房产公司为了制订住房营销策略，对住房消费者进行了市场调查，收集的样本数据见住房调查数据库（略）。

问题：

① 对变量"您在何处了解购房信息？"进行统计整理，制作多选题统计表。

② 根据作出的多选题统计表进行统计分析，得出相关结论。

数据分析操作步骤如下。

① 打开所给数据库。

② 点击"分析→多重响应→定义变量集"，出现"定义多重响应集"对话框，如图6-7所示。

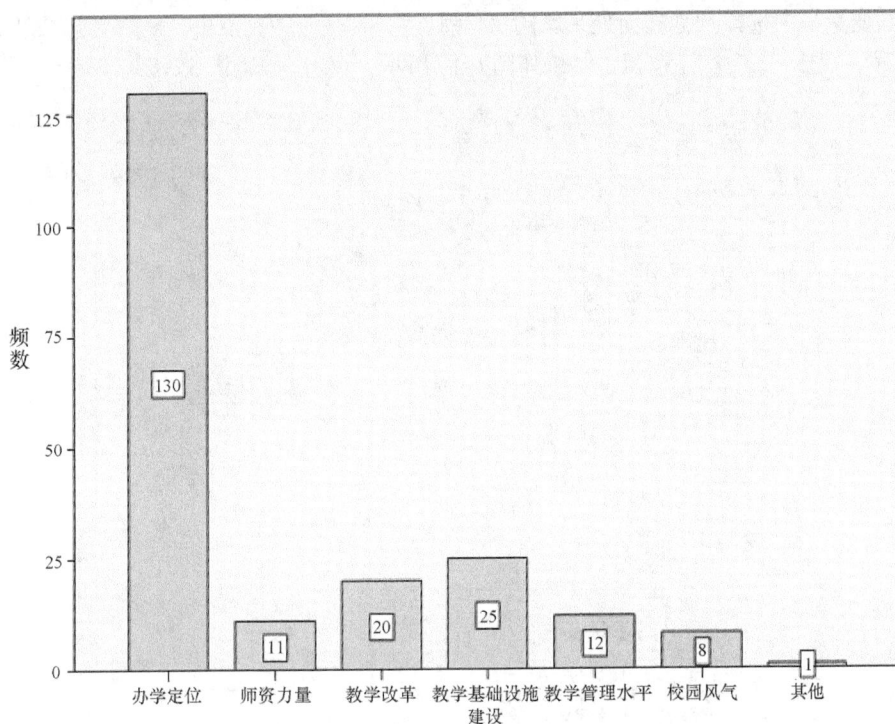

图 6-7　"您认为本校教学工作中哪一方面最值得肯定"频数统计图

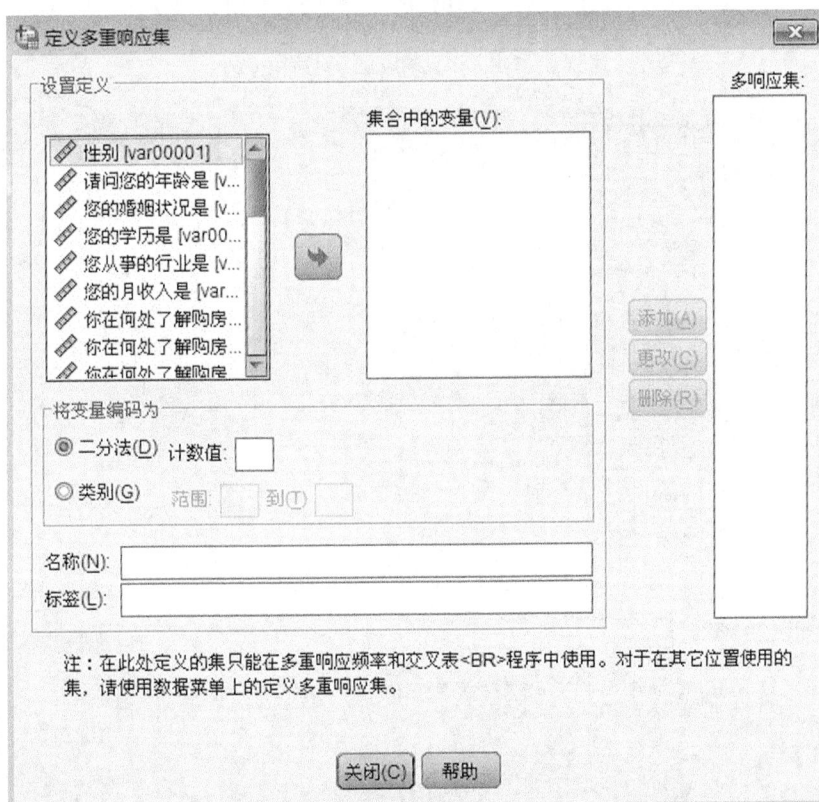

图 6-8　"定义多重响应集"对话框（1）

③ 在变量框中选择"你在何处了解购房信息？"，即变量 7，点击"➡"导出按钮，结果如图 6-9 所示。点击"添加(A)"按钮，结果如图 6-10 所示，点击"关闭"按钮。

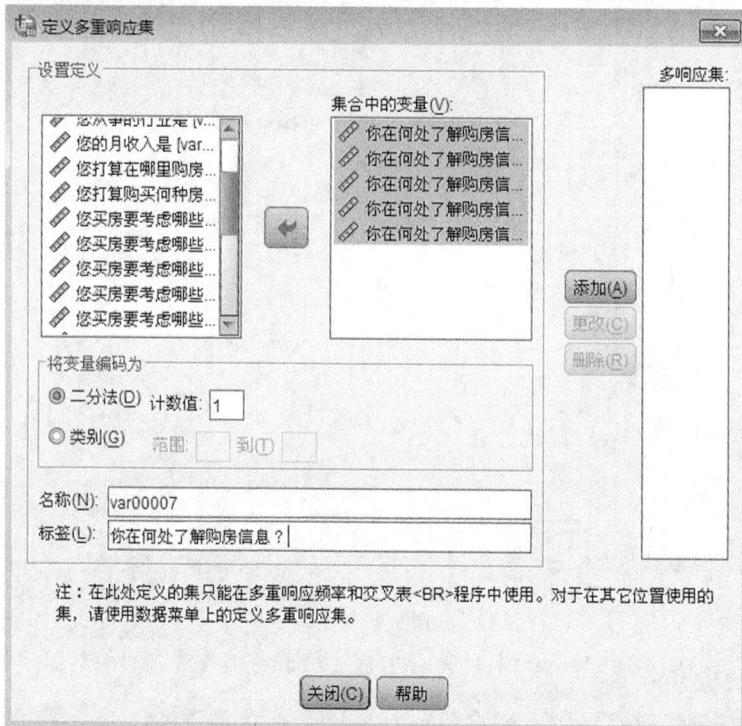

图 6-9　"定义多重响应集"对话框（2）

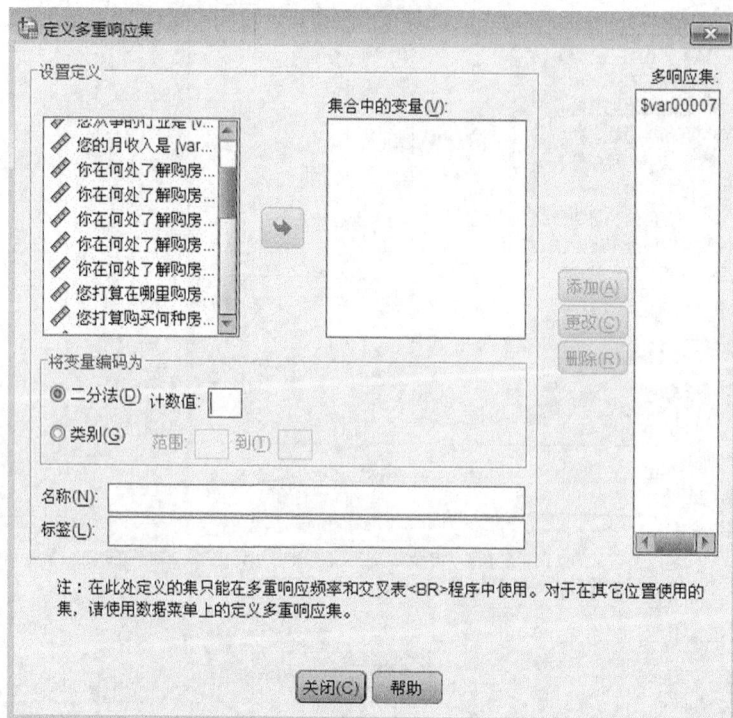

图 6-10　"定义多重响应集"对话框（3）

④ 点击"分析→多重响应→频率"，出现"多响应频率"对话框，如图 6-11 所示。点击"➡"导出按钮，结果如图 6-12 所示。

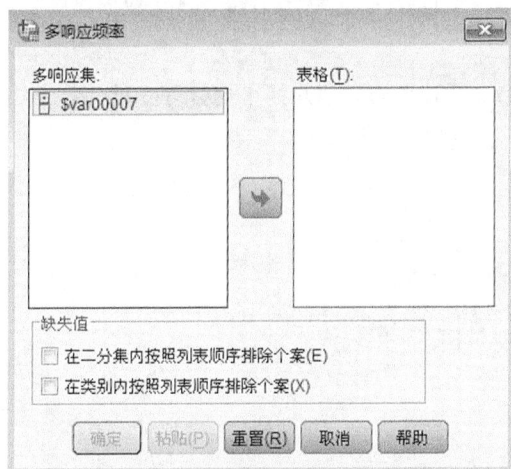

图 6-11 "多响应频率"对话框（1）

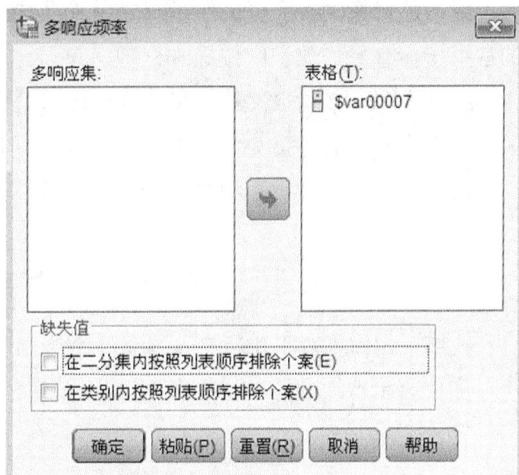

图 6-12 "多响应频率"对话框（2）

⑤ 点击"OK"按钮，即可得到对应的频数分布表，如表 6-4 所示。

表 6-4 $var00007 频率

		响应		个案百分比
		N	百分比	
你在何处了解购房信息？[a]	你在何处了解购房信息（报刊/杂志）	254	27.6%	43.0%
	你在何处了解购房信息（电视/广播）	144	15.7%	24.4%
	你在何处了解购房信息（网络）	219	23.8%	37.1%
	你在何处了解购房信息（相关群体（朋友/同事））	217	23.6%	36.7%
	你在何处了解购房信息（其他）	85	9.3%	14.4%
总计		919	100.0%	155.5%

a. 值为 1 时制表的二分组。

⑥ 结论：

从表 6-4 可以看出，599 名消费者中有 254 人是从报刊/杂志了解购房信息，占总人数的 43.0%，同时，有 37.1% 和 36.7% 的消费者从网络和相关群体获得购房信息，从电视/广播、其他获得购房信息的分别占被调查者的 24.4% 和 14.4%。

（2）描述分析

单变量描述统计分析主要包括对变量的集中趋势分析和离散趋势分析。在市场调研工作中，数据的集中趋势分析可以回答下列问题，例如，光顾某购物中心的顾客平均年龄是多大？在购物中心的平均花费是多少？哪个时间段来惠顾的人最多？他们进入购物中心的主要目的是什么？等等。数据的离散趋势分析可以回答下列问题，例如，光顾购物中心的顾客年龄差别大吗？平均而言，有多大？他们在购物中心的花费差别有多大？他们进入购物中心的时间段集中吗？他们进入购物中心的目的一致吗？等问题。

① 集中趋势分析。

集中趋势指调查数据的频数分布从两边向中间集中的趋势，也称趋中性。测定数据集中趋势的常用指标有平均数、中位数和众数。

a. 平均数。平均数又称均值，主要有算术平均数、调和平均数和几何平均数等 3 种计算方法。其中，算术平均数是最为常用的计算方法，其计算公式分别表示如下。

简单算术平均数——根据原始数据计算。

$$\bar{x} = \frac{x_1 + x_2 + \cdots + x_n}{n} = \frac{\sum\limits_{i=1}^{n} x_i}{n}$$

式中：$\bar{x}$ 为算数平均数，x_i 为第 i 个观测值或变量值，n 代表样本量。

加权算术平均数——根据分组数据计算。

$$\bar{x} = \frac{x_1 f_1 + x_2 f_2 + \cdots + x_n f_n}{f_1 + f_2 + \cdots + f_n} = \frac{\sum\limits_{i=1}^{k} x_i f_i}{\sum\limits_{i=1}^{k} f_i}$$

式中：x_i 为第 i 组的组中值，f_i 为第 i 组的单位数，k 为组数。

算术平均数适用于不存在极端值的定距或定比变量集中趋势的度量。例如，人均购买量、人均购买次数、人均拥有量等都属于反映消费者的评价购买或拥有状况的平均指标。利用算术平均数，可以反映某一现象平均水平的变化趋势或规律，也可以用于不同国家、地区和单位之间的对比。

b. 中位数。把一组数据按照从小到大的顺序排列后，位置居中的变量值就是中位数，记为 M_e。中位数将全部调查数据分为两部分，其中一半的数值小于中位数，另一半的数值大于中位数。

依据原始数据计算中位数时，首先需要将变量值按照大小顺序排列，然后按照下面的方法来确定。

当 n 为奇数时：$M_e = x_{(n+1)/2}$

当 n 为偶数时：$M_e = (x_{n/2} + x_{n/2+1})/2$

由于分组数据中位数的确定方法相对复杂，这里不再介绍，有兴趣的读者可以参考相关统计学教材。

中位数适用于：定序变量；有极端值且分布比较均匀的定距和定比变量。

c. 众数。众数指数据中出现次数最多的变量值，记为 m_0。定类数据或单项式分组数据的众数可直接通过观察得到，即出现次数最多的变量值就是众数。定距变量分组数据的众数，除可以用众数所在组的组中值近似代替外，还可以用插值公式来确定，即：

$$m_0 = L + \frac{\Delta_1}{\Delta_1 + \Delta_2} d \text{（下限公式）或 } m_0 = U - \frac{\Delta_2}{\Delta_1 + \Delta_2} d \text{（上限公式）}$$

式中：L 为众数所在组的下限值，U 为众数所在组的上限值，Δ_1 表示众数所在组变量值的次数与前一组次数之差，Δ_2 表示众数所在组变量值的次数与后一组次数之差，d 为众数所在组的组距。

众数反映了数据中最大多数的数据的代表值,可以使我们在实际工作中抓住事物的主要矛盾,有针对性地解决问题。众数最适合用来表示定类变量的集中趋势,也可用于有极端值且分布具有明显集中趋势的定距和定比变量。例如,当问人们最喜欢哪个品牌时,众数所对应的品牌就是人们最喜欢的品牌。

② 离散趋势分析。

离散趋势指调查数据远离其分布中心值的程度。如果说集中趋势指标反映的是调查数据的共性和集中性,那么离散指标反映的就是调查数据的个性和分散性。调查数据的离散程度越高,用于描述数据集中趋势指标的代表性就越差,使用这些代表性指标进行统计分析的效果也就越差。

常用的反映数据离散程度的指标有标准差、方差、四分位差、变异系数等。

a. 标准差和方差。标准差指调查数据中各变量值与其算术平均数离差平方的算术平均数的平方根,记为 s;方差即为标准差的平方,记为 s^2。标准差和方差反映了所有变量值对平均数的离散程度,其数值大小与平均数代表性的大小呈反向变化,即:方差或标准差越大,平均数的代表性越差;反之,方差或标准差越小,平均数的代表性越好。方差及标准差的计算公式如下。

根据原始数据计算标准差:

$$s = \sqrt{\frac{\sum\limits_{i=1}^{n}(x_i - \bar{x})^2}{n}}$$

根据分组数据计算标准差:

$$s = \sqrt{\frac{\sum\limits_{i=1}^{n}(x_i - \bar{x})^2 f_i}{\sum\limits_{i=1}^{n} f_i}}$$

对标准差进行平方,即可得到方差。

b. 四分位差。把调查数据按照从小到大的顺序排列后,用 3 个四分位数点(Q_1,Q_2,Q_3)将其分为 4 个相等的部分,第一个四分位数点 Q_1,是第 25 个百分位数点,又叫低四分位数点;第二个四分位数点 Q_2 是第 50 个百分位数点,即中位数;第三个四分位数点 Q_3 是第 75 个百分位数点,又叫高四分位数点。高四分位数点 Q_3 与低四分位数点 Q_1 之间的距离即为四分位差,记为 Q_D。四分位差用公式表示为:

$$Q_D = Q_3 - Q_1$$

如果四分位差较小,说明数据相对集中于中位数附近;反之,则说明调查数据的分布较为分散。

c. 变异系数。变异系数指调查数据的标准差与其算术平均数的比值,也称为离散系数,它主要用于比较不同类别(平均数不同)数据的离散程度,用公式表示为:

$$v_s = \frac{s}{\bar{x}} \times 100\%$$

变异系数越大,说明数据的离散程度越大,平均指标对总体一般水平的代表性越差;反之,变异系数越小,说明数据的离散程度越小,平均指标对总体一般水平的代表性越好。

③ 应用单变量描述统计法时应注意的问题。

第一，对数据的集中趋势进行描述，应结合统计数据的实际分布状况，选用恰当的指标形式，以克服不同形式的测度指标在使用范围上的局限性。一般来说，平均数充分利用了数据的全部信息，是实践中应用最广泛的集中趋势的测度指标，不过由于它容易受极端数值的影响，如果数据中存在明显的极端数值，则平均数的代表性就可能会较差。中位数和众数都是位置代表值，不受极端数值的影响，虽然它们的稳定性要弱于平均数，但当数据中存在极端数值或分布的偏斜程度很大时，选用它们描述数据的集中趋势，准确性要好于平均数。

第二，比较不同类别数据的离散程度时，应使用变异系数指标，而不宜使用标准差、方差等反映数据离散程度的绝对量指标。由于标准差、方差的数值大小受数据本身水平高低的影响，绝对水平高的数据，其标准差、方差的数值会偏大，绝对水平低的数据，其标准差、方差的数值又会偏小，因此它们不宜用于比较不同类别数据的离散程度的大小。而变异系数反映的是数据的相对差异程度，不受数据本身水平高低的影响，可以准确地反映不同类别数据离散程度的差异。

④ 应用实例。

实例一： 联邦贸易委员会每年都要根据烟卷烟雾中一氧化碳、焦油和尼古丁的含量对美国香烟品牌进行评级。表 6-5 是联邦贸易委员会某年对美国香烟品牌的评级数据（本例仅列出由 500 个个体组成的样本中的前 25 个个体数据）。

表 6-5 　　　　　　　　　　　　　　　某年对美国香烟品牌的译级数据

香烟品牌名编号	烟卷长度（mm）	香型	滤嘴类型	柔和度	包装类型	焦油含量（mg）	尼古丁含量（mg）	一氧化碳含量（mg）
1	85	薄荷型	带滤嘴	正常	软包装	15	1.0	15
2	100	薄荷型	不带滤嘴	正常	软包装	15	1.1	14
3	85	薄荷型	带滤嘴	柔和	软包装	9	0.7	10
4	100	薄荷型	带滤嘴	柔和	软包装	9	0.7	11
5	80	薄荷型	不带滤嘴	正常	硬包装	15	1.0	14
6	80	薄荷型	不带滤嘴	柔和	硬包装	9	0.7	10
7	100	非薄荷型	不带滤嘴	正常	软包装	16	1.3	16
8	85	非薄荷型	不带滤嘴	正常	软包装	16	1.3	14
9	100	非薄荷型	带滤嘴	柔和	软包装	12	1.0	12
10	85	非薄荷型	带滤嘴	柔和	软包装	11	0.9	12
11	100	薄荷型	不带滤嘴	柔和	软包装	11	0.9	11
12	85	薄荷型	带滤嘴	柔和	硬包装	9	0.1	8
13	100	非薄荷型	带滤嘴	柔和	硬包装	8	0.1	8
14	100	薄荷型	带滤嘴	柔和	硬包装	8	0.1	8
15	85	非薄荷型	带滤嘴	柔和	硬包装	8	0.1	8
16	85	非薄荷型	带滤嘴	正常	硬包装	4	0.3	3
17	85	非薄荷型	带滤嘴	正常	软包装	4	0.3	3
18	100	非薄荷型	带滤嘴	正常	软包装	5	0.4	4
19	85	薄荷型	带滤嘴	正常	软包装	10	0.8	10
20	100	薄荷型	不带滤嘴	正常	软包装	10	0.8	9

续表

香烟品牌名编号	烟卷长度（mm）	香型	滤嘴类型	柔和度	包装类型	焦油含量（mg）	尼古丁含量（mg）	一氧化碳含量（mg）
21	85	薄荷型	不带滤嘴	正常	软包装	14	1.2	13
22	100	薄荷型	带滤嘴	正常	软包装	14	1.2	13
23	85	薄荷型	带滤嘴	柔和	软包装	9	0.8	10
24	100	薄荷型	带滤嘴	柔和	软包装	10	0.9	10
25	85	非薄荷型	不带滤嘴	正常	硬包装	14	1.2	11

问题：

根据以上资料所形成的数据库，试分别对带滤嘴和不带滤嘴香烟的焦油含量进行描述性分析。

数据分析操作步骤如下。

① 打开所给数据库。

② 点击"分析→描述统计→探索"出现"探索"对话框，如图 6-13 所示。然后，将变量"焦油含量"作为分析变量送入"因变量列表"框；再将变量"滤嘴类型"送入"因子列表"框，用以指定按不同滤嘴类型进行分组分析。最后，单击"OK"按钮，即可得到不同滤嘴类型香烟焦油含量的描述统计结果，见表 6-6 和表 6-7。

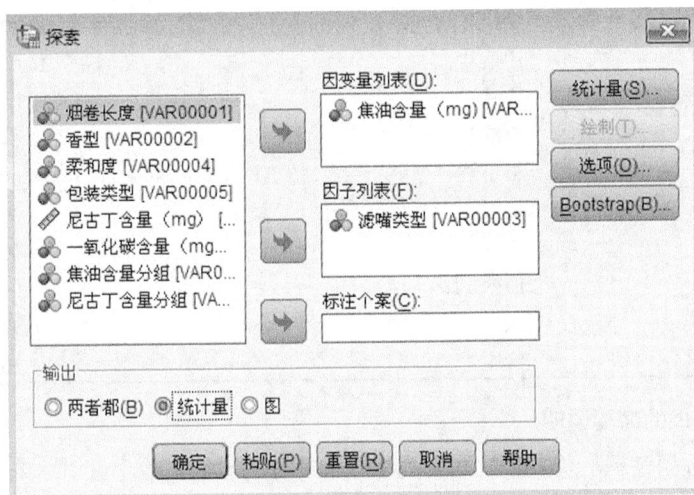

图 6-13 "探索"对话框

表 6-6　　　　　　　　　　　　　　案例处理摘要

滤嘴类型		案例					
		有效		缺失		合计	
		N	百分比	N	百分比	N	百分比
焦油含量（mg）	带滤嘴	16	100.0%	0	0%	16	100.0%
	不带滤嘴	9	100.0%	0	0%	9	100.0%

表 6-7   描述

	滤嘴类型			统计量	标准误差
焦油含量（mg）	带滤嘴	均值		9.062 5	0.777 11
		均值的 95%置信区间	下限	7.406 1	
			上限	10.718 9	
		5%修整均值		9.013 9	
		中值		9.000 0	
		方差		9.663	
		标准差		3.108 46	
		极小值		4.00	
		极大值		15.00	
		范围		11.00	
		四分位距		2.75	
		偏度		0.086	0.564
		峰度		0.045	1.091
	不带滤嘴	均值		13.333 3	0.881 92
		均值的 95% 置信区间	下限	11.299 6	
			上限	15.367 0	
		5% 修整均值		13.425 9	
		中值		14.000 0	
		方差		7.000	
		标准差		2.645 75	
		极小值		9.00	
		极大值		16.00	
		范围		7.00	
		四分位距		5.00	
		偏度		−0.723	0.717
		峰度		−1.168	1.400

③ 对输出结果的简要说明。

输出结果由数据整理汇总表和按滤嘴类型分组计算的香烟焦油含量描述统计结果两部分组成（见表 6-6 和表 6-7）。可以看出，被调查的带滤嘴香烟和不带滤嘴香烟的支数分别为 16 支和 9 支，数据集中没有缺失值。带滤嘴香烟的平均焦油含量（Mean）为 9.0625 mg，中位数（Median）为 9.0000 mg，去掉 5%极端值后的截尾平均数（5% trimmed Mean）为 9.0139 mg，方差（Variante）为 9.663 mg，标准差（Std. Deviation）为 3.10846 mg，极小值（Minimum）为 4 mg，极大值（Maximum）为 15 mg，全距（Range）为 11 mg，四分位差（Interquartile Range）为 2.75 mg；不带滤嘴香烟的平均焦油含量（Mean）为 13.3333 mg，明显高于带滤嘴香烟焦油含量的平均水平。限于篇幅，这里略去了不带滤嘴香烟焦油含量的其他描述统计结果。

实例二： 管理教育在中国发展迅速，生源的争夺也愈演愈烈。择校时考生非常关心的一项指标就是毕业生的平均起薪。但是，在同届毕业生起薪差异很大的情况下，用平均起薪代表某校毕业生的起薪水平具有明显的误导作用。

问题：

请根据以下模拟的 MBA 毕业生的起薪数据进行描述统计分析。

表 6-8 显示 MBA 起薪的平均值约为 22.6 万元，但中位数却只有 17 万元，两者相差约 5.6 万元。这是因为少数高薪的毕业生将平均起薪拉高了，导致一个显著右偏的起薪分布（偏度=1.21）。各项差异度指标显示同届毕业生的起薪差异很大，最高值 67 万元，而最低值只有 4 万元，两者相差 63 万元，标准差达 15.3 万元，有 1/4 的毕业生的起薪不足 11 万元，另外 1/4 的毕业生的起薪却超过了 30 万元。因此就不难解释，为什么多数毕业生都感到自己没有达到同届的平均起薪水平。因此，当变量呈显著的偏态分布时，平均值不是一个合适的概括性指标，很容易误导人们，应该用中位数。但是，如果变量的分布非常离散时，任何一个集中趋势指标都不能很好地反映变量的中心。

表 6-8　　　　　　　　　　　　　　MBA 起薪的模拟数据

平均值	22.57	均值的标准误差	0.98
中位数	17.00	中位数的标准误差	1.15
Q_1	11.00	Q_3	30.00
四分位差	19.00		
最小值	4.00	最大值	67.00
全距	63.00		
方差	233.78	标准差	15.29
偏度	1.21	偏度的标准误差	0.47
峰度	0.89	峰度的标准误差	1.13

2. 多变量描述分析

多变量描述统计是分析多个变量在不同取值情况下的数据分布状况以及不同变量之间密切程度的一类统计分析方法。常用的多变量描述统计方法有列联表、相关与回归分析等。

（1）列联分析。

① 列联表的编制。

列联表是对两个或两个以上的分类变量进行交叉分类所形成的复合频数分布表。最常用的列联表形式是二维 $r \times c$ 列联表，如表 6-9 所示。表中，变量 X 是列变量，类别数为 c，一般为表示影响原因的自变量；变量 Y 是行变量，类别数为 r，一般为表示变动结果的因变量；f_{ij} 表示在列变量 X 取第 j 个类别的条件下，行变量 Y 取第 i 个类别的观测频数。表中最后一行是每列的总频数，称为行边缘频数；表中最后一列是每行的总频数，称为列边缘频数。列联表可以直观地反映在变量 X 的条件下，变量 Y 的频数分布情况。

表 6-9　　　　　　　　　　　　　二维 $r \times c$ 列联表的一般形式

定类变量	X_1	X_2	$\cdots$	X_j	$\cdots$	X_c	合计
Y_1	f_{11}	f_{12}	$\cdots$	f_{1j}	$\cdots$	f_{1c}	$\sum\limits_{j=1}^{c} f_{1j}$

定类变量	X_1	X_2	...	X_j	...	X_c	合计
X_2	f_{21}	f_{22}	...	f_{2j}	...	f_{2c}	$\sum\limits_{j=1}^{c} f_{1j}$
...	...	...	...	...	...	...	...
X_j	f_{i1}	f_{i2}	...	f_{ij}	...	f_{ic}	$\sum\limits_{j=1}^{c} f_{1j}$
...	...	...	...	...	...	...	...
X_c	f_{r1}	f_{r2}	...	f_{rj}	...	f_{rc}	$\sum\limits_{j=1}^{c} f_{1j}$
合计	$\sum\limits_{i=1}^{r} f_{i1}$	$\sum\limits_{i=1}^{r} f_{i2}$	...	$\sum\limits_{i=1}^{r} f_{ij}$	...	$\sum\limits_{i=1}^{r} f_{ic}$	$\sum\limits_{i=1}^{r}\sum\limits_{j=1}^{c} f_{ij}$

如果把表 6-9 中的观测频数转换成百分比形式，就得到了频率分布形式的列联表。根据研究问题的需要，可以计算以下 3 种形式的百分比。

行百分比：指单元格的频数占所在行总观测频数的比重。

列百分比：指单元格的频数占所在列总观测频数的比重。

总百分比：指单元格的频数占全部观测总频数的比重。

为检验列联表中变量间的关系是否具有统计意义上的显著性，还需要对分类变量的独立性进行 χ^2 检验。

② 显著性检验——卡方分析。

卡方统计量（χ^2）是检验列联表中观察到的相关关系显著性的最常用的指标，这一指标可以帮助判断两个变量之间所观察到的相关关系是否具有统计学意义上的显著性。卡方分析常常以两个变量之间不存在关联为起始假设。卡方检验的潜在假设为观察值都是独立的。

χ^2 值的计算公式如下：

$$\chi^2 = \sum_i \sum_j (f_{ij} - F_{ij}) / F_{ij}$$

式中的 f_{ij} 和 F_{ij} 是位于第 i 行和第 j 列的单元格中频数的观察值和预测值（或期望值）。

在假设两个变量独立的情况下，$F_{ij} = n_i \cdot n_j / n$

式中，n_i 是第 i 行的样本总数，n_j 是第 j 列的样本总数，n 是总样本数。

χ^2 的自由度 $d.f. = (r-1)(c-1)$，式中的 r 和 c 分别代表列联表的行数和列数。

当计算的卡方值大于相应自由度下的卡方分布临界值时，拒绝两个变量之间没有联系的假设。

③ 编制列联表时应注意的问题。

第一，编制列联表时，如果两个变量之间不存在因果关系，行变量和列变量可以随意指定。如果两个变量之间存在因果关系，一般需要把表示影响原因的自变量作为列变量，列入表的横行；把表示变动结果的因变量作为行变量，列入表的纵列。

第二，在对 3 个及 3 个以上变量进行列联分析时，一般来说，每个单元格至少要有 5 个观测值才能有说服力。因此，对过多的变量进行交叉分析反而可能会使列联表失去意义。

第三，列联表只是检验变量之间是否有关系，而并非检验变量之间是否具有因果关系。

第四，进行列联分析的变量必须是取值个数有限的离散变量，如果是连续变量，则要先对变量进行分组整理，将其转换成有限多个取值的离散变量后，再进行列联分析。如果出现单元格的观测值少于 5 个，则需要对变量的分类作调整，适当合并单元格。

第五，使用 χ^2 分布进行独立性检验时，一般要求样本量必须足够大（$n>50$），每个单元格中的期望频次也不能过少。

④ 应用实例。

某房产公司为了制订住房营销策略，对住房消费者进行了市场调查，收集的样本数据见住房调查数据库（略）。

问题：

a. 对变量"您的月收入？"和"您打算购买以下哪种价位的房子？"进行双变量列联统计分析，分析二者之间的交叉频数分布状况，并利用 χ^2 统计量对变量的独立性进行检验。

b. 根据作出的双变量列联表和双变量列联图以及卡方检验结果进行统计分析，得出相关结论。

分析提示：因为被调查者的月收入和房屋的价位数据的不同取值个数均较多，所以为构建能反映两者之间交叉频数分布情况的列联表，首先需要对其进行分组整理；然后，再对分组后的两个变量进行交叉分组形成列联表，最后利用 χ^2 统计量对变量的独立性进行检验。

数据分析操作步骤如下：

① 打开所给数据库。变量"您的月收入？"和"您打算购买以下哪种价位的房子？"分别表示分组后的被调查者的月收入和房屋的价位。

② 点击"分析→描述统计→交叉表"，出现"交叉表"对话框（注意：如果对多选题作交叉列联表，请点击"分析→多重响应→交叉表"），如图 6-14 所示。然后，将变量"您打算购买以下哪种价位的房子？"作为行变量送入"行（S）"框中；再将变量"您的月收入？"送入"列（C）"框中。选择"显示复式条形图"复选框，用于输出列联图。

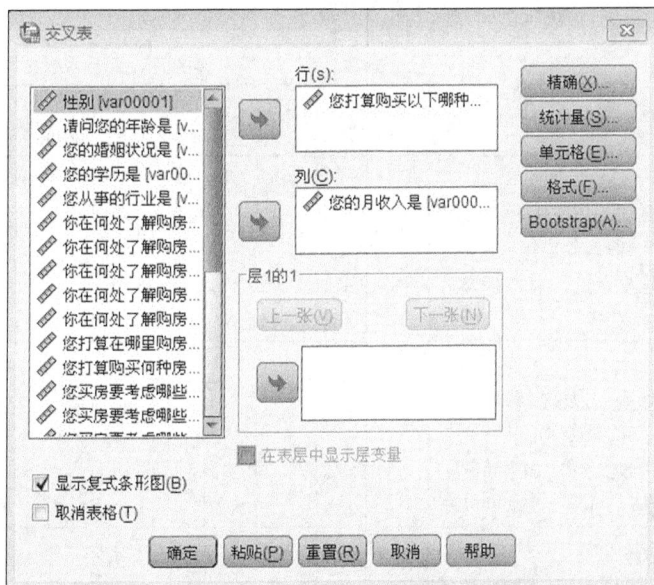

图 6-14 "交叉表"对话框

③ 单击"单元格"选项，打开"交叉表：单元显示"对话框，如图 6-15 所示。在"百分比"框中选择"行""列""总计"复选框，用于指定输出 3 种形式的百分比；然后，单击"继续"按钮，返回到主对话框。

④ 单击"统计量"项，打开"交叉表：统计量"对话框，如图 6-16 所示。选择"卡方"复选框，用于指定进行 χ^2 检验；再单击"继续"按钮，返回到主对话框。

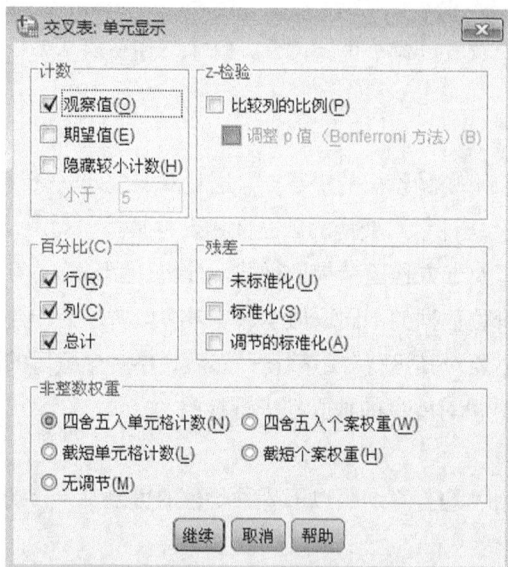

图 6-15 "交叉表：单元显示"对话框

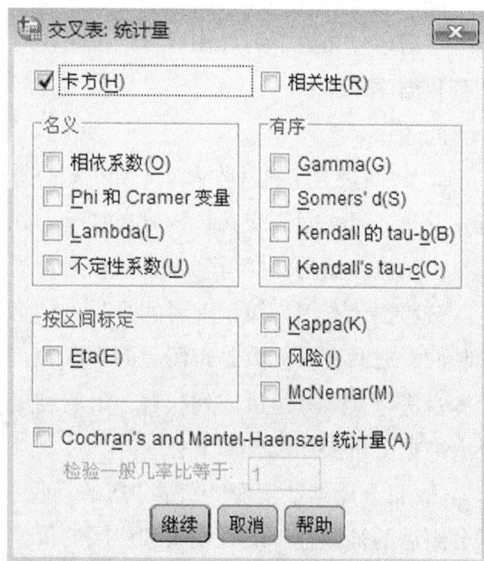

图 6-16 "交叉表：统计量"对话框

⑤ 最后，单击"OK"按钮，即可得到列联表、卡方检验、列联图输出结果（见表 6-10、表 6-11 和图 6-17）。

表 6-10 "您打算购买以下哪种价位的房子"与"您的月收入是"交叉制表

			您的月收入是					合计
			1500 元以下	1500~3500 元	3500~6000 元	6000~10000 元	10000 元以上	
您打算购买以下哪种价位的房子	6000 元/平方米以下	计数	75	86	29	6	4	200
		"您打算购买以下哪种价位的房子"中的百分比	37.5%	43.0%	14.5%	3.0%	2.0%	100.0%
		"您的月收入是"中的百分比	49.3%	29.3%	25.4%	33.3%	19.0%	33.4%
		总数的百分比	12.5%	14.4%	4.8%	1.0%	0.7%	33.4%
	6000~9000 元/平方米	计数	63	177	66	10	6	322
		"您打算购买以下哪种价位的房子"中的百分比	19.6%	55.0%	20.5%	3.1%	1.9%	100.0%
		"您的月收入是"中的百分比	41.4%	60.2%	57.9%	55.6%	28.6%	53.8%
		总数的百分比	10.5%	29.5%	11.0%	1.7%	1.0%	53.8%
	9000~12000 元/平方米	计数	8	27	19	2	7	63
		"您打算购买以下哪种价位的房子"中的百分比	12.7%	42.9%	30.2%	3.2%	11.1%	100.0%

续表

			您的月收入是					合计
			1500 元以下	1500~3500 元	3500~6000 元	6000~10000 元	10000 元以上	
您打算购买以下哪种价位的房子	9000~12000 元/平方米	"您的月收入是"中的百分比	5.3%	9.2%	16.7%	11.1%	33.3%	10.5%
		总数的百分比	1.3%	4.5%	3.2%	0.3%	1.2%	10.5%
	12000~15000 元/平方米	计数	4	1	0	0	0	5
		"您打算购买以下哪种价位的房子"中的百分比	80.0%	20.0%	0.0%	0.0%	0.0%	100.0%
		"您的月收入是"中的百分比	2.6%	0.3%	0.0%	0.0%	0.0%	0.8%
		总数的百分比	0.7%	0.2%	0.0%	0.0%	0.0%	0.8%
	15000 元/平方米以上	计数	2	3	0	0	4	9
		"您打算购买以下哪种价位的房子"中的百分比	22.2%	33.3%	0.0%	0.0%	44.4%	100.0%
		"您的月收入是"中的百分比	1.3%	1.0%	0.0%	0.0%	19.0%	1.5%
		总数的百分比	0.3%	0.5%	0.0%	0.0%	0.7%	1.5%
合计		计数	152	294	114	18	21	599
		"您打算购买以下哪种价位的房子"中的百分比	25.4%	49.1%	19.0%	3.0%	3.5%	100.0%
		"您的月收入是"中的百分比	100.0%	100.0%	100.0%	100.0%	100.0%	100.0%
		总数的百分比	25.4%	49.1%	19.0%	3.0%	3.5%	100.0%

表 6-11 　　　　　　　　　卡方检验

	值	df	渐进 Sig.（双侧）
Pearson 卡方	98.456[a]	16	0.000
似然比	66.065	16	0.000
线性和线性组合	26.890	1	0.000
有效案例中的 N	599		

a. 12 单元格（48.0%）的期望计数少于 5。最小期望计数为 0.15。

⑥ 对输出结果的简要说明。

输出结果共包括四部分，第一部分是数据的简单汇总报告，可以看出，数据集中共有 599 个有效变量值，没有缺失值（这里略去了）。

第二部分是被调查者的月收入与房屋的价位的列联表，如表 6-10 所示，行变量是"分组后的房屋价位"变量，列变量是"分组后的被调查者的月收入"变量。这里以第 1 行第 2 个单元格（即"6000 元/平方米以下"和"1500~3500 元"交叉的单元格）为例，说明列联表中各数值的含义：86 为该单元格的实际频数，43.0% 为行百分比，29.3% 为列百分比，14.4% 为总百分比，表明打算购买价位在 6000 元/平方米以下房子的被调查者共有 86 人，占打算购买价位在 6000 元/平方米以下房子的被调查者总人数的 43.0%，占月收入在 1500~3500 元的被调查者总数的 29.3%，占本调查者总人数的 14.4%。

输出结果的第三部分是变量独立性的 χ^2 检验结果，如表 6-11 所示。可以看出，$\chi^2=98.456$，P 值[表中显示为渐进 Sig.（双侧）]接近于 0，因此拒绝原假设，即可以认为被调查者的月收入与房屋的价位之间不具有独立性。结合列联表的输出结果可知，月收入低的被调查者拟购买的房屋面积较小，月收入高的被调查者拟购买的房屋面积较大。

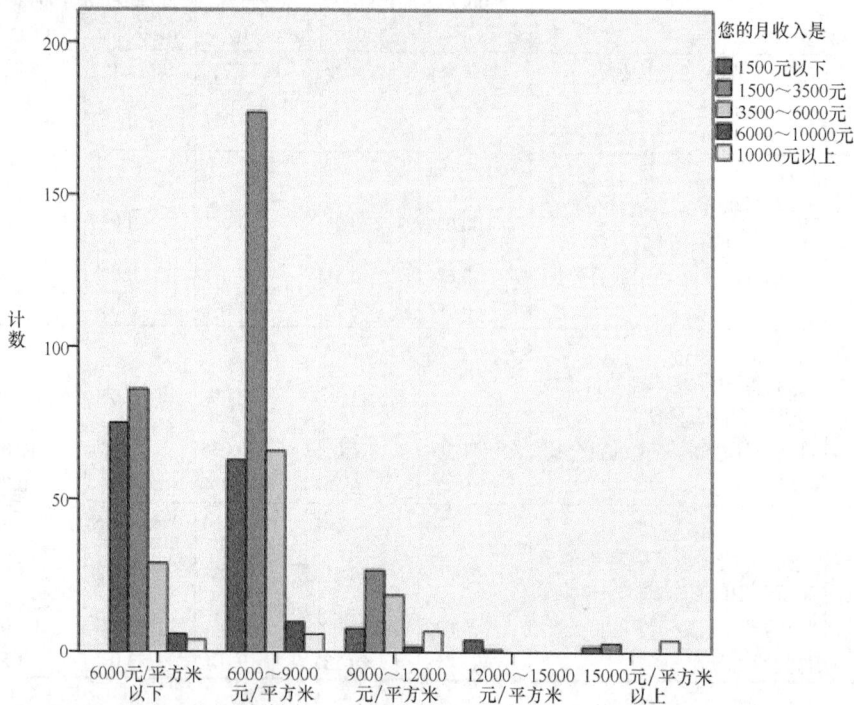

图 6-17 "您打算购买以下哪种价位的房子？"列联图

输出结果的第四部分是列联图，如图 6-17 所示。从图中也可以直观地看出，月收入低的被调查者拟购买的房屋面积较小，月收入高的被调查者拟购买的房屋面积较大。

（2）相关与回归分析。

变量之间的数量关系可以分为函数关系和相关关系两大类。其中，函数关系指变量之间所具有的确定性的对应关系，相关关系指变量之间存在的不能用精确的函数表达式来表示的关系，也称作统计关系。相关与回归分析是分析定量变量之间关系的最常用方法。在市场营销调研中，常常需要了解定量变量之间的联系，如销售额与价格之间的关系有多强？近期与远期的市场份额与促销力度和广告支出是什么样的关系？批发折扣率与进货量是什么关系？销售人员的提成比率与其业绩和对公司的利润贡献是什么关系？产品的接受程度和购买量与消费者的年龄、性别、收入的关系等。

① 相关分析。

相关分析是研究变量之间相关关系密切程度的统计方法。变量之间的相关关系，按表现形式不同，可以分为线性相关和非线性相关；按相关的方向不同，可以分为正相关和负相关。当两个变量之间的关系大致呈现出直线变动时，称之为线性相关。线性相关中，如果两个变量的变动方向相同，即一个变量数值的增大或减小，另一个变量的数值也随之增大或减小，则称之为正相关；如果两个变量的变动方向相反，则称之为负相关。

常用的测度变量之间相关关系的方法有散点图法和相关系数法。

散点图是以直角坐标系的横轴代表自变量 x，以纵轴代表因变量 y，将两个变量间相对应的变量值用坐标点的形式描绘在坐标平面上所形成的图形。利用散点图可以直观地看出两变量之间相关关系的形式、方向及密切程度。

在直线相关的条件下，相关系数是衡量两变量之间线性相关程度的统计指标，记为 r。其计算公式为：

$$r = \frac{\text{cov}(xy)}{s_x s_y} = \frac{\sum_{i=1}^{n}(x_i - \bar{x})(y_i - \bar{y})}{\sqrt{\sum_{i=1}^{n}(x_i - \bar{x})^2}\sqrt{\sum_{i=1}^{n}(y_i - \bar{y})^2}}$$

式中，$\text{cov}(xy)$ 为协方差，s_x 和 s_y 分别为变量 x 和变量 y 的标准差。

相关系数的取值范围为 $|r| \leqslant 1$。若 $0 < r < 1$，表明 x 和 y 正相关；若 $-1 < r < 0$，表明 x 和 y 负相关；若 $r=0$，表明 x 和 y 之间不存在任何线性相关关系；若 $|r| = 1$，表明 x 和 y 完全相关。r 的绝对值越接近于 1，表明两变量之间线性相关的程度越大，当 $|r| \geqslant 0.8$ 时，一般可以认为两变量之间存在高度相关关系。

② 回归分析。

回归分析是指对具有相关关系的变量之间数量变化的一般关系进行测定，确定一个相关的数学表达式，以便进行估计或预测的统计分析方法。回归分析的目的是通过自变量的给定值来估计或预测因变量的均值。其中，一个或若干个起着影响作用的变量称为自变量，它是引起另一现象变化的原因；而受自变量影响的变量称为因变量，它是自变量变化的结果。

a. 一元线性回归。

一元线性回归是最简单的回归形式，它反映的是因变量与一个自变量之间的回归关系。一元线性回归模型为：

$$y = \beta_0 + \beta_1 x + \varepsilon$$

式中，y 为因变量，x 为自变量，ε 为随机误差，β_0 和 β_1 均是未知参数，β_0 为直线在 y 轴上的截距，β_1 为直线的斜率，也称回归系数，它表示 x 每增加一个单位时 y 的平均变动量。

回归分析就是利用最小二乘法等方法对上述回归方程的参数 β_0、β_1 进行估计的过程，其基本思想是使误差平方和最小。y 的估计值为：

$$\hat{y} = \hat{\beta}_0 + \hat{\beta}_1 x$$

其中 $\hat{\beta}_0$ 和 $\hat{\beta}_1$ 分别是 β_0 和 β_1 的估计值。

实现一元线性回归分析过程的步骤为："绘出散点图→建立一般模型→估计方程参数→检验回归方程的拟合优度→检验参数的显著性→检验回归方程的显著性→分析回归方程的残差→预测"。

b. 多元线性回归。

在实际问题中，影响因变量的因素往往不止一个，这时就需要进行一个因变量与多个自变量之间的回归，即多元线性回归。假设影响因变量 y 的自变量共有 n 个，y 对 n 个自变量的多元线性回归模型为：

$$y = \beta_0 + \beta_1 x_1 + \beta_2 x_2 + \cdots + \beta_n x_n + \varepsilon$$

它的估计方程为：

$$\hat{y} = \hat{\beta}_0 + \hat{\beta}_1 x_1 + \hat{\beta}_2 x_2 + \cdots + \hat{\beta}_n x_n + \varepsilon$$

式中，$\hat{\beta}_0$ 为直线的斜率，$\hat{\beta}_i$ 为 x_i 的偏回归系数。

c. 非线性回归。

在实际问题中，自变量和因变量之间的关系并非都是线性的。当因变量随着自变量的不同而变化，并且呈现出某种曲线形态时，我们称两者之间为非线性关系。对于变量之间的非线性关系，我们可以用适当类型的曲线来描述，也可以通过变量转换将非线性回归方程转换为线性方程后，再进行求解。

③ 应用相关与回归分析方法时应注意的问题。

第一，相关分析的目的是测定变量之间相关关系的方向和程度，回归分析的目的是利用回归模型进行预测和控制。进行相关分析时，可以不必事先确定哪个是自变量，哪个是因变量，所涉及的变量可以都是随机变量；进行回归分析时，必须事先确定自变量和因变量，其中，自变量是事先给定的非随机变量，因变量是随机变量。

第二，进行相关分析时，不能仅凭相关系数 r 的大小来解释变量之间的相关程度，否则有可能会得出不切实际的结论。例如，$r=0$ 只表示 x 和 y 之间不存在线性相关关系，并不能说明 x 和 y 之间也不存在其他形式的相关关系；用样本数据计算的 r 值具有一定的随机性，在实际应用时，需要事先对其进行显著性检验。

第三，在实际操作中，建立回归模型的过程非常复杂，变量之间的关系很难确切估计，有时候我们甚至都无法找到哪些变量可以对因变量的变动形成统计意义上的显著性影响，而且实际被广泛应用的回归分析技术也要比我们这里介绍的内容复杂得多，应用时必须结合具体情况进行探讨和分析。

④ 应用实例。

某市最近 10 年居民年可支配收入和消费支出的数据见数据库。

问题：

a. 试分析居民年可支配收入和消费支出之间的关系，并建立消费支出对居民年可支配收入的回归方程。

b. 根据相关分析结果，得出相关结论。

分析：为分析居民年可支配收入和消费支出之间的关系，可以先通过绘制散点图对二者之间相关关系的形式、方向作出大致判断，然后再计算相关系数；若二者之间存在显著性线性相关，则再进一步建立回归方程。

数据分析操作步骤如下。

① 打开所给数据库。

② 单击"图形→旧对话框→散点/点状"展开"散点图/点图"对话框。选中"简单分布"选项后，再单击"定义"按钮，即可进入"简单散点图"对话框，如图 6-18 所示。然后，将变量"居民年可支配收入"作为自变量，送入"X 轴"框中，将变量"年消费支出"作为因变量，送入"Y 轴"框中。最后，单击"OK"按钮，即可得到居民年可支配收入和消费支出之间的散点图如图 6-19 所示。

③ 依次选择"分析→相关→双变量"，展开"双变量相关"对话框，如图 6-20 所示。然后将变量"居民年可支配收入"和"年消费支出"同时送入"变量"框中。单击"OK"按钮，即可得

到居民年可支配收入和年消费支出之间的相关系数，如表 6-12 所示。

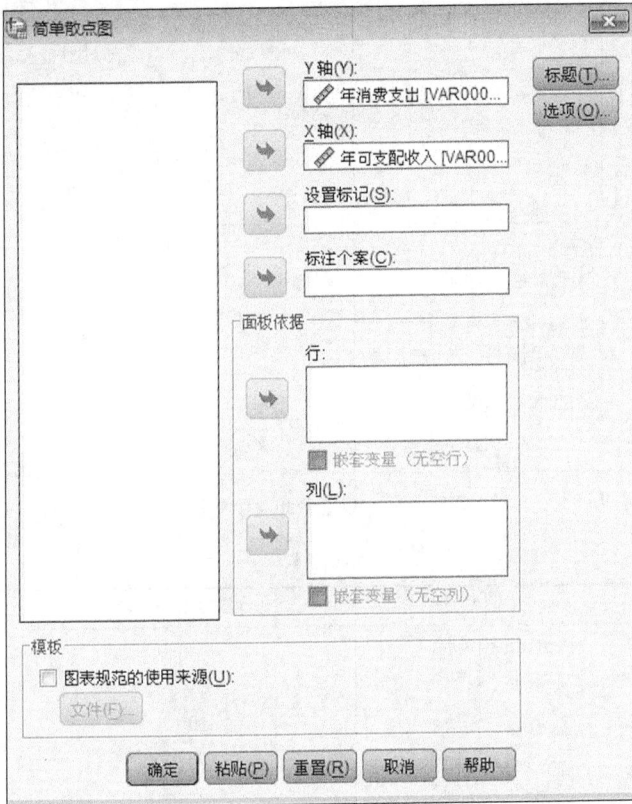

图 6-18 "简单散点图"对话框

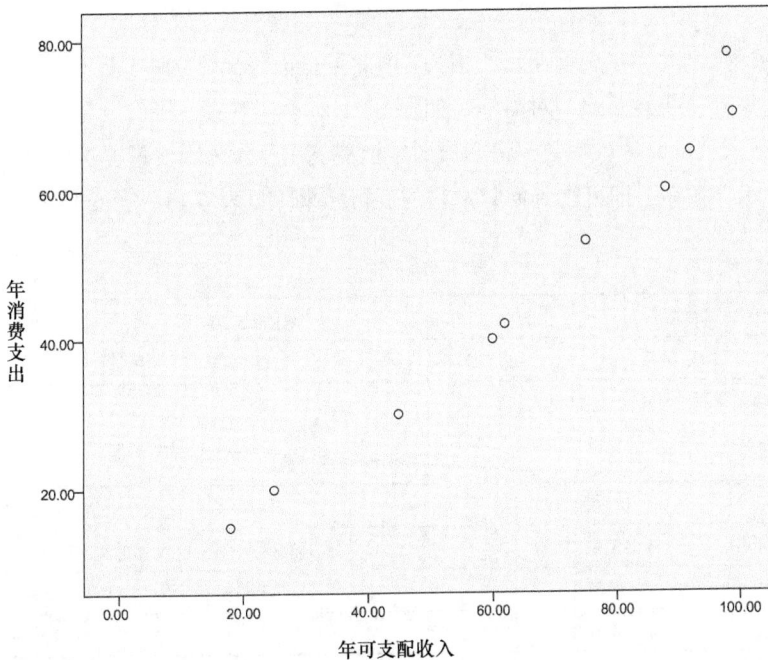

图 6-19 居民年可支配收入和年消费支出之间的散点图

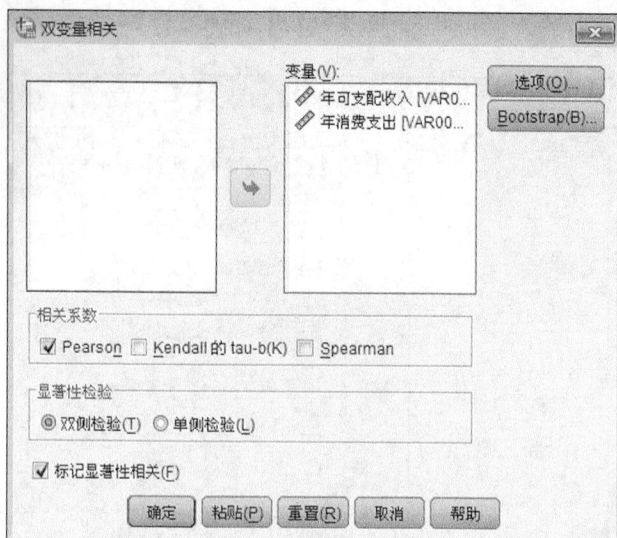

图 6-20 "双变量相关"对话框

表 6-12 相关性

		年可支配收入	年消费支出
年可支配收入	Pearson 相关性	1	0.988**
	显著性（双侧）		0.000
	N	10	10
年消费支出	Pearson 相关性	0.988**	1
	显著性（双侧）	0.000	
	N	10	10

**. 在 0.01 水平（双侧）上显著相关。

④ 由于两变量之间存在显著性线性相关，因此可以进一步建立回归方程。依次选择"分析→回归—线性"，展开"线性回归"对话框，如图 6-21 所示。然后，将变量"居民年可支配收入"作为自变量，送入"自变量"框中，将变量"年消费支出"作为因变量，送入"因变量"框中。最后，单击"OK"按钮，即可得到回归过程的运行结果（见表 6-13、表 6-14 和表 6-15）。

表 6-13 模型汇总

模型	R	R 方	调整 R 方	标准估计的误差
1	0.988[a]	0.976	0.973	3.545 82

a. 预测变量：（常量），年可支配收入。

表 6-14 $Anova^b$

模型		平方和	df	均方	F	Sig.
1	回归	4 033.518	1	4 033.518	320.813	0.000[a]
	残差	100.582	8	12.573		
	总计	4 134.100	9			

a. 预测变量：（常量），年可支配收入。

b. 因变量：年消费支出

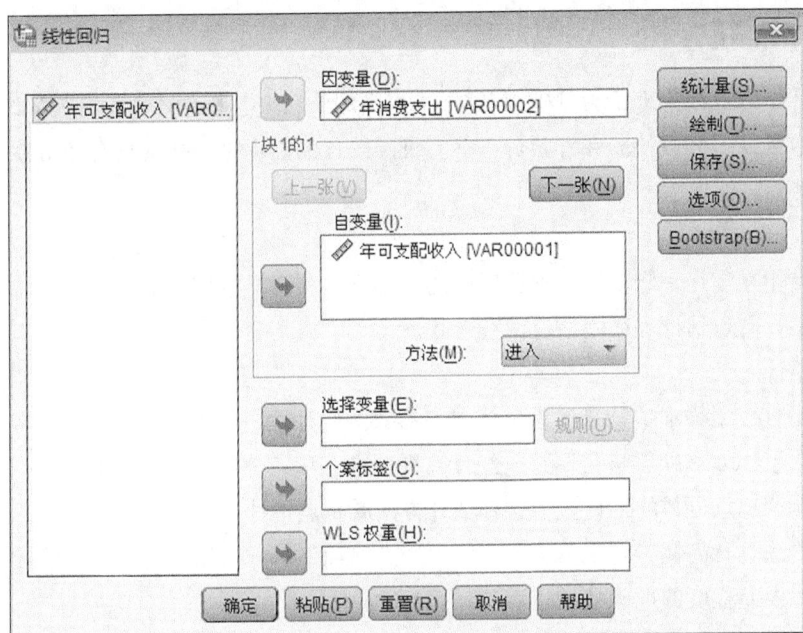

图 6-21　"线性回归"对话框

表 6-15 系数 [a]

模型		非标准化系数		标准系数	t	Sig.
		B	标准 误差	试用版		
1	（常量）	−0.209	2.880		−0.073	0.944
	年可支配收入	0.718	0.040	0.988	17.911	0.000

a. 因变量：年消费支出

⑤ 对输出结果的简单说明。

输出结果由散点图、相关系数表及回归过程输出结果 3 部分组成。

由散点图（见图 6-19）可以看出，居民年可支配收入与年消费支出之间存在明显的线性相关关系。由相关系数表（见表 6-12）可以看出，居民年可支配收入与年消费支出的相关系数为 0.988，双侧显著性检验结果的 P 值（Sig）小于 0.01，可以认为两者之间具有显著线性相关关系。

回归过程输出结果包括回归模型总结、方差分析表和回归系数及检验 3 部分（见表 6-13、表 6-14 和表 6-15）。回归模型总结部分，也就是对方程拟合情况的简单描述，从中可以看出，居民年可支配收入与年消费支出的相关系数 R 和判定系数 R^2 分别为 0.988 和 0.976，模型的解释程度很高；由方差分析表可知，$F=320.813$，P 值（Sig）小于 0.01，表明模型整体拟合效果良好；由回归系数及其检验结果可知，自变量居民年可支配收入的回归系数具有统计意义上的显著性（$r=17.911$，$p<0.01$）。据此可以构造出居民年消费支出对年可支配收入的回归方程：

$$y=-0.209+0.718x$$

式中，y 为居民消费支出，x 为年可支配收入。该方程表明，居民年可支配收入每增加 1000元，年消费支出将会增加 718（$0.718×1000$）元。

6.2.2 推断分析

推断统计是以概率论理论为基础,利用样本提供的信息来推断总体数量特征的统计分析方法,主要包括参数估计、假设检验和方差分析等。推断统计的前提是,样本具有随机性,能够反映总体的特征。

1. 参数估计

参数估计指在满足一定精度和把握程度的条件下,利用样本信息来估计总体特征的统计分析方法。参数估计有点估计和区间估计两种形式。

（1）点估计。

点估计是直接用样本估计量作为总体未知参数的估计量。例如，Duotu 公司为了监控服务质量，随机抽取了 100 名顾客进行调查，经计算得到顾客满意分数的样本均值为 82 分。如果以 82分直接作为顾客满意分数的估计值，这种估计方法就是点估计。

点估计方法具有简便、直观等优点，但由于点估计仅以一次抽样的结果来估计总体参数值，因此无法提供误差程度的准确信息。

（2）区间估计。

区间估计方法与点估计不同,它是以区间的形式给出总体参数的取值范围和推断的把握程度。对于定距和定比变量，区间估计方法主要是对总体的均值和方差进行估计；对于定类和定序变量，主要是对估计总体的比例进行估计。区间估计方法弥补了点估计不能给出推断把握程度的不足。

区间估计的基本原理是，根据给定的置信度构造出被估计的总体参数的上限和下限。设被估计的总体参数落在区间（$\hat{\theta}_1$，$\hat{\theta}_2$）内的概率为 $1-\alpha$，即 $P(\theta_1 \leq \theta \leq \theta_2)=1-\alpha$，则称（$\hat{\theta}_1$，$\hat{\theta}_2$）为总体参数的估计区间，$\hat{\theta}_1$ 为下限估计值，$\hat{\theta}_2$ 为上限估计值，$1-\alpha$ 为估计置信度，α 为显著性水平。

常用的置信区间的形式主要有以下几种。

① 对于正态总体，当总体方差 σ^2 已知时，总体均值 μ 的置信度为 $1-\alpha$ 的置信区间为：

$$\left[\bar{x} - Z_{\alpha/2} \cdot \frac{\sigma}{\sqrt{n}}, \quad \bar{x} + Z_{\alpha/2} \cdot \frac{\sigma}{\sqrt{n}} \right]$$

式中，$\bar{x}$ 为样本均值，n 为样本容量，σ 为总体标准差，$Z_{\alpha/2}$ 为显著性水平 α 所对应的 Z 值。

② 对于正态总体，当总体方差 σ^2 未知时，总体均值 μ 的置信度为 $1-\alpha$ 的置信区间为：

$$\left[\bar{x} - t_{\alpha/2}(n-1) \cdot \frac{s}{\sqrt{n}}, \quad \bar{x} + t_{\alpha/2}(n-1) \cdot \frac{s}{\sqrt{n}} \right]$$

式中，$s = \sqrt{\dfrac{1}{n-1}\sum_{i=1}^{n}(x_i - \bar{x})^2}$ 为样本标准差，$t_{\alpha/2}(n-1)$ 为显著性水平 α 所对应的自由度为（$n-1$）的 t 值。

③ 对于两个正态总体，方差 σ^2 未知但相等时，两个总体均值之差（$\mu_1-\mu_2$）的置信度为 $1-\alpha$ 的置信区间为：

$$\left[\bar{x} - \bar{y} - t_{1-\alpha/2}(n_1 + n_2 - 2)s_w\sqrt{\frac{1}{n_1} + \frac{1}{n_2}}, \quad \bar{x} - \bar{y} + t_{1-\alpha/2}(n_1 + n_2 - 2)s_w\sqrt{\frac{1}{n_1} + \frac{1}{n_2}} \right]$$

式中：$s_w = \sqrt{\dfrac{(n_1-1)s_1^2 + (n_2-1)s_2^2}{n_1+n_2-2}}$，其中，$s_1^2 = \dfrac{1}{n_1-1}\displaystyle\sum_{i=1}^{n_1}(x_i - \bar{x})^2$，$s_2^2 = \dfrac{1}{n_2-1}\displaystyle\sum_{i=1}^{n_2}(y_i - \bar{y})^2$。

（3）应用参数估计方法时应注意的问题。

第一，应合理确定允许误差的范围。允许误差是样本统计量与总体参数离差绝对值的可允许变动范围，称为抽样极限误差。抽样极限误差越小，表明抽样估计的准确度越高；抽样极限误差越大，表明抽样估计的准确度越差。由于样本统计量为随机变量，所以估计误差难以避免，但若估计误差超过一定限度，参数估计本身就会失去价值。另一方面，估计误差也不是越小越好，因为减少误差势必会增加调查费用，甚至会失去抽样调查的意义。因此进行参数估计时，应根据所研究对象的变异程度及分析任务的要求，确定一个合理的误差范围，只要估计值与被估计值之间的离差不超过该允许范围，均可以认为这种估计是有效的。

第二，应合理确定置信度的大小。置信度也就是估计推断的概率保证程度。因为样本统计量存在随机性，所以实际进行抽样推断时，不可能有 100%的把握做到被估计的总体参数落在允许误差的范围之内，这就产生了要承担多大风险相信所作出估计的问题。如果估计的可信度很低，意味着风险很大，估计也就没有价值；另一方面，增大估计的可信度又会增加相应的调查费用，如果费用过高，也同样会失去抽样调查的意义。因此，进行参数估计时，应根据所研究问题的性质和工作需要，确定一个可以接受的估计置信度。

（4）应用实例。

① Duotu 公司是一家专营体育设备和附件的公司，为了监控服务质量，Duotu 公司每月都要随机地抽取一个顾客样本进行调查以了解顾客的满意分数。根据以往的调查，满意分数的标准差稳定在 20 分左右。最近一次对 100 名顾客的抽样显示，满意分数的样本均值为 82 分，试在 95%的置信水平下估计总体满意分数的区间。

a. 已知，样本容量 n=100，总体标准差 $\sigma = 20$，$Z = 1.96$。

b. 抽样平均误差 $\mu_{\bar{x}} = \dfrac{\sigma}{\sqrt{n}} = \dfrac{20}{\sqrt{100}} = 2$。

c. 抽样极限误差 $\Delta_{\bar{x}} = Z\mu_{\bar{x}} = 1.96 \times 2 = 3.92$。

d. 95%的置信区间为 82±3.92，即（78.08，85.92）。

结论：在置信水平为 95%时，所有顾客的满意分数在 78.08 到 85.92 之间。

② 菲瑞卡洛通讯公司顾客满意度的区间估计。

2007 年菲瑞卡洛通讯公司对全国范围每内的 902 名女子高尔夫球手进行了调查，以了解美国女子高尔夫球手对自己在场上如何被对待的看法。调查发现，397 名女子高尔夫球手对得到的球座开球次数感到满意，试在 95%的置信水平下估计总体满意度比例的区间。

a. 已知 $n = 902$，$Z = 1.96$。

样本比例 $p = \dfrac{m}{n} = \dfrac{397}{902} = 0.44$。

b. 抽样平均误差 $\mu_p = \sqrt{\dfrac{p(1-p)}{n}} = \sqrt{\dfrac{0.44 \times 0.56}{902}} = 0.0165$。

c. 抽样极限误差 $\Delta_p = Z \cdot \sqrt{\dfrac{p(1-p)}{n}} = 1.96 \times \sqrt{\dfrac{0.44 \times 0.56}{902}} = 0.0324$。

d. 95%的置信区间为 0.44±0.032 4，即（0.407 6，0.472 4）。

结论：在置信水平为 95%时，所有女子高尔夫球手中有 40.76%到 47.24%的人对得到的球座开球数感到满意。

③ 接 6.2.1 单变量描述分析应用案例。联邦贸易委员会某年对美国香烟品牌的评级数据见数据库。试在 90%的置信度下，推断美国香烟品牌的平均的焦油含量。

分析提示：本例是在总体方差未知的情况下，进行总体均值 μ 的区间估计问题。

参数估计操作步骤如下。

a. 打开所给数据库。

b. 点击"分析→描述统计→探索"展开"探索"对话框，如图 6-22 所示。然后，将变量"焦油含量"作为分析变量送入"因变量"框。

c. 继续单击"统计量"按钮，在展开的"探索：统计量"对话框中，选中"描述性"项，并将"均值的置信区间"框中的数字改成 90%。再单击"继续"按钮，返回到主对话框，如图 6-23 所示。最后，单击"确定"按钮，即可得到区间估计结果，如表 6-16 和图 6-24 所示。

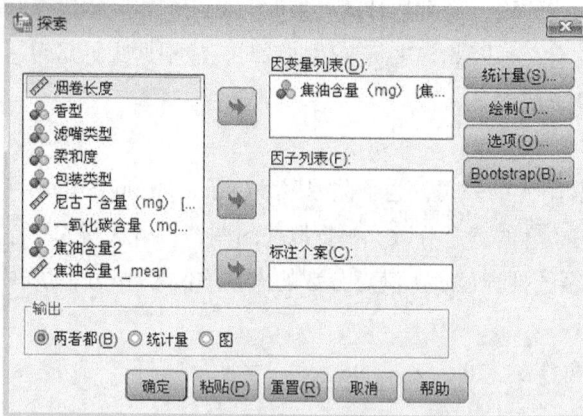

图 6-22 "探索"对话框

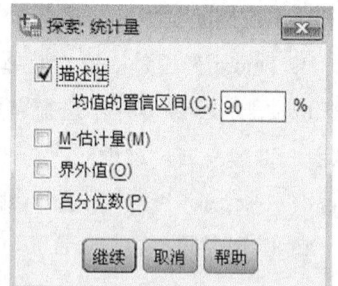

图 6-23 "探索：统计量"对话框

表 6-16   描述

			统计量	标准误
焦油含量（mg）	均值		10.600 0	0.714 14
	均值的 90%置信区间	下限	9.378 2	
		上限	11.821 8	
	5%修整均值		10.666 7	
	中值		10.000 0	
	方差		12.750	
	标准差		3.570 71	
	极小值		4.00	
	极大值		16.00	
	范围		12.00	
	四分位距		5.50	
	偏度		−0.133	0.464
	峰度		−0.722	0.902

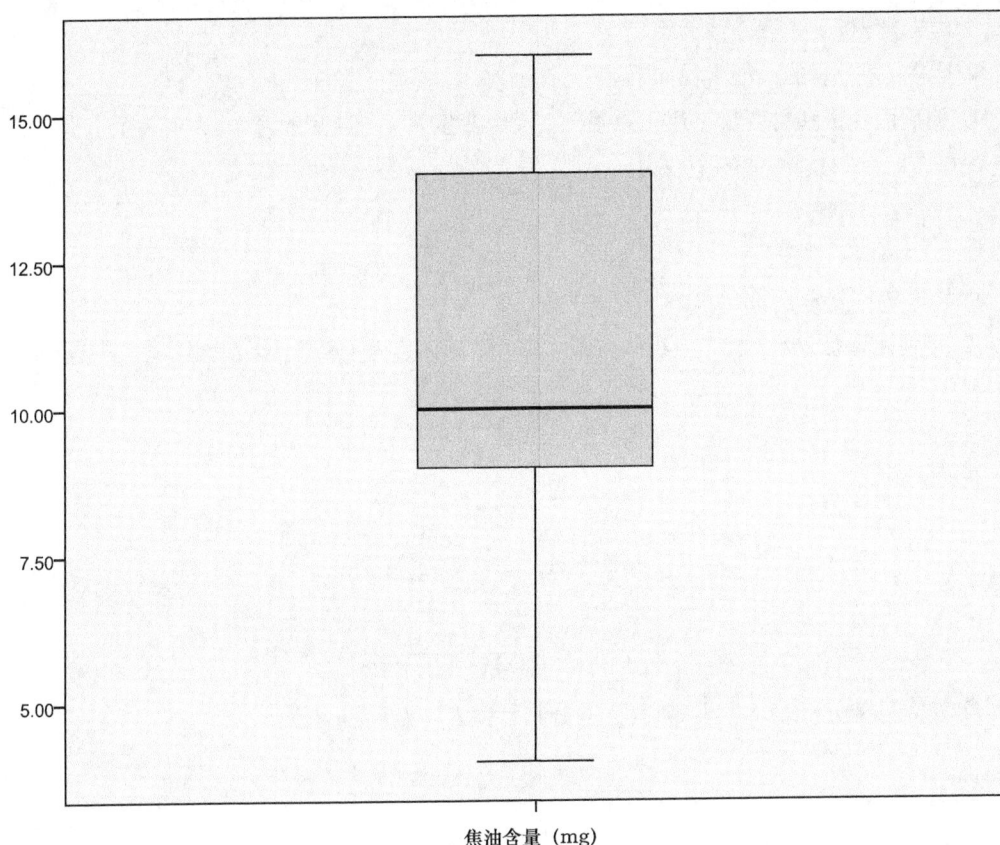

焦油含量（mg）

图 6-24　焦油含量箱线图

d. 对输出结果的简要说明。

由输出结果（见表 6-15）可以看出，美国香烟品牌的平均的焦油含量的点估计值为 10.60mg，置信区间为 9.38mg～11.82mg（置信度为 90%）。

2. 方差分析

（1）方差分析的意义。

在假设检验中，检验的问题是两个总体均值之差是否相等，而方差分析则是对该问题的推广，它比较的是若干个总体的均值之差。方差分析的主要应用是，通过分析数据中不同来源的变异对总变异的贡献大小，来确定可控因素对研究结果影响力的大小。例如，在市场研究和营销活动中，包装和促销方式都是影响商品销售量的重要因素，我们可以利用方差分析方法，通过比较商品的不同包装方式和促销方式对商品销售量的影响，找出最优的包装方式及促销方式，从而提高商品的销售量。

在方差分析中，当涉及的因素只有一个时，称为单因素方差分析；当涉及的因素为两个或两个以上时，统称为多因素方差分析。下面仅以单因素方差分析为例，简单介绍方差分析的基本思路。

单因素方差分析是在控制变量的不同水平下，检验各总体分布是否存在显著性差异，进而判断控制变量是否对观测变量具有显著性影响的分析方法。

（2）方差分析的步骤。

单因素方差分析的一般步骤如下。

① 明确因变量和自变量，建立原假设。设因变量为 Y，自变量为 X，X 有 r 个水平，在 X 的第 i 个水平下，Y 的观测值的个数为 n_i，则：

总样本量：$n = \sum\limits_{i=1}^{r} n_i$

原假设 H_0：$\mu_1 = \mu_2 = \cdots = \mu_r$

② 分别计算总方差（SST）、组间方差（SSA）、组内方差（SSE）及 F 统计量，具体公式如下：

$$SST = \sum_{i=1}^{r} \sum_{j=1}^{n_i} (y_{ij} - \overline{y})^2$$

$$SSA = \sum_{i=1}^{r} n_i (\overline{y_i} - \overline{y})^2$$

$$SSE = \sum_{i=1}^{r} \sum_{j=1}^{n_i} (y_{ij} - \overline{y_i})^2$$

$$F = \frac{SSA/(r-1)}{SSE/(n-r)}$$

③ 建立方差分析表（见表 6-17），并查临界值 $F_\alpha = (r-1, n-r)$。

表 6-17　　　　　　　　　　　　　　单因素方差分析表

方差来源	平方和	自由度	方差	F 值	P 值
组间（影响因素）	SSA	$r-1$	$SSA/(r-1)$	F	p
组内（误差）	SSE	$n-r$	$SSE/(n-r)$		
总和	SST	$n-1$			

④ 分析结果。如果 $F > F_\alpha = (r-1, n-r)$，或 F 值的对应概率 p 小于给定的显著性水平 α，则拒绝原假设，这时可以认为不同水平下各总体均值之间存在显著差异；如果 F 值较小，或其对应概率 p 大于显著性水平 α，则不能拒绝原假设，即认为不同水平下各总体均值之间没有显著差异。

（3）应用实例。

某大型连锁超市为了解不同促销手段对商品销售额的影响，在其下属 5 个分店中，对同一类日常生活用品分别采用不同促销方式进行了为期 4 个月的销售对比试验（试验前该类商品在 5 个分店内的月销售额基本处于同一水平），销售对比试验结果（见表 6-18）及由此形成的 SPSS 数据库（见图 6-25）。试利用方差分析方法，检验不同促销方式下的商品销售量是否存在显著性差异。

表 6-18　　　　　　　　　　　　　不同促销方式下的月销售额情况

分店序号	促销方式	月销售额（万元）			
1	通常销售	12.5	15.4	11.8	13.2
2	广告宣传	13.1	14.7	12.3	13.6
3	有奖销售	15.6	16.5	13.4	13.1
4	特价销售	17.9	19.6	21.8	20.4
5	买一送一	18.2	17.1	16.5	16.2

分析提示：这是单一因素影响下的方差分析问题，可以以月销售额为因变量，以促销方式为影响因素变量进行分析。

数据分析操作步骤如下。

① 打开所给数据库，如图6-25所示。（请注意数据库图6-25与表6-17的对应关系）

② 单击"分析→比较均值→单因素ANOVA"展开"单因素方差分析"对话框，如图6-26所示。然后，将变量"月销售额"送入"因变量列表"框，将影响因素变量"促销方式"送入"因子"框。

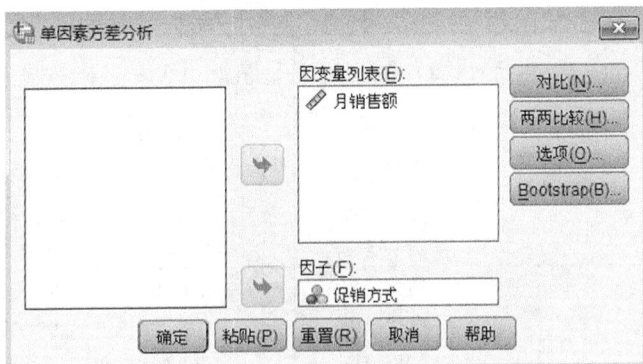

图6-25　"不同促销方式下的月销售额"数据库

图6-26　"单因素方差分析"对话框

③ 单击"两两比较"项，在打开的对话框中，选中"LSD"复选框，以进行各组均值间的两两比较，如图6-27所示，单击"继续"按钮，返回到主对话框。

图6-27　"单因素ANOVA：两两比较"对话框

④ 单击"确定"按钮，即可得出单因素方差分析的运行结果（见表6-19和表6-20）。

表 6-19   ANOVA

月销售额

	平方和	df	均方	F	显著性
组间	127.717	4	31.929	16.577	0.000
组内	28.893	15	1.926		
总数	156.609	19			

表 6-20   多重比较

月销售额

LSD

（I）促销方式	（J）促销方式	均值差（I-J）	标准误差	显著性	95% 置信区间	
					下限	上限
通常销售	广告宣传	-0.200 00	0.981 37	0.841	-2.291 7	1.891 7
	有奖销售	-1.425 00	0.981 37	0.167	-3.516 7	0.666 7
	特价销售	-6.700 00*	0.981 37	0.000	-8.791 7	-4.608 3
	买一送一	-3.775 00*	0.981 37	0.002	-5.866 7	-1.683 3
广告宣传	通常销售	0.200 00	0.981 37	0.841	-1.891 7	2.291 7
	有奖销售	-1.225 00	0.981 37	0.231	-3.316 7	0.866 7
	特价销售	-6.500 00*	0.981 37	0.000	-8.591 7	-4.408 3
	买一送一	-3.575 00*	0.981 37	0.002	-5.666 7	-1.483 3
有奖销售	通常销售	1.425 00	0.981 37	0.167	-0.666 7	3.516 7
	广告宣传	1.225 00	0.981 37	0.231	-0.866 7	3.316 7
	特价销售	-5.275 00*	0.981 37	0.000	-7.366 7	-3.183 3
	买一送一	-2.350 00*	0.981 37	0.030	-4.441 7	-0.258 3
特价销售	通常销售	6.700 00*	0.981 37	0.000	4.608 3	8.791 7
	广告宣传	6.500 00*	0.981 37	0.000	4.408 3	8.591 7
	有奖销售	5.275 00*	0.981 37	0.000	3.183 3	7.366 7
	买一送一	2.925 00*	0.981 37	0.009	0.833 3	5.016 7
买一送一	通常销售	3.775 00*	0.981 37	0.002	1.683 3	5.866 7
	广告宣传	3.575 00*	0.981 37	0.002	1.483 3	5.666 7
	有奖销售	2.350 00*	0.981 37	0.030	0.258 3	4.441 7
	特价销售	-2.925 00*	0.981 37	0.009	-5.016 7	-0.833 3

*. 均值差的显著性水平为 0.05。

⑤ 对输出结果的简要说明。

单因素方差分析的输出结果由方差分析表和多重比较结果两部分组成（见表 6-19 和表 6-20）。由方差分析表（ANOVA）可以看出，F 值的对应概率 p 值（Sig.）小于 0.05，因此可以认为，5种销售方式的平均月销售额之间存在显著性差异。

多重比较表是在 5% 的显著性水平下，影响因素的各组均值之间两两比较的 t 检验结果，其中标记"*"的对比组表示对应两组的均值之间存在显著性差异。可以看出，"特价销售"组的均值和"买一送一"组的均值与其他各组均值之间都存在显著性差异，而另外 3 组均值之间并无显著差异。再结合销售额的差异情况，可以得到以下结论："特价销售"的销售效果最好，"买一送一"

次之，而"广告宣传""有奖销售"和"通常销售"之间并无显著差异，促销效果并不明显。

习题与实训

一、单选题

1. 计算平均指标时，最常用的方法和最基本的形式是（　　）。

　　A. 中位数　　　　　B. 众数　　　　　　C. 算术平均数　　　D. 调和平均数

2. 计算变异指标时，最常用的方法和最基本的形式是（　　）。

　　A. 标准差　　　　　B. 全距　　　　　　C. 四分位差　　　　D. 变异系数

3. 一般来说，变量数据中组距与组数的关系为（　　）。

　　A. 反比关系　　　　B. 正比关系　　　　C. 等差关系　　　　D. 无关系

4. 用标准差比较分析两个同类总体平均指标的代表性的前提条件是（　　）。

　　A. 两个总体的标准差应相等　　　　　　B. 两个总体的平均数应相等

　　C. 两个总体的单位数应相等　　　　　　D. 两个总体的离差之和应相等

5. 当自变量为时间时，常使用（　　）来表示因变量的发展情况。

　　A. 趋势图　　　　　B. 饼形图　　　　　C. 直方图　　　　　D. 三者都不对

6. 利用 SPSS 制作单变量单选题的频数分布表的步骤是（　　）。

　　A. 分析→描述统计→探索　　　　　　　B. 分析→描述统计→描述

　　C. 分析→描述统计→频率　　　　　　　D. 分析→描述统计→交叉表

7. 利用 SPSS 计算变量的描述统计分析指标的步骤是（　　）。

　　A. 分析→多重相应→交叉表　　　　　　B. 分析→描述统计→描述

　　C. 分析→描述统计→探索　　　　　　　D. 分析→描述统计→交叉表

8. 利用 SPSS 分组计算变量的描述统计分析指标的步骤是（　　）。

　　A. 分析→描述统计→探索　　　　　　　B. 分析→描述统计→描述

　　C. 分析→多重相应→交叉表　　　　　　D. 分析→描述统计→交叉表

9. 当两个变量均为单选题时，利用 SPSS 制作双变量列联表的步骤是（　　）。

　　A. 分析→描述统计→探索　　　　　　　B. 分析→描述统计→描述

　　C. 分析→描述统计→频率　　　　　　　D. 分析→描述统计→交叉表

10. 当两个变量中包含有多选题时，利用 SPSS 制作双变量列联表的步骤是（　　）。

　　A. 分析→描述统计→频率　　　　　　　B. 分析→多重相应→交叉表

　　C. 分析→描述统计→探索　　　　　　　D. 分析→描述统计→交叉表

二、多选题

1. 度量集中趋势的指标有（　　）。

　　A. 平均数　　　　　B. 标准差　　　　　C. 中位数　　　　　D. 四分位差

　　E. 众数

2. 一组变量的最大值与最小值的差叫（　　）。

　　A. 全距　　　　　　B. 众数　　　　　　C. 中位数　　　　　D. 离差

　　E. 标准差

3. 按照所采用的计量尺度不同，可以将调研数据分为类别数据、顺序数据和数值型数据（包括等距数据和比率数据）。对于类别数据，常用的描述分析方法有（　　　　）。

    A. 频数（或频率）分析　　　　　　　B. 众数　　　　　　　C. 中位数

    D. 累积频率分布　　　　　　　　　　E. 标准差

4. 按照所采用的计量尺度不同，可以将调研数据分为类别数据、顺序数据和数值型数据（包括等距数据和比率数据）。对于顺序数据，常用的描述分析方法有（　　　　）。

    A. 频数（或频率）分析　　　　　　　B. 众数　　　　　　　C. 中位数

    D. 累积频率分布　　　　　　　　　　E. 标准差

5. 按照所采用的计量尺度不同，可以将调研数据分为类别数据、顺序数据和数值型数据（包括等距数据和比率数据）。对于数值型数据，常用的描述分析方法有（　　　　）。

    A. 全距　　　　　　B. 众数　　　　　　C. 中位数　　　　　　D. 算数平均数

    E. 标准差

三、判断题

1. 统计图是用各种图形表现统计资料的一种形式。它是以统计资料为依据，借助于几何线、形，事物的形象和地图等形式。　　　　　　　　　　　　　　　　　　　　　　　（　　　）

2. 利用平均数，可以将处在不同空间的现象和不同时间的现象进行对比，反映现象一般水平的变化趋势或规律，分析现象间的相互关系。　　　　　　　　　　　　　　　　（　　　）

3. 全距也叫极差，是所有数据中最大数值和最小数值之差。　　　　　　　　（　　　）

4. 测定离散趋势最常用的统计量是众数。　　　　　　　　　　　　　　　　（　　　）

5. 标准差是一组数据中各数值与其算术平均数之差的平方和的算术平均数的平方根。

    　　　　　　　　　　　　　　　　　　　　　　　　　　　　　　　　　　　（　　　）

6. 调查资料的整理过程也包含着调查人员的思维活动过程。　　　　　　　　（　　　）

7. 定量分析要比定性分析科学、精确。因此，在数据分析中不应该用定性分析法。（　　　）

8. 没有理论指导的定量分析，不可能得出科学和具有指导意义的调查结论。　（　　　）

四、综合应用题

1. 在下面的情况中，为什么平均数是不恰当的集中趋势指标：（1）受访者的性别（男性或女性）；（2）婚姻状况（单身、已婚、离婚、分居、丧偶及其他）；（3）一次偏好测试，受访者对 Miller Lite，Bud Light 和 Coors Light 3 种啤酒的选择顺序。

2. 在一次关于杂志订阅的调研中，受访者写出了他们经常订阅的杂志份数。可以使用哪些集中趋势指标？哪一个是最恰当的？为什么？

五、操作题

1. 上层建筑受经济基础支配，教育属于上层建筑，请用演绎分析法分析"教育"所具有的特征和本质。

2. 教育是一种有意识的活动，动物对下一代的哺育是没有意识的，请用演绎分析法分析"动物对下一代的哺育"所具有的特征和本质。

3. 以小组为单位，根据 5.3 操作题 3 中形成的 SPSS 数据库，对调研得到的问卷数据进行描述统计分析。

任务解析

数据分析是市场调研工作的重要阶段。分析市场调查数据是指根据一定的调研目的，采用一种或若干种数据分析方法，按照一定的程序，对经过处理后的市场调研数据进行分组、汇总、检验及推断，探求所调查现象的本质及规律性，进而指导营销决策的过程。关于数值型数据的统计分析，已在本任务中的知识讲解部分做了详细描述。本任务旨在通过上海市场定性调研报告，展示文字型数据的统计分析过程。

本案例在分析原始的市场调研数据时使用了归纳法。

首先，使用了归纳法中的"求同法"。

（1）据原始数据"女人买服装和买钻饰会有差异，女人买珠宝一定会带钱去买，看中了一定会买，但不会去逛珠宝店；但买服装，可能今天心情不好，或太好了去逛，但不一定会买回来。可能考虑到经济的承受能力，我一定退而求其次，买劣的。""一般都想好了我要去看看，我想买个戒指，买个项链，就会去看，今天看不到，明天我还去。"进行定性分析，可以得出消费者的"购买动机是理智型"的结论，采用的分析方法是归纳法中的"求同法"。

（2）根据原始数据"结婚时购买的钻戒款式已经不特别了，现在人手一颗，一定要再买一个和别人不一样的戴。""为了这条款式特别的镶钻的链子，我跑遍了上海各大商场都没有，最后托人在谢瑞麟找了个师傅，让他照同样款式给我做了一条，虽然2万多元，但是这个款式别人是没有的。"进行定性分析，可以得出消费者"追求别致、与众不同的设计和款式"的购买动机的结论，采用的分析方法是归纳法中的"求同法"。

（3）根据原始数据"在周生生，你不喜欢了可以去换的，别的品牌做不到这一点。换款式，黄金可以换，钻石可以重新做个款式。""在泰基和庆丰金，款式都非常新颖，非常漂亮，很年轻的，不是那种很俗套的。""在东华，我觉得里面的服务好。你在购买的时候里面的服务比国产的好，可以给你参谋。很年轻化的。帮你做测试，你买的钻饰，旁边有小钻，甚至告诉你小钻的切割度，很专业地告诉你。""在谢瑞璘，它好像是珍珠什么的，款式还可以的。做工很细，黄金、白金也有。"进行定性分析，可以得出消费者购买珠宝"更倾向于专卖店或者专柜"的结论，采用的分析方法是归纳法中的"求同法"。

（4）根据原始数据"亚一金店、老凤翔对我来说好像是我妈妈去的地方。品牌很多，有的品牌我们也不是很熟悉，要买的话，就在专卖店购买。逛得太久，看得眼睛花了，我宁愿少一点，当机立断挑几个。但那里太杂了，人很多很多的。""特别是老庙黄金那里啊，人太多哦。大家都在抢生意。我就不愿意去买那些东西。到时候都不知道买什么款式好了。"进行定性分析，可以得出消费者购买珠宝时"老式银楼的经营模式不能被白领接受"的结论，采用的分析方法是归纳法中的"求同法"。

（5）根据原始数据"法国给人的感觉很时尚，花俏，线条很好，优雅。法国给人的感觉是很美好的。""法国品牌的标志是它的品牌上应该标上法文，法文很特别啊，类似于中国的音调一样。或者是埃菲尔铁塔。"进行定性分析，可以得出"法国的珠宝比较受欢迎"的结论，采用的分析方法是归纳法中的"求同法"。

其次，使用了归纳法中的"求异法"。

（1）根据原始数据"我特别喜欢（恒隆）那种环境，人很少，我觉得可以随心所欲的，选择余地可以很大，不必要担心人挤来挤去，不会旁边很吵，很舒服的环境。""因为像徐家汇那样有的店太挤的话，你想挑选一下，考虑一下，或是换几个颜色试一下，因为人太多，营业员太忙，都忙不过来，有的时候就招呼不了你，想想还是下次再来吧，不一定就买成功，环境好一点的话，就让你静静地挑，挑到自己称心为止。而且它（恒隆）那边给人一种比较宽心的感觉。"进行定性分析，可以得出上海珠宝市场的消费者"购买时货比三家、购买决策的时间较长、对消费环境的要求很高"等消费特点的结论，采用的分析方法是归纳法中的"求异法"。

（2）根据上述分析，消费者购买珠宝"更倾向于专卖店或者专柜（款式新、做工细、人少、服务好）"和消费者购买珠宝时"老式银楼的经营模式不能被白领接受（人杂、品牌多、老式）"，采用归纳法中的"求异法"，更加可以肯定"消费者购买珠宝更倾向于专卖店或者专柜"的结论。

相关知识图示

任务六相关知识图示如图 6-28 所示。

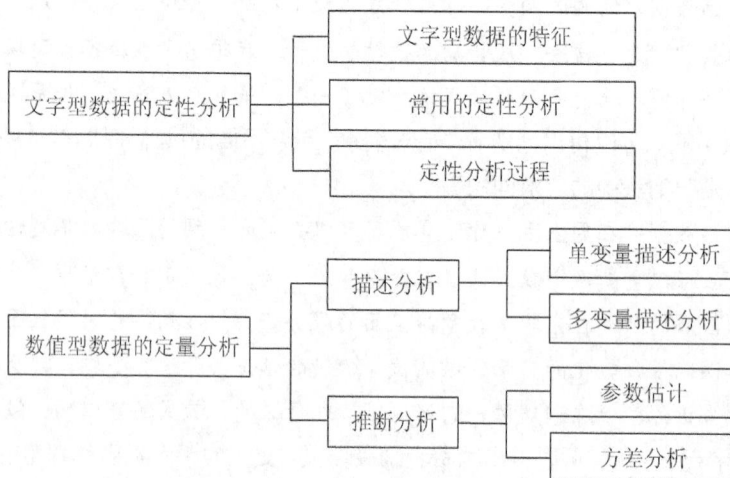

图 6-28　任务六相关知识图示

任务七
撰写市场调研报告

学习目标

- **知识目标**

1. 理解市场调研报告的作用，了解市场调研报告的种类、结构和内容、撰写步骤，掌握撰写市场调研报告的技巧。

2. 理解口头展示市场调研报告的作用，掌握口头展示市场调研报告的工作步骤。

- **能力目标**

1. 能根据调研分析结果，按照调研报告的基本格式要求，撰写一份高质量的市场调研报告。

2. 能有效使用图形、表格等视觉工具，口头展示已完成的书面调研报告，并取得好的陈述效果。

任务引入

《新型汽车研发中心》项目的口头展示

科里·罗杰斯完成了新型汽车研发中心委托调研的报告。他决定在他的展示中使用 PPT。他将演讲题目定为"新型汽车研发中心：车型偏好和汽车细分市场特征的营销调研"。接着，他还写了几个希望能够在演讲一开始介绍的项目，包括研究目的、调研方法（包括抽样计划和样本大小）。罗杰斯在写了很多他认为有助于沟通调研目的和调研方法的内容后，把注意力转向了展示调查结果。

罗杰斯认为他应该以对样本的描述（通常叫作"样本框"）来作为展示的开始。他注意到，对性别和婚姻状况的回答只有两种选择（男性或女性，已婚或未婚）。他决定只是口头展示每类的比例。然而，对于其他变量，每个回答都有几种选择，他觉得应该通过展示频率分布表来更好地沟通这一结果。他用 SPSS 准备了这些问题回答的频率分布表，并用 SPSS 对几个关键数据进行分析。

请思考：

1. 口头调研报告的标题采用了哪种标题的形式？

2. 罗杰斯口头展示了调研报告中的哪几部分内容？

3. 罗杰斯口头展示的内容能否满足客户的需要？

知识讲解

7.1 撰写市场调研报告

撰写和口头展示市场调研报告是市场调研工作的最后阶段，也是整个调研工作成果的集中体现。一份好的市场调研报告，可以使调研委托者和决策者清楚地了解本项市场调研得出的具有信度的基本结论，并将其作为决策的重要依据；一份质量低劣的市场调研报告，甚至可以使一次组织精良的市场调研活动的成果毁于一旦。因此，无论是书面市场调研报告还是口头市场调研报告都对整个市场调研工作起着至关重要的作用。

7.1.1 市场调研报告的种类

市场调研的内容极其广泛，每一个调研项目都是围绕特定目标展开的，因此，作为调研结果集中表现的调研报告也具有不同的类型。

1. 按市场调查报告的内容分类

市场调查报告按其内容的不同可分为以下几种。

（1）综合报告。

综合报告是提供给用户的最基本的报告。此类报告的目的是要反映整个调查报告的全貌，详尽说明调查结果及发现。综合报告主要包括以下内容。

① 调查概况。这一部分包括调研目的、调研内容和问卷设计、抽样方案和调查实施情况以及数据的统计处理。

② 样本结构。这一部分包括调查点的分布、调研对象的基本情况、样本分布与总体分布的比较。

③ 基本结果。这一部分主要针对问卷中的内容，逐项给出调研结果，一般配合给出大量的统计图表以及简要说明。

④ 对不同层次调查对象的分析。这一部分是调研报告的重点，要针对调研对象的人口状况，即针对不同性别、不同年龄、不同文化程度、不同职业和不同收入等各种层次的调研对象，给出统计分析的主要结果。

⑤ 主要项目间的关联性分析。这一部分主要针对理论假设，对主要调研项目（变量）间的关联性、相关性做出判断，即这些项目间是相互关联的，还是相互独立的，如果是相互关联的，又是一种怎样的联系。

⑥ 主要发现。这一部分实际上是调查的小结，要说明通过调查及数据分析所得到的主要发现和几点结论性的意见，以提供给有关决策部门参考。

（2）专题报告。

专题报告是针对某个问题或侧面而撰写的报告。例如，针对住房消费问题、私人轿车问题都可以分别写出专题调研报告。又如，在北京市女性化妆品市场调研中，可以围绕不同层次的女性购买化妆品的月平均消费额为主要内容，完成一个专题报告。

（3）研究性报告。

研究性报告实际上也可以看成是某种类型的专题报告，但是研究性报告学术性较强，需要进行更深入的分析研究，并要求从中提炼出观点、结论或理论性的东西。

（4）技术报告。

技术报告是对调研中的许多技术性问题进行的说明，如对抽样方法、调研方法、误差计算等问题的说明，以反映调研结果的客观性和可靠性。

2. 按市场调查报告的呈递形式分类

市场调查报告按其呈递形式的不同可分为以下几种。

（1）书面调研报告。

书面调研报告是以书面形式表达的市场调研结果，它可为企业的营销决策提供书面依据。

（2）口头调研报告。

口头展示市场调研报告是市场调研的主持人或报告撰写者以口头陈述的形式向委托方汇报调研方法、报告结果以及结论、建议的活动。

7.1.2　撰写市场调研报告的工作步骤

1. 撰写前的准备工作

（1）整理调研资料。

整理调研资料是对调研取得的资料进行取舍。报告撰写者必须围绕调研内容有针对性地筛选资料。一般来说，可供取舍的调研资料主要有以下几大类。

① 典型资料。它是具有代表性的资料，往往有深刻的含义和较大的说服力，是能表现调研对象本质和发展趋势的资料。运用典型资料可以使主题更具有深度。

② 综合资料。它是能够说明调研对象总体的概貌和发展趋势，有助于认识整体、掌握全局的资料，运用综合资料可以使主题更具有广度，但须注意处理好与典型资料的关系。

③ 对比资料。例如，过去已有的调查资料、相关部门的调查结果等资料。运用历史与现实、成与败等对比资料进行横向和纵向的比较可以使报告的主题更加突出，给人深刻的印象。

④ 分析资料。事物的质是通过量表现出来的。真实、准确的数字有较强的概括力和说服力。要认真研究本次调研取得的原始数据资料，可以先将全部结果整理成各种便于阅读和比较的表格和图形。原始数据的统计分析结果可大大增加报告的科学性、准确性和力度。

在整理这些数据的过程中，对调研报告中应重点论述的问题自然就会逐步形成思路。

⑤ 排比资料。如本次调查的辅助性材料和背景材料等。用若干不同的资料，从不同的角度、不同的侧面多方面说明观点，可使报告观点更加深刻有力。资料必须充足才有可能写出有价值的报告。

（2）做出结论。

对理论假设做出接受或拒绝的结论。

（3）对难以解释的数据的处理。

对难以解释的数据，要结合其他方面的知识进行研究，必要时可针对有关问题找专家咨询或进一步召开小范围的调查座谈会。

（4）确定报告类型及阅读对象。

调查报告有多种类型，如综合报告、专题报告、研究性报告、技术报告等；阅读的对象可能是企业领导、专家学者，也可能是一般用户。要根据具体的目的和要求来决定报告的风格、内容和长度。

例如，营销总监的技术背景和具体兴趣点可能与产品经理非常不同，高层人员往往对调查项目的技术细节不感兴趣。因此，要针对受众的特点有所取舍，突出重点，避免提供大量无关信息，必要时为不同的对象准备不同的版本。

2. 拟定提纲

在完成选题和资料整理（特别是分析资料）并初步描述之后，基本上对市场调研报告的撰写就有了一个轮廓或框架，将它列出来，就形成了报告的提纲。可通过以下两步完成提纲的撰写：第一，整合与调研项目有关的信息，以确定主题思想；第二，在此基础上，确立基本观点，列出主要论点、论据，安排报告的层次结构，编写报告的详细提纲。

3. 撰写成文

撰写成文即按照拟定好的提纲撰写市场调研报告。在写作时，要努力做到用数据资料说明观点，用观点论证主题，详略得当，主次分明。撰写成文总的要求如下。

（1）资料准确。

实事求是是市场调研报告首要的、最大的特点。这一特点要求调研人员必须树立严谨的科学态度，写出真实可靠、对政府和企业工作具有指导意义的市场调研报告。

（2）目的明确。

市场调研报告是供客户阅读和使用的，是要为客户解决问题的，因此，调研报告要提供客户所需的全部信息，如统计分析结果、结论和建议、调查与分析方法的科学性和正确性的证明等。但是，一份完整的调研报告应当包括哪些内容主要取决于读者的需要，报告要针对不同的读者有所侧重。

（3）重点突出。

调研报告要中心明确、突出。一份好的调研报告应当有清晰的思路和结构，报告的各部分应当有很强的逻辑性。调研报告离不开确凿的事实，但又不是简单的数据罗列和机械堆砌，而是对核实无误的数据和事实进行严密的逻辑论证，探明事物发展变化的原因，预测事物发展变化的趋势，提示本质性和规律性的东西，得出科学的结论。

（4）语言简洁。

调查报告要求尽量简洁，这样才便于重点突出。因此，在语言表达上要求文字精练，数字准确，尽量用规范的图表说明问题，使人容易理解。

4. 修改定稿

初稿完成后，就要对其进行修改，先看各部分内容和主题的连贯性，有无需要修改和增减之处，顺序安排是否得当，然后整理成完整的全文，提交审阅。征得各方意见进行了修改后，即可定稿。

需要指出的是，如果需要口头汇报，则需要在正式报告的基础上，撰写口头汇报提要。

7.1.3 市场调研报告的结构

撰写市场调研报告时还需要按照一定的结构与内容展开各部分内容。尽管每一篇市场调研报告会因调研项目和需求者的不同而有不同的写法，但是，规范的市场调研报告有一个基本的格式，即包括如下几个部分：扉页、提交信、目录、摘要、正文和附录。

1. 扉页

扉页包括的内容有报告的标题、报告提供的对象、报告的撰写者（调研企业名称、地址、电话号码、网址及 E-mail）和提交报告的日期等内容。

对企业内部调研，报告提供的对象是企业某高层负责人或董事会，报告撰写者是内设调研机构。对于社会调研服务，报告提供的对象是调研项目的委托方，报告的撰写者是提供调研服务的调研咨询公司。在后一种情况下，有时还需要写明双方的地址和人员职务。属于保密性质的报告，要一一列明报告的提供对象的名字。

标题必须准确揭示调研报告的主题。调研报告可以采用正、副标题形式，一般正标题表达调研的主题，副标题则具体表明调研的单位和问题。标题的形式主要有以下 3 种。

（1）"直叙式"的标题。报告的标题一般要将被调查单位、调查内容明确而具体地表示出来，如《杭州市居民商品房需求情况调查》。

（2）"表明观点式"的标题，如《对当前巨额结余购买力不可忽视》等调查报告的标题。

（3）正、副标题形式。这种形式的标题一般正标题说明调查的主题，副标题则具体表明调查的单位和问题，如《××牌产品为什么滞销——对××牌产品销售情况的调查分析》。

2. 提交信

如果调研项目是由客户委托的，则往往会在报告的目录前面附上提交信，提交信包括致项目委托人的信和项目委托人的授权信两部分。

致项目委托人的信是一封致客户的提交函。一般来说，提交信中可大概阐述一下调研者承担并实施调研项目的大致过程和体会，但不提及调研的结果，也可确认委托方未来需要采取的行动。

项目委托人的授权信是在项目开始之前用户给调研者（机构）的授权信，信中规定了项目的范围以及合同中的一些项目，很多时候只需在报告中提一下"致项目委托人的信"就可以了，必要时也将授权信的复印件附在报告中。

3. 目录

除了只有几页纸的调研报告之外，一般的调研报告（6 页以上）都应该编写目录，以便读者查阅特定内容。目录包含报告所分章节及其相应的起始页码。调研报告通常只编写两个层次的目录。较短的报告也可以只编写第一层次的目录。

需要注意的是，报告中若图表较多，报告文字目录之后还应有图表目录。编写图表目录的目的是为了帮助读者很快找到对一些信息的形象解释。图表目录包含每一图表的数字编号、名称，并按在报告中出现的次序排列。

同步操作案例

目　录

资料来源：浙江省"民生民意杯"第二届大学生统计调查方案设计大赛作品：《杭州下沙大学生交通出行方案调查分析报告》，载 http://tjdcds.zjgsu.edu.cn，2012 年 8 月。

4. 摘要

摘要是调研报告中最重要的内容，是整个报告的精华。一般来说，高层领导或高层管理人员因为工作繁忙，往往只有时间阅读摘要部分，然后根据摘要，在正文中寻找需要进一步阅读的内容，因此，摘要很可能是调查者影响决策者的一个重要机会。

摘要的撰写应该是在报告正文完成之后，摘要是报告核心内容的反映，是对调查报告中最重要的内容进行的高度概括，它的长度以不超过两页为好，因此，要仔细斟酌哪些东西足够重要，需要在摘要中写明。

摘要不是报告正文各章节的等比例浓缩。它应是自成一篇的短文，既要概括调研成果的主要内容，又要简明，重点突出。摘要通常包含以下 4 个方面内容。

① 申明报告的目的，包括重要的背景情况和项目的具体目的。

② 概述调研得出的最主要结论，有关每项具体调研目的的关键结果都须写明。

③ 概述进行调研采用的基本方法。

④ 提出解决问题的建议，即提议采取的行动，这是以结论为基础提出的。

摘要的每一部分都要有一个小标题或关键词（短语），各段内容应当简洁、精炼，一般不要超过 4 句话。摘要应当能够使读者兴奋，使他们产生兴趣和好奇心去进一步阅读报告的其余部分。

同步操作案例

《中国卓越可持续发展企业调查报告》摘要

绿色经济将成为下一个引领经济的主角，而寻找绿色经济的商机正成为企业的新思维。为了寻找一些榜样式的企业，看看这些聪明的公司是如何运用绿色战略来激发创新，创造价值并建立竞争优势，从而帮助其他企业的绿金之路走的更为顺畅，搜狐公司和科尔尼公司在 2010 年的 8 月共同发起了本次"中国绿金奖——中国卓越可持续发展企业评选"活动。此次活动包括 3 个明确的目标：第一，评估在中国境内运营的公司的可持续发展成效；第二，评选并奖励可持续发展领域的最佳表现者；第三，发现和分享可持续发展领域的最佳实践。

评选活动受到了社会的广泛关注，316867 位网民参加了投票，106 家企业得到了网民的提名；37 家企业完成了详细合格的调查问卷；15 位同行业的专家给出了专业的评审意见。评选活动最后确定了中国绿金奖、绿金环境奖、绿金社会奖、绿金创新奖、绿金实践奖共 5 个奖项。

通过本次"中国绿金奖"评选，我们发现了受访企业在可持续发展领域的以下几大特点。

首先，可持续发展问题已经在战略层面上得到了受访企业的广泛关注。所有受访企业均认同了可持续发展的战略地位并且制定了中国可持续发展战略，其中 84% 的企业已经拥有正式的成文的战略文件。在战略目标方面，调研所设的诸如差异化公司产品、提升公司品牌形象和声誉、遵守法规、降低成本等 7 个战略目标在所有受访企业的可持续发展战略中均有被阐述，其中超过 76% 的受访企业的可持续发展战略中对科尔尼公司的这七个战略目标进行了重点阐述。在对企业收入和盈利的影响方面，80% 以上的受访企业认为可持续发展战略对企业价值的提升有非常积极的影响。

其次，无论是当前还是 5 年后，企业虽然对可持续发展的关注度越来越高，但是关注重点仍旧集中在生态可持续发展领域，包括对二氧化碳排放的控制、能源的利用、可再生能源的使用、节约用水、原材料利用、耗纸量等方面，而对社会可持续性领域诸如工作场所的人机工程学标准、少数民族员工、弹性工作时间以及家庭服务等方面的关注仍然有待加强。

另外，通过对企业增值活动中的生态可持续发展的分析可以看出，参评企业重点关注研发环节、生产环节以及配送环节上的生态可持续发展，大多数受访企业制定了正式的成文的政策，并将政策落实到了具体行动，且用高于行业平均水平的标准评价生态可持续发展的实施情况。而在采购环节、产品使用环节以及废旧品处理环节上的生态可持续发展，企业的关注程度还有待加强。约 50% 企业尚未制定生态可持续性采购战略，或认为自身产品使用环节的生态可持续发展的表现弱于同行，或未提供废旧品处理环节的量化信息。

　　30 多年来，中国的经济发展是令世界瞩目、国人自豪的经济奇迹。然而其整体过于粗放的发展方式已经带来日趋严重的环境和社会问题，等到资源枯竭、环境严重恶化、人类无法生存的时候再考虑可持续发展就为时太晚。可喜的是，通过本次评选活动，我们发现越来越多的行业与企业已经开始把可持续发展提到日程上来，以寻求经济、环境和社会之间的利益平衡为准绳，将推动基业长青的发展战略落实到价值链的具体环节上。与此同时，我们也希望有越来越多的普通公民逐渐意识到这一问题的重要性，并且在日常工作和生活的方方面面从自身做起，不论是身为一名普通的员工，或是一名消费者，或者是社区的一员，开始努力倡导和实施可持续发展的理念。而本次评选获得如此广泛的关注以及众多网民的投票，也从另一个角度说明了这一些正在发生……

　　资料来源：科尔尼公司：《2008 年中国信用卡用户调查报告摘要》，载 http://cul.sohu.com/ upload/2010lvse.pdf，2011 年 3 月 3 日。

5．正文

正文一般包括引言、调研方法、调查结果和局限性、结论和建议 4 个部分。

（1）引言。

引言解释为什么要进行此项调查及要达到的目标。引言中主要包括以下内容。

① 背景资料以及此项调研的重要意义。

② 说明所做的探测性调研，并对营销管理决策问题做出清楚的描述。

③ 说明处理问题的基本途径以及达到这一结果的过程，并描述指导这一研究的理论基础、模型、理论假设以及影响方案设计的因素。

引言究竟写到什么程度，要看报告提供对象的需要。引言中提到的每个问题在正文中都应该有相应的解释。

（2）调研方法。

这一部分要阐述以下 5 个方面的内容。

① 调研设计。说明所开展的项目是属于探测性调研、描述性调研，还是属于因果性调研，以及为什么适用于这一特定类型的调研。

② 数据采集方法。说明所采集的是一手数据还是二手数据，是通过调查法、观察法还是通过实验法取得的。

③ 抽样方法。说明目标总体、抽样框、样本量以及抽样过程。

④ 实地工作。实地工作人员的分派、培养、监督管理和检查。这一部分对于调查结果的准确程度十分重要。

⑤ 分析方法。说明使用的定量分析方法和理论分析方法。

详细的技术材料（如调研问卷或观察记录表、样本容量计算表）可以放到附录中。

（3）调查结果和局限性。

结果在正文中占较大篇幅，一般要由几个章节构成。这部分内容应按某种逻辑顺序提出紧扣调查目的的一系列项目发现，这些发现包括逐题给出的总结果，按市场细分或按所关心的人口特征（如年龄、性别、收入、职业等）给出的分类结果，以及项目间的相关关系结果。

调查结果可以叙述形式表述，使得项目更为可信，但不可过分吹嘘。叙述要简明扼要，细节可用图表辅助说明，但过于详细的图表应放在附录部分。

完美无缺的调查是难以做到的，所以，必须指出调查报告的局限性。指出调查报告的局限性是正确评价调查成果的现实基础。在报告中，将成果加以绝对化，不承认它的局限性和应用前提，不是科学的态度，所以，要在调查报告中说明其限制条件是什么或可能是什么，以及它们怎样影响结果。当然，也没有必要过分强调它的局限性。

（4）结论和建议。

调研报告中最重要的，也是主管人员最关心的部分就是调查结论及建议。结论是基于调查结果的意见，调研者应当按照定义的问题来解释统计的结果，并从中提炼出一些结论性的东西。建议是提议应采取的措施、方案及其步骤。正文中对结论和建议的阐述应该比摘要更为详细，而且要辅以必要的论证。

有时并不要求市场调查者提建议，因为他（她）所做的项目只涉及一个领域，对较大范围的情况并不了解。如果要提建议的话，这些建议应该是合理的、实用的、可行的，并且是可以直接用于管理决策的。

6. 附录

任何一份太具技术性或太详细的材料都不应出现在正文部分，而应编入附录。这些材料可能只为某些读者，比如那些关心调查技术方面内容的主管人员或专家感兴趣，或者它们与调查没有直接的关系，而只有间接的关系。

附录在保持报告完整性的同时，作为报告可靠、结论正确、建议可行的佐证，必不可少。附录通常包括的内容有：调查提纲、调查问卷、观察记录表和谈话记录，被访问人（或机构）名单，较为复杂的抽样调查技术的说明，一些次关键数据的计算（最关键数据的计算，如果所占篇幅不大，应该编入正文），较为复杂的统计表和参考文献等。

需要说明的是，虽然一份好的市场调研报告应该包含上述 6 个部分的内容，但并不是说每一份报告都必须包括这 6 个部分。一份调研报告具体应该包括哪些内容，可以根据调研项目的特点和报告需求方的要求加以调整和选择，还可以将其中若干个部分合并在一起。

7.1.4　撰写市场调研报告的技巧

1. 开头部分的写作技巧

开头部分（如摘要和正文的开头）的形式一般有以下几种。

（1）开门见山，揭示主题。

即文章开始先交代调查的目的或动机，揭示主题。

例如，我公司受北京××电视机厂的委托，对消费者进行一项有关电视机的市场调研，预测未来几年大众对电视机的需求量及需求的种类，使××电视机厂能根据市场需求及时调整其产品的产量及种类，确定今后的发展方向。

（2）结论先行，逐步论证。

即先将调查结论写出来，然后再逐步论证。

例如，××牌收银机是一种高档收银机，通过对××牌收银机在北京各商业部门的拥有、使用情况的调查，我们认为它在北京不具有市场竞争能力，原因主要从以下几个方面阐述……

（3）交代情况，逐层分析。

即先介绍背景情况、调查数据，然后逐层分析，得出结论，也可先交代调查时间、地点、范围等情况，然后分析。

例如，《关于香皂的购买习惯与使用情况的调查报告》的开头："本次关于对香皂的购买习惯和使用情况的调查，调查对象主要是中青年消费者，其中青年消费者（20～35岁）占55%，中年消费者（36～50岁）占25%，老年消费者（51岁以上）占20%；女性占70%，男性占30%……"。

（4）提出问题，引入正题。

例如，《关于方便面市场调查的分析报告》的开头："近年来，各种合资或国产企业生产的方便面如雨后春笋般地涌现。面对种类繁多的方便面市场，企业如何在激烈的竞争中立于不败之地？带着这一问题，我们对北京市部分消费者和销售单位进行了有关调查。"

2. 论述部分的写作技巧

论述部分是调研报告的核心部分，它决定着整份调研报告质量的高低和作用的大小。这一部分着重通过调查了解到的事实，分析说明调研对象的发生、发展和变化过程，以及调查的结果和存在的问题，提出具体的意见和建议。

由于论述一般涉及的内容很多，文字较长，有时也可以用概括性或提示性的小标题，突出文章的中心思想。论述部分的结构安排是否恰当，直接影响着分析报告的质量。

（1）论述部分分析的类型。

在论述部分，主要是对资料进行质和量的分析，通过分析了解情况、说明问题和解决问题。分析有以下3类情况。

① 原因分析。

原因分析是对问题的基本成因进行分析。例如，对××牌产品滞销原因的分析就属于这类分析。

② 利弊分析。

利弊分析是对事物在市场活动中所处的地位、起到的作用进行利弊分析等。

③ 预测分析。

预测分析是对事物的发展趋势和发展规律做出的分析。例如，对××市居民住宅需求意向的调查，通过居民家庭人口情况、现有住房情况、收入情况以及居民对储蓄的认识、对分期付款购房的想法等，对××市居民的住房需求意向进行预测。

（2）论述部分的层次段落

论述部分的层次段落一般有以下4种形式。

① 层层深入。

层层深入是各层意思之间是一层深入一层，层层剖析。

② 先后顺序。

先后顺序是按事物发展的先后顺序安排层次，各层意思之间有密切联系。

③ 综合展开。

综合展开是先说明总体情况，然后分段展开，或先分段展开，然后综合说明，展开部分之和为综合部分。

④ 并列形式。

并列形式即各层意思之间是并列关系。

总之，论述部分的层次是调研报告的骨架，它在调研报告中起着重要作用。撰写市场调研报告时应注意结合主题的需要，无论采取什么写法，都应该充分表现主题。

（3）论据展示的技巧。

在论述部分使用统计表和统计图可以对所讨论的数据进行高度简明的概括和形象的描述，以展示变量所具有的规模、速度、趋势，变量的分布态势、变量间的对比关系和共变关系。恰当地运用统计图、表，并与文字相配合，就能最大限度地发挥调研所得数据的论据和论证作用。

3. 结尾部分的写作技巧

结尾部分是调研报告的结束语，好的结尾可使读者明确题旨、加深认识，并能启发读者思考和联想，结尾一般有以下 4 种形式。

① 概括全文。

概括全文是在经过层层剖析后，综合说明调研报告的主要观点，深入报告的主题。

② 形成结论。

形成结论是在对真实资料进行深入细致的科学分析的基础上，得出报告的结论。

③ 提出看法和建议。

调研方通过分析，形成对事物的看法，在此基础上，提出建议和可行性方案。调研方必须在确实掌握企业状况及市场变化的基础上，提出具有可操作性、付诸实施可能性的建议。

④ 说明意义。

说明意义是通过调查分析展望未来前景。

7.1.5　市场调研报告的总体评价

一个好的市场调研报告一般都应满足以下 5 个要求。

（1）主题鲜明突出。

（2）结构合理。

（3）选材得当。

（4）文字流畅。

（5）外观正规和专业化。

7.2　口头展示市场调研报告

口头展示市场调研报告是书面调查报告的补充。由于管理人员常常没有时间和兴趣阅读整篇书面报告，因此不能忽视口头报告的作用。口头报告的目的是通过与管理层或委托者的互动，引起其对调查结果的重视，澄清有关问题，帮助其理解和采纳调查结果与建议。

7.2.1　口头展示市场调研报告的作用

（1）能用较短的时间说明调查报告的核心内容。

（2）生动而富有感染力，容易给听众留下深刻的印象。

（3）能与听众直接交流，便于增强双方的沟通。

（4）具有一定的灵活性，一般可以根据具体情况对报告内容、时间做出必要的调整。

7.2.2　口头展示市场调研报告的工作步骤

1. 做好口头报告前的准备工作

为了使口头报告更容易达到汇报者要达到的目标，需要进行以下 3 个方面的准备。

（1）汇报提要。

应该为每位听众提供一份关于汇报流程和主要结论的提要，提要不应包含数字或图表，但要预留出足够的空白部分以利于听众做临时记录或评述。

（2）最终报告。

调查者在做口头汇报中省略了报告中的很多细节，作为补充，在口头报告结束时，应该准备一些最终报告的复印件，以备需要者索取。在有些情况下，需要将最终书面报告在做口头报告之前呈递给听众。

（3）口头报告 PPT。

精心制作汇报 PPT，在正式报告之前，最好能够预演一次。

（4）场地和设备。

事先对场地和多媒体设备进行必要的测试，避免关键时刻出问题。

2. 借助多媒体工具做口头报告

为了使报告更生动灵活，富有吸引力，在条件许可的情况下，应该借助多媒体工具进行展示，包括胶片、投影仪、录像片、电视以及计算机等。它可以保持与会者的注意力，有利于增强记忆，也可以促使讲解者按一定的条理去组织思路。

7.2.3　口头展示市场调研报告时应注意的问题

为了取得好的口头展示效果，我们需要注意做好以下工作。

1. 按照书面报告的格式准备好详细的演讲提纲

采用口头报告方式并不意味着可以随心所欲、信口开河，它同样需要有一份经过精心准备的提纲，包括报告的基本框架和内容，并且其内容和风格要与听众相吻合。这就要求报告者首先要了解听众的情况，包括他们的专业技术水平如何，他们理解该项目的困难是什么，他们的兴趣是什么等。

2. 使用通俗易懂的语言

口头调查报告要求语言简洁明了，通俗易懂，有趣味性和说服力。如果汇报的问题较为复杂，可先做一个简要、概括的介绍，并运用声音、眼神和手势等的变化来加深听众的印象。

3. 采用清晰的图形表达

用计算机做出的图形可以加强口头陈述的效果，但要保证图形清晰易懂，一张图形上不要有太多的内容，以便听众有一个清晰的认识。

4. 做报告时要充满自信

有些人在演讲时过多使用道歉用语，这是不明智的。这既说明了演讲者的准备不充分，又浪费了听众的宝贵时间。另外，演讲时要尽量面对听众，不要低头或者背对听众。要与听众保持目光接触，在可以表现报告者自信的同时也有助于把握听众的喜爱与理解程度。

5. 把握回答问题的时机

在报告进行时最好不要回答问题，以免出现讲话的思路被打断、时间不够用等问题，应在报告结束后再对听众提出的问题进行回答，以便更清楚地表达报告者的思想。

6. 把握好报告的时间

报告者应根据报告的内容和报告的对象来确定报告的时间。时间过短，往往不能表达清楚报告者的思想；时间过长，容易引起听众的不耐烦，使听众对报告产生抵制心理，所以要在适当的时间内完成报告。

7.2.4 口头市场调研报告的总体评价

一个好的口头市场调研报告一般都应满足以下 5 个要求。

（1）内容和风格符合听众要求。

（2）语言简洁明了，通俗易懂。

（3）图表清晰，解释合理。

（4）PPT 制作专业和规范。

习题与实训

一、单选题

1. 完成市场调研报告时，应在（   ）部分点明报告的主题。

    A. 标题   B. 目录表   C. 概要   D. 正文

2. 市场调研报告主要是指（   ）。

    A. 综合报告   B. 供管理人员使用的报告

    C. 专题报告   D. 研究性报告

3. 市场调研报告是市场调研的（   ）。

    A. 阶段性成果   B. 最终成果   C. 初始成果   D. 以上都不是

4. 撰写结论和建议的要求是（   ）。

    A. 多用专业术语   B. 用图表提出结论   C. 简明扼要   D. 可以大篇幅提出

5. （   ）是整个市场调研工作最终成果的集中表现，是调查报告中最重要的，也是主管人员最关心的部分。

    A. 市场调研报告   B. 市场调研报告标题

    C. 市场调研报告摘要   D. 市场调研报告的结论与建议

6. 要与报告使用者之间建立信任关系，从而使人们更好地使用市场调研信息，最有效的方法之一就是（　　）。

    A. 口头陈述　　　　　　　　　　　　　B. 顾客满意度调查

    C. 提高报告可信度　　　　　　　　　　D. 强调报告的使用价值

7. 撰写市场调研报告的第三个步骤是（　　）。

    A. 资料整理　　　　B. 拟定提纲　　　　C. 撰写成文　　　　D. 修改定稿

8. 附件不可以包括（　　）。

    A. 调查问卷　　　　B. 技术性附件　　　　C. 结论与建议　　　　D. 参考资料

二、多选题

1. 市场调研报告中的引言一般有（　　）形式。

    A. 开门见山，揭示主体　　　　　　　　B. 结论先行，逐步论证

    C. 交代情况，逐层分析　　　　　　　　D. 提出问题，引入正题

    E. 表明观点式

2. 撰写市场调研报告应坚持（　　）原则。

    A. 语言简洁　　　　B. 目的明确　　　　C. 实事求是　　　　D. 详细具体

    E. 重点突出

3. 摘要的书写要求有（　　）。

    A. 简洁　　　　B. 精炼　　　　C. 高度概括　　　　D. 专业性强

    E. 通俗易懂

4. 一份规范的书面调查报告包括的内容有（　　）。

    A. 标题页　　　　B. 目录　　　　C. 摘要　　　　D. 正文

    E. 附录

5. 摘要的撰写（　　）。

    A. 在报告正文完成之后　　　　　　　　B. 在报告正文完成之前

    C. 是报告核心内容的反映　　　　　　　D. 要自成一篇短文

    E. 放在报告正文之前

6. 在调查报告结论中一般包括（　　）内容。

    A. 概括全文　　　　B. 形成结论　　　　C. 提出看法　　　　D. 提出建议

    E. 展望未来

7. 需要解释调查报告负面结果时，应该（　　）。

    A. 不能回避负面的市场调研结果

    B. 告诉客户事实真相是一个专业调查人员的职责

    C. 真正对客户负责

    D. 不能隐瞒那些负面结果或避重就轻

    E. 可以就负面结果避重就轻

8. 书面报告正文的论述部分的层次段落形式一般有（　　）。

    A. 层层深入形式　　　B. 先后顺序形式　　　C. 综合展开形式　　　D. 并列形式

　　E. 综合交错形式

三、判断题

1. 调查报告的用词应尽可能使用专业性较强的术语，用来体现报告的专业性。　　（　　）
2. 真实准确是市场调研报告最基本的原则之一。　　（　　）
3. 市场调研报告是衡量一个市场调研项目质量水平的重要标志。　　（　　）
4. 市场调研的价值不是用报告的篇幅来衡量的，而是以质量、简洁和有效的计算来衡量的。

（　　）

5. 标题"2015 年城市居民消费热点在哪里？"属于提出问题式标题。　　（　　）
6. 市场调研报告可以用大量的图表来代替文字性的说明工作。　　（　　）
7. 市场调研报告的摘要部分一般在完成报告后写，所以并不是很重要。　　（　　）
8. 市场调研报告是将调查方案、质量控制方案等原始的文件重抄一遍，或者是稍加修改。

（　　）

四、综合应用题

1. 张鑫是某大学大三的学生，他利用暑期在一酒店实习，酒店开展了一项关于本市居民家庭饮食消费状况的市场调查，酒店经理让张鑫撰写调研报告。结合你所学的知识，你认为该调研报告应包括哪些内容？为什么？

2. 王蓉同学在华联超市参与了消费者购买习惯的市场调查，欲撰写调研报告。结合你所学的知识，你认为撰写该调研报告应该掌握哪些技巧？需要注意什么问题？

五、操作题

1. 美国的大型超级商场雪佛龙公司聘请美国亚利桑那大学人类学系的威廉·雷兹教授对垃圾进行研究。威廉·雷兹教授和他的助手在每次垃圾收集日的垃圾堆中，挑选数袋，然后把垃圾的内容依照其原产品的名称、重量、数量、包装形式等予以分类。如此反复地进行了近一年的收集垃圾的研究分析。雷兹教授说："垃圾袋绝不会说谎和弄虚作假，什么样的人就丢什么样的垃圾。查看人们所丢弃的垃圾，是一种更有效的行销研究方法。"他通过对土珊市的垃圾研究，获得了有关当地食品消费情况的信息，得出了以下结论：①劳动者阶层所喝的进口啤酒比收入高的阶层多，并知道所喝啤酒中各牌子的比率；②中等阶层人士比其他阶层消费的食物更多，因为双职工都要上班，以致没有时间处理剩余的食物，依照垃圾的分类重量计算，所浪费的食物中，有 15%是还可以吃的好食品；③通过垃圾内容的分析，了解到人们消耗各种食物的情况，得知减肥清凉饮料与压榨的橘子汁是高收入阶层人士的良好消费品。

问题：

（1）该公司采用的是哪种类型的观察法？

（2）该公司根据这些资料将采取哪些决策行动？

2. 以小组为单位，根据 4.2 操作题 2 中确定的市场调研选题，根据 3.2.4 操作题 2 中确定的市场调研方案，根据 3.3.9 操作题 3 中设计的市场调研问卷，根据 3.4.4 操作题 3 中设计的抽样方案，根据 6.3 操作题 3 中分析的调研数据，按照调研报告的基本格式要求，撰写一份高质量的市场调研报告。

任务解析

口头展示市场调研报告的目的是通过与管理层或委托者的互动，引起其对调查结果的重视，澄清有关问题，帮助其理解和采纳调查结果与建议。因此，口头市场调研报告能否取得好的展示效果，关键在于其展示的内容和风格能否符合听众的要求。也就是说，口头展示市场调研报告具有一定的灵活性，一般可以根据具体情况对报告内容、时间做出必要的调整。那么，如何才能使展示主题鲜明突出，满足听众的要求？本任务试图通过《新型汽车研发中心》项目的口头展示过程，说明如何根据调研主题的需要来选择口头展示的内容。

很显然，口头调研报告的标题采用了"直叙式"的标题，即演讲题目"新型汽车研发中心：车型偏好和汽车细分市场特征的营销调研"直接点明了调研的目的和主题。

从口头展示的内容来看，罗杰斯口头展示了调研报告中的以下 4 部分内容：①调研目的；②调研方法；③样本描述；④调查结果。

可以看出，罗杰斯并没有口头展示调查结论和建议，那么展示的内容能否满足客户的需要呢？从本项目的调研题目"新型汽车研发中心：车型偏好和汽车细分市场特征的营销调研"来看，只要通过调研得出"消费者对车型的偏好和汽车细分市场的特征"的结论，就已经达到了调研目的，可见，口头展示的内容与听众的需要相吻合。

相关知识图示

任务七相关知识图示如图 7-1 所示。

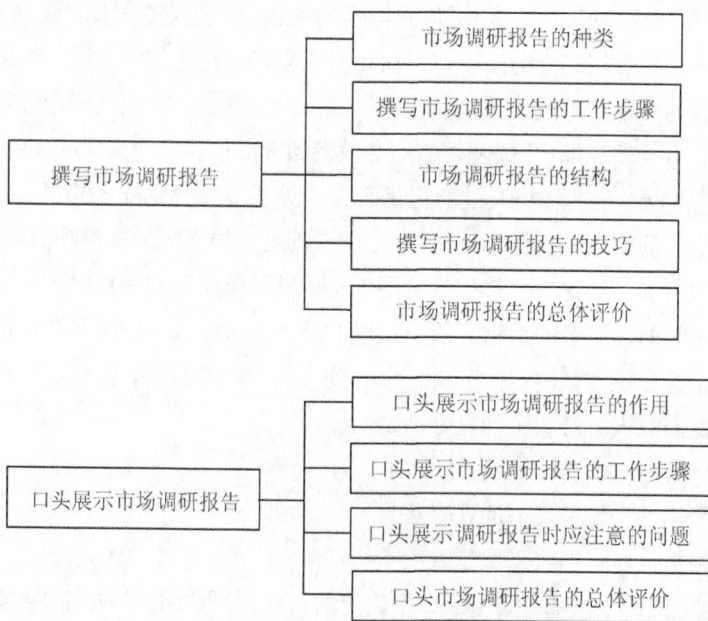

图 7-1　任务七相关知识图示

参考文献

1. 郑聪玲. 统计基础[M]. 苏州：中国人民大学出版社，2016
2. 郑聪玲. 市场调查与分析——项目、任务与案例[M]. 苏州：中国人民大学出版社，2014
3. 郑聪玲. 市场调研原理与实训[M]. 大连：东北财经大学出版社，2014
4. 杜明汉. 市场调查与预测——理论、实务、案例、实训（学生手册）[M]. 大连：东北财经大学出版社，2011
5. 阿尔文·C. 伯恩斯，罗纳德·F. 布什. 营销调研（第6版）[M]. 于洪颜，等译. 北京：中国人民大学出版社，2011
6. 贾俊平，郝静等. 统计学案例与分析[M]. 北京：中国人民大学出版社，2010
7. 郑聪玲、徐盈群. 市场调查与分析实训[M]. 大连：东北财经大学出版社，2008
8. 涂平. 营销研究方法与应用[M]. 北京：北京大学出版社，2008
9. 赵轶. 市场调查与分析[M]. 北京：北京交通大学出版社，2008
10. 邱小平. 市场调研与预测[M]. 北京：机械工业出版社，2008
11. 蒋萍. 市场调查[M]. 上海：上海人民出版社，2007
12. 刘红霞. 市场调查与预测[M]. 北京：科学出版社，2007
13. 赵轶，韩建东. 市场调查与预测[M]. 北京：清华大学出版社，2007
14. 曲岩，刘继云. 统计学[M]. 北京：中国林业出版社，2007
15. 纳雷希·K. 马尔霍特拉. 市场营销研究：应用导向[M]. 涂平译. 北京：电子工业出版社，2006
16. 胡祖光，王俊豪，吕筱萍. 市场调研与预测[M]. 北京：中国发展出版社，2006
17. 李世杰. 市场营销与策划[M]. 北京：清华大学出版社，2006
18. 郭凤兰. 市场调查与预测[M]. 重庆：重庆大学出版社，2006
19. 柴庆春. 市场调查与预测[M]. 北京：中国人民大学出版社，2006
20. 高微. 市场营销调查与预测[M]. 北京：首都经济贸易大学出版社，2006
21. 朱胜. 市场调查方法与应用学习指导与习题[M]. 北京：中国统计出版社，2005
22. 刘永炬. 市场部[M]. 北京：京华出版社，2005